国家出版基金项目
NATIONAL PUBLICATION FOUNDATION

[日]长野朗◎著
胡 雪◎譯

中國資本主義發達史（上）

山西出版傳媒集團
山西人民出版社

圖書在版編目(CIP)數據

中國資本主義發達史 / [日] 長野朗著；胡雪譯. —太原：山西人民出版社，2015.12
(近代海外漢學名著叢刊 / 鄭培凱主編)
ISBN 978-7-203-09466-1

Ⅰ. ①中… Ⅱ. ①長… ②胡… Ⅲ. ①資本主義經濟－經濟史－中國－近代 Ⅳ. ①F129.5

中國版本圖書館 CIP 數據核字(2015)第 322348 號

中國資本主義發達史

叢刊主編　鄭培凱
著　　者　[日]長野朗
譯　　者　胡　雪
責任編輯　馮靈芝

出 版 者　山西出版傳媒集團·山西人民出版社
地　　址　太原市建設南路 21 號
郵　　編　030012
發行營銷　0351－4922220　4955996　4956039
　　　　　0351－4922127(傳真)
天猫官網　http://sxrmcbs.tmall.com　0351－4922159(電話)
E－mail　sxskcb@163.com　發行部
　　　　　sxskcb@126.com　總編室
網　　址　www.sxskcb.com

經 銷 者　山西出版傳媒集團·山西人民出版社
承 印 廠　山西出版傳媒集團·山西人民印刷有限責任公司

開　　本　700mm×970mm　1/16
印　　張　24.5
字　　數　231 千字
印　　數　1—2000 册
版　　次　2015年12月　第一版
印　　次　2015年12月　第一次印刷
書　　號　ISBN 978-7-203-09466-1
定　　價　76.00圓(上、下)

近代海外漢學名著叢刊編委會名單

出版説明

近代海外漢學名著叢刊選取一九四九年以後未再刊行之近代海外漢學作品，編例如次：

一、本叢書遴選之作品在相關學術領域具有一定的代表性，在學術研究方嚮、方法上獨具特色。

二、爲避免重新排印時出錯，本叢書原本原貌影印出版。影印之底本皆經專家組審定，原書字體大小、排版格式均未做大的改變。

三、爲使叢書體例一致，本叢書前言後記均采用繁體字排版。

四、個別頁碼較少的版本，爲方便裝幀和閲讀，進行了合訂。

五、少數作品有個別破損之處，編者以不改變版本内容爲前提，部分進行修補，難以修復之處保留缺損原狀。

六、原版書中個別錯訛之處，皆照原樣影印，未做修改。

由於叢書規模較大，不足之處，在所難免，殷切期待方家指正。

總序／温故而知新

晚清以來，西力東漸，西方文化思想的著作也大量譯成中文，最著名的如嚴復與林紓的譯著，影響了整個二十世紀中國的知識界與文學界，使得中國文化的思維脈絡爲之丕變。除了西方思想經典、文學與實證科學著作的翻譯，以實證方法系統化探討中國文史的域外漢學，也對中國學術思想界産生了莫大衝擊，改變了中國學術的著述方法與取嚮。

中國傳統的知識結構，是按經史子集四庫分類的，以儒家意識形態的經學爲文化知識的砥柱，以史學爲貫串歷史經驗的殷鑒，至於子部與集部，則是作爲保存文獻、擴大知識面的附帶知識，可以耽情冥想，可以悠遊玩賞，却都是邊緣化的知識，無關聖教的弘揚，無關文化精髓的宏旨。西方文藝復興之後的現代學術體系，在知識分類上，與中國傳統大相徑庭，講究系統分科，不同知識領域各有其客觀存在的價值，有其相對獨立的目的與標準。日本知識界在明治維新以來，鑒於東方文明落後於西方的船堅炮利，率先效法西方，在追求「文明開化」、「脱亞入歐」的過程中，爲日本學術發展循着現代西方的體例，建立了哲學、文學、歷史學、經濟學、法學、商學、物理學、化學、地質學、醫學、農學、工程學、植物學、動物學等等新型學科，企圖與西方學術齊頭並進，從而影響了中國近代學術體系的發展。

本叢刊選印二十世紀上半葉出版的漢學譯著近百冊，分爲三大類：「歷史文化與社會經濟」、「古典文獻與語言文字」、「中外交通與邊疆史」，反映民國時期學術界重視西方及日本漢學研究的成果，藉助他山之石，重新審視中國傳統歷史文化的意義，特别是開拓了傳統學術忽略的領域。五四新文化運動以來，中國學者如蔡元培、胡適都提倡「整理國故」，以理性實證的方法，對中國文化傳統做出系統化的研究，是與這些漢學譯著相輔相成的。這些譯著除了介紹域外漢學的成果，還引進了嶄新的學術研究方法與視角，有助於梳理中國文化傳統的脈絡，重新整合知識結構與學術體系。雖然這些學術著作不是中國學者的成就，無法納入二十世紀中國文史學術的主脈，但是從中文譯本的影響而言，起碼也應當視爲中國近代學術發展的支脈或潛流，不容忽視。可惜的是，到了二十世紀下半葉，因爲兩岸政治形勢的變化，這些漢學譯著，除了部分因王雲五重新入主臺灣商務印書館，而得以在臺灣做了少量的重印，在大陸的出版界，則完全受到遺忘，甚至在許多新成立的大學圖書館中也不見踪影。我們搜集了近百冊塵封的漢學譯著，呈現給二十一世紀的中國學術界，一方面是爲了銘記前人爲推展學術而做出的努力，另一方面也是爲了提醒新常態時期的學人，學術發展有其歷史累積的脈絡，可以從中汲取歷史經驗，温故而知新。

説到「温故知新」與這批早期漢學譯著的關係，可以從兩個方面來思考，以見翻譯域外漢學如何反映了時代精神，爲融匯東西方學術思維，重新闡釋中國文化傳承，做出不可磨滅的貢獻。一是域外漢學的研究對象，以中國歷史文化典籍爲主，屬於中西文化碰撞期間興起的「國學」範疇，與五四新文化人物提倡的「整理國故」運動若合符節。研究中國歷史文化，並賦予新的學術意義，是清末民初知識精英念兹在兹的心結。歷史發展走到一個環節，時代的狂風揚起了批判傳統的大旗，風中的英雄幫着推波助瀾，却又無時或忘自己民族文化主體的未來，糾纏於「傳統」能否「現代」的困境。域外漢學的出現，以西方實證方法研究中國歷史文化傳統，綜合東西方各種語言文字材料，擴大了研究國學的眼界，即使無法打開中國文化傳統是否走到盡頭的心結，至少是提供了一個解惑的方嚮，在大霧彌漫的夜晚，看到了依稀渺茫的星光。

二是翻譯域外漢學，有一種以子之矛攻子之盾的吊詭作用，逐漸化解了中國文化思維中的自大心理與封閉心態，讓唯我獨尊的國粹基本教義派解除武裝到牙齒的盔甲，轉而吸收並接受西方實證研究的學風。民國期間新式教育制度的推行、學術體系的變化、大學學術專業的創建，具體到北京大學國學門的成立，中央研究院規劃歷史、語言、考古的研究領域，都與翻譯域外漢學背後的旨意是息息相關的。因此，重新閱覽這批民國期間的漢學譯著，對二十一世紀的現代學人來説，温故而知新，不但可以窺知民國學人追求新知的心理狀態，也會刺激吾人反思，認真思考學術研究方法與中國學術發展的前景，更進一步，探索文化傳統的重新闡釋與新知介入的關係。知識體系的變化當然與傳統的重新闡釋有關，是外爍的影響大呢，還是內因變化的成分居多？

論語·爲政記載孔子説：「温故而知新，可以爲師矣。」歷代解經，對這個「爲師」的道理，有兩種相近似但又取嚮不同的解釋。朱熹四書集注説：「故者，舊所聞。新者，今所得。言學能時習舊聞而每有新得，則所學在我而其應不窮，故可以爲人師。若夫記問之學，則無得於心而所知有限，故學記譏其不足以爲人師，正與此意互相發也。」雖然朱熹把知識分爲「舊所聞」與「新所得」，强調的却是「學而時習之」，從中生發新的心得，也就是從詮釋舊典中得到新知。這個説法與朱熹在鵝湖之會以後，作詩唱和，寫給陸九淵的詩句，「舊學商量加邃密，新知涵養轉深沉」，异曲同工，是一個意思，萬變不離其宗，舊學與新知是同一個脈絡的知識學理。

然而，有些朱熹之前的經學家，解釋「温故知新」，却有不同的取嚮。皇侃論語義疏就説：「故，謂所學已得之事也。所學已得者則温尋之不使忘失，此是月無忘其所能也。新，謂即時所學新得者也。知新，謂日知其所亡也。若學能日知所亡，月無忘所能，此乃可爲人師也。」皇侃明確説到，「故」指的是過去所學的知識，而「新」則指的是新近學到的知識，新舊結合，相互發明，就可以「爲人師」了。邢昺論語注疏循着皇侃的思路，也説：「言舊所學得者，温尋使不忘，是温故也。素所未知，學使知之，是知新也。既温尋故者，又知新者，則可以爲人師也。」這裏講的「素所未知」，就不祇是研讀舊學，有了新的體會，從過去的傳統中發展出的「新知」，而是從來没聽過、没想過的新學問了。這種「素所未知」的新學問，結合「舊所聞」，對習以爲常的知識框架，就會産生巨大的衝擊，而出現飛躍性的結構變化。知識内容或許大體沿襲傳統，知識結構却得以重新整合，出現嶄新的認知系統，重新審視自己文化傳統的意義，打開文化傳承的新局面。二十世紀上半葉的漢學譯作，就發揮了這樣的作用，促使中國學者放棄自我中心的文化態度，從各種不同側面，探知中國歷史文化的光譜，以域外（或是全球）的角度觀測中國傳統，摇動了文化的萬花筒，看到七彩繽紛的中國。

嚴復在甲午戰爭之後，改良變法思想風起雲涌之時，開始大量翻譯西方思想經典著作，是有感於國人（特别是傳統文化孕育的知識精英）思維系統封閉，企圖介紹實證新知，引進邏輯思維的方法，以破除儒學之道「一以貫之」與「放之四海而皆準」的虚妄。他翻譯天演論，在序文中提到，有人歸納東西方學術思想，認爲中國文化重精神，是形而上之學，立意高超，而西方文化重物質，是形而下之學，祇追求功利的回報。他認爲，這種自以爲是的蒙昧態度，陷入傳統舊學的框囿而不自知，没有自我反思的能力，無法吸收「素所未知」的新知識，也就無法開展並弘揚自己的文化傳統。嚴復非常清楚他翻譯西方經典的目的，是爲了介紹新知，打破中國傳統思維的封閉性，但是，作爲披荆斬棘的拓荒人，他深知思想封閉者的頑固心理，必須因勢利導，以免遭到盲目衛道之士的攻訐。嚴復有其防身的策略，不會像許褚戰馬超那樣赤膊上陣，而是以桐城文章譯述赫胥黎、斯賓塞、穆勒、亞當·斯密、孟德斯鳩，博得晚清知識精英的贊許，文章深閎而傳入了新知義理。從文化變遷的角度而言，通過翻譯，以迂迴戰術來介紹西方思想，得到巨大的成功，産生了改變傳統思維體系的實效，是中國近代思想史上影響深遠的大事。以此類推，民國時期大量翻譯域外漢學的影響，也是不容忽視的思想史課題。

關於清末民初西方學術思維衝擊中國知識精英，顛覆傳統文化的知識結構，錢穆在現代中國學術論衡的序言中，從中國文化本位的立場，發出深刻的感慨，做了籠統的批評：「文化异，斯學術亦异。中國重和合，西方重分别。民國以來，中國學術界分門别類，務爲專家，與中國傳統通人通儒之學大相違异。循至返讀古籍，格不相入。此其影響將來學術之發展實大，不可不加以討論。」錢穆所指出的問題，是傳統知識體系强調「通」，文史哲不分家，最崇尚通儒，而現代學術講究專業分科，各司其職，以至於讀不通古籍呈現的整體性知識思維。姚名達在撰寫中國目録學史的時候，對西力東漸，西潮帶來的翻譯著作及新知新學，也有類似的感慨：「四部分類法，不合時代也，不僅現代爲然。自道光、咸豐允許西人入國通商傳教以來，繼以派生留學外國，於是東西洋洋籍逐年增多。學問翻新，迥出舊學之外。目録學界之思想不免爲之震蕩。」這種對學術體系發生重大變化的觀察，反映了中國學人從晚清一直到民國，夾在東西方兩種不同思維體系的衝突中，身歷其境的切身感受，因此感觸良多。

二十世紀上半葉最能代表中國學術的通儒是王國維與陳寅恪，他們浸潤了經史子集的四部知識傳統，承繼乾嘉篤實的考據學風，却都經過西洋邏輯思維與實證科學的洗禮，參與中國知識結構的轉型。對西方現代知識結構如何在中國生根發芽，不但再三致意，并且以自己的學術實踐來努力促成。王國維早在一九〇二年就寫信給張之洞，反對把經學列爲大學分科之首，而主張效法西方與日本的大學，設立哲學科，明確指出知識結構的分類不可因循傳統，而必須另起爐竈。陳寅恪在一九二五年就清華大學建制的問題，寫了吾國學術之現狀及清華之職責，指出大學的職責在於學術之獨立，而中國學術界的情況令人十分不滿，必須認真效法西方學術的體制及實踐。他說：「蓋今世治學以世界爲範圍，重在知彼，絕非閉門造車者比。」這兩位國學大師，對西方與日本的漢學研究十分注意，都是以開放態度對待域外漢學研究，集思廣益，以成其大家。

再回到「温故知新」的歷代經解，說說文化傳承的闡釋學意義。劉寶楠在論語正義中指出，上古之時，文化知識是上層統治精英的家學，不再治理實際政事的長者可以傳遞德行的知識，可以爲人師。「温故而知新」，就顯示長者不忘舊時所學，且能吸收新知，繼承并發揚這種學術與政治合一的傳統。到了孔子之時，時代出現了變化，士大夫不見得能夠謹守家法，弘揚德行，也不一定能夠「爲師」了。孔子之後，世變日亟，「道術爲天下裂」，文化知識不再爲少數統治精英所壟斷，也不必然與治理政事有關，學術在民間百花齊放，百家争鳴。但是，學術知識發展的脈絡基本未變，仍然是要温故知新，進德修業。從劉寶楠不經意的闡釋中，可以看到時代變遷影響了學術文化的內容，改變了知識結構的體系，但其內在發展的理路仍舊，還是需要舊學與新知的融合，才能有所發展。

劉寶楠還引述了劉逢禄的解釋：「故，古也。六經皆述古昔、稱先王者也。知新，謂通其大義，以斟酌後世之製作，漢初經師皆是也。」劉寶楠贊成這個說法，並指出，漢唐人解釋「知新」，大多數都沿用此意。也就是說，舊學是傳統的知識結構體系，新知是時代變化出現的新知識，必須相互斟酌，才能發揮得宜。至於如何對舊學「通其大義」，就見仁見智，各有說法了。從這個通達的詮釋來討論近代西學東漸的情況，我們可以看到，「温故而知新」在民國學人的心底，是産生「傳統」與「現代」糾葛的心理陷阱，不易跨越。若依照朱熹的說法，「學能時習舊聞而每有新得，則所學在我而其應不窮」，雖然在哲理上可以模模糊糊說通，但在清末民初的具體歷史環節，西學的新知屬於完全不同的知識體系，在原有的舊學脈絡中，根本無從立足，如何「其應不窮」?·所以，真要放之四海而皆準，提升「温故而知新」的普世意義，以理解域外漢學譯著與近代學術知識體系變遷的文化史意義，我們認爲，皇侃、邢昺，一直到劉寶楠的闡釋，是比較合適，並與現代文化闡釋學的説法相近。

伽達默爾（Hans-Georg Gadamer）在他的名著真理與方法中，説到認知理性與文化傳統的關係，特別指出，人們通過理性，來判斷歷史文化中事實的真相，但是人的理性與生存環境息息相關，與傳統所衍生的豐富文化底蘊有關，不可能完全超越文化傳統的思維脈絡。他認爲，人生活在文化傳統之中，就不可能「遺世獨立」，以全能超越的抽象思辨來認識傳統，甚至是批判或顛覆傳統。傳統是歷史文化延續與傳承的表徵，不會一成不變，而我們的認知理性也會因時代變遷，而不斷重新詮釋傳統。伽達默爾的闡釋學以西方文化傳統爲例，説明新知如何納入傳統，而使文化傳統生機不斷，生生不息，與中國歷代經學家的説法（朱熹除外），有异曲同工之效。以此觀照民國時期的漢學譯著，我們認爲，這批學術新知傳入中國，對中國文化傳統的繁衍與發展，實有承先啓後之功。

近代海外漢學名著叢刊的出版，最值得感謝的是南兆旭先生二十多年來搜羅的執着與努力。雖然這套叢刊不能窮盡民國時期的漢學譯著，但是，能滙集上百冊自一九四九年以來在國内不曾重印的學術著作，再度公之於世，總是功不唐捐的大功德。忝爲本叢刊的主編，我面對這批民國學術材料，先是感到紛雜無章，有些原作者的學術素養也難副當前的學術標準，甚爲猶豫。後轉念一想，這是上個世紀中國最紛亂時期的學術記録，也是民生凋敝，國勢隤危，内亂外患交加之際，仍有許多學者孜孜矻矻，戮力翻譯域外漢學，爲中國學術的傳承拓展新知的坦途，不禁肅然起敬，開始用心整理分類。掛一漏萬，在所難免，好在有學殖豐贍的諍友擔任分卷主編，並撰寫各分卷前言，實在是衷心銘感。有傅杰教授負責「歷史文化與社會經濟」、戴燕教授負責「古典文獻與語言文字」、霍巍教授負責「中外交通與邊疆史」，吾道不孤矣。在整理編輯過程中，周威先生費心最多，也是我要衷心感謝的。

道術之存亡，全在人心之嚮背。這批民國漢學譯著重新問世，對我們生長在承平之世的學人，應當有激勵的作用，爲學術研究多盡份力，讓中國學術發展更上一層樓。

鄭培凱

二〇一五年七月

前言

一九四九年，身在美國的鄧嗣禹在遠東季刊發表近五十年中國歷史編纂學，總結半個世紀以來中國歷史編纂學從保守走嚮開放，「先是受日本，然後是英國、美國、法國，最後是蘇聯等影響」，既擴大了史料的範圍，又應用了科學的方法，把重點從帝國的政治事件轉移到社會經濟方面，終於「取得了巨大的進步」。鄭培凱教授主編的近代海外漢學名著叢刊，正是鄧氏提及的各國影響中的一部分——甚至堪稱是主要的部分。

本分卷主要包括兩大類：一是歷史文化，包括渡邊秀方中國哲學史概論、三浦藤作中國倫理學史、津田左右吉儒道兩家關係論、服部宇之吉儒教與現代思潮、五來欣造儒教政治哲學、濱田耕作東亞文化之黎明、梅原末治中國青銅器時代考、新城新藏中國上古天文、卡特中國印刷術源流史等；二是社會經濟，包括沙發諾夫中國社會發展史、駒井和愛等中國歷代社會研究、柯金中國古代社會、森谷克己中國社會經濟史、田崎仁義中國古代經濟思想及制度、卜凱中國農家經濟、馬札亞爾中國農村經濟研究、克拉米息夫中國西北部之經濟狀況、高林士中國礦業論、長野朗中國資本主義發達史等（以上作者譯名一仍所收各譯本）。這些著作引入中國的背景與影響，培凱教授的總序已經作了高屋建瓴、提綱挈領的論述。這裏衹就著作、作者、譯者三端分別舉例，略作一些補充說明。

先説著作。包括本輯在內，本叢書所選入的日本學者論著佔據了多數。曾有西方的東方學家概括日本學術實爲三餘：文學竊中國之緒餘、佛學竊印度之緒餘、各科學竊歐洲之緒餘。其言雖刻薄，却一針見血。但也正因善於嫁接，所以在用西方研究模式梳理中國歷史傳統方面，日本學者往往最具搶佔先機的便利，他們的著作也成爲當時的中國最多引進與借鑒的對象。例如梅原末治藉助於西方科學方法來分析中國青銅器的器形、成分，進而推論其時代的中國青銅器時代考在半個世紀中產生了廣泛的影響，如歷史學家吕思勉在先秦史中就引用過他對殷商時代青銅器的分析，考古學家黄展岳在關於中國開始冶鐵和使用鐵器的問題中則對他殷代已知用鐵的觀點提出駁正。卡特的名著出版至今九十年，仍然是時常被引用的經典，除早期的節譯本，一九五七年北京出版了吴澤炎譯的中國印刷術的發明和它的西傳，一九六八年臺北出版了胡克希譯的經傳路德修訂的卡德著作新版中國印刷術的發明及其西傳。其書既出，哲學大師杜威也給以好評，桑原騭藏、鄧嗣禹發表了長篇書評。直至本世紀芮哲非的新著谷騰堡在上海：中國印刷資本業的發展（一八七六—一九三七），還指出正是卡特著作的出版，因其表彰中國印刷術的悠久歷史和對世界印刷史的巨大貢獻，迅速影響了一批中國學者，進而影響了近代以來的中國印刷史書寫。其實，受影響的還不止是印刷術與中西交流史的學者。以夢溪筆談校證而蜚聲中外的當代夢溪筆談研究第一人胡道静回憶，正是從卡德的書中，他才知道夢溪筆談：

> 卡特的書説明了史料的來源，還特别夸譽了夢溪筆談這部著作，説它這好那好。於是我這個當時對古籍祇讀先秦、兩漢之書的小伙子就迫不及待地去找這本沈括的名著來閱讀了。（夢溪筆談校證五十年）

至於沙發諾夫、柯金、馬札亞爾等用唯物史觀來研究中國社會經濟史的論著，在蘇聯和中國都引發過爭議，而在當時就有學者指出，陶希聖等人對魏晉時期中國社會性質的看法，即深受沙發諾夫中國社會發展史的影響。

次説作者。各書作者背景各异，身份不一，研究中國的目的也頗有差距。其中既有津田左右吉這樣的學術大師，更不乏各學科中的權威名家，而且不少跟中國還有密切的聯繫。如濱田耕作與梅原末治師徒都在中國從事考古多年，不僅以自己寫下的著作、也以自己參與的活動，影響了中國考古學的發展，甚至用自己的工作給中國考古學家樹立了榜樣。早在一九二六年，北京大學國學門的考古協會與日本東亞考古協會成立東方考古協會，被譽爲日本考古學之父的濱田耕作就參與其事，一九二九年他又與高足梅原末治再赴北京演講，爲正起步的中國現代考古學注入了新的信息。其後梅原又在上海、天津、河南等地調查文物古迹。

撰中國上古天文的天文學家新城新藏在二十世紀三十年代出任過上海自然科學研究所所長。撰中國農家經濟的美國學者卜凱從康奈爾大學農學院畢業後，次年即來安徽宿州，以傳教士的身份從事農村的改良試驗與推廣，在中國致力農業經濟學的教學與調查幾三十年。同樣是以傳教士身份在安徽宿州從事教育與宗教活動長達十二年的還有美國學者卡德——而他一生衹活了四十三歲。在離開中國後他一直從事中國學術的研究，在伯希和指導下研究中國印刷術的發明與西傳，傾注了滿腔的熱情，用盡了全部的心力，終以勤勞過度，在該書出版的當年與世長辭。

末説譯者。當年就有學者感慨，外國的漢學著作可資參證者甚夥，但譯著的數量與質量總體而言殊不令人樂觀，通西文者多鄙棄漢學，治國學者又忽視西文。從事者的學養並不都足以勝任這類專門著作的翻譯，因此有的譯文比較粗糙，但就已有的成績來看，仍有可稱道者。一是有的著作不止出版了一個譯本，如濱田耕作東亞文化之黎明、馬札亞爾中國農村經濟研究等時隔不久就出版了不同的譯本；有的甚至同一年中就出版了兩個譯本，如森谷克己中國社會經濟史在一九三六年既由中華書局出版了孫懷仁的譯本，又由商務印書館出版了陳昌蔚的譯本。二是譯者之中不乏後來的著名學者。如高林士中國礦業論的譯者是曾擔任北京水利水電學院院長多年、爲中國水利事業做出了卓越貢獻的中國科學院院士汪胡楨。在年過九旬之後寫的自述中，他還憶及當年由丁文江介紹認識了中國礦業論的作者、並受作者之托翻譯該書的經過。而梅原末治中國青銅器時代考的譯者則是舉世公認的甲骨學與殷商史權威胡厚宣，身爲中央研究院歷史語言研究所的研究人員，他正是在參與殷墟發掘之際譯出梅原末治的著作的。

世事沉浮，風雲變幻，這些昔日的譯著有的還在被學者屢屢提及，有的則塵封甚久，不再被人記得。如今輯而再印，使之重見天日，是既富於現實意義，也富於歷史意義的。現實意義在於這些譯著中的若干材料仍可供今天的讀者取資，若干見解仍可給今天的讀者啓示；歷史意義在於這些譯著中的部分雖然陳舊過時，無論材料還是觀點都被證明千瘡百孔，但它們在中國現代學術史的建立與發展進程中都曾經多多少少起過作用——因此它們不再僅僅是外國漢學史的組成部分，實際上也已經成爲中國學術史的組成部分，是我們不能輕忽，更不能遺忘的。

傅　杰

二〇一五年七月

作者簡介

著　者

長野朗，資料不詳。

譯　者

胡雪（一九〇九年—一九八五年），字鶴梅，湖北黄岡人。一九二一年畢業於上海大同大學，次年入黄埔軍校。一九二七年在「四一五」廣州慘案中以「共産黨嫌疑」罪被捕，次年由李濟深保釋。不久東渡日本，入早稻田大學深造。一九三一年九月離日歸國，任上海神州國光社編輯。一九四七年九月任國立湖北師範學院教授，一九四八年九月任中華大學中文系教授兼系主任，講授文藝學、西洋哲學史、英語、日語等。一九五二年九月任華中師範學院中文系教授兼外國文學教研室主任，後擔任學院院務委員。通曉五國語言文字，著譯有歐洲思想史、中國資本主義發達史、高爾基評傳、現代世界文學小史、幫閒文學、夏目漱石選集·第一輯等，主編有外國文學一書。

原序

中國究竟有否資本主義發生，如有資本主義發生，則其所取之形態如何？經何徑路？此爲全世界所最注意之問題。對於鄰國的日本，尤有重大的影響。此問題之解決，有待於詳細之調查與縝密之研究，甚非個人之能力所能濟事，尤非才學淺薄之著者所能勝任。惟以問題之解決，急不容緩，未能等待詳密之調査，故敢以貧弱之料材與淺薄之研究，草成此書，對於中國資本主義之發達，一加探討，並檢點其各種要素而闡發其特殊之性質。然問題極爲重大，且甚煩難，觀察亦不無錯誤，關於此點，甚願識者加以指正。所用之材料，力求其精確，在中國資本主義之將來的研究上，本書如能略有貢獻，或者本書能應目前之急需，則幸甚矣。

著者識

中國資本主義發達史目錄

原序

第一章　引論……一

第一節　產業發達的概況……一

第二節　資本主義不發達之原因……五

A　官僚階級之存在……五

B　不着實際的學問之弊害……九

C　中國人的經濟思想……一二

D　中國的經濟組織……一五

第二章　促進資本主義發達之主要原因……一七

第一節　各國資本主義之刺激……一七

A　通商口岸之增加……一七

B　列國對於交通機關之投資……二六
C　租界之設置……六一
D　各國之文化事業……六五
E　外國工場之增多……七一
F　各國投資的影響……七九
G　舊式行會之崩壞……九二
第二節　政府之保護與獎勵之影響……九六
A　排斥外貨提倡國貨……九六
B　政府之保護獎勵國產……一〇七
C　實業教育之振興……一一五
D　挽回利權運動……一二五
第三節　資本家勢力之勃興……一三一
第三章　阻礙資本主義發達之主要原因……一三六

第一節　官僚軍閥及舊制度之殘留……一三六
A　官僚軍閥階級的影響……一三六
B　舊制度之殘留……一三九
第二節　由戰亂所生的阻礙……一四二
A　交通的阻礙與不發達……一四二
B　金融方面的影響……一五三
C　軍費與建設費……一五四
第三節　反資本主義運動……一五五
第四章　中國資本主義發達之實況……一六一
第一節　工業的發達……一六一
A　工業發達的概況……一六一
B　各種新興工業的現狀……一八二

C 工業發達之將來……二五三
D 工業發達之障礙及其排除……二六七
第二節 農業……二六八
A 農業之資本主義化……二六九
B 農業之改良與發達……二八三
C 農業發達之障礙及其排除……二九八
第三節 鑛業……三〇〇
第四節 商業貿易……三一〇
A 商業補助機關……三一一
B 貿易發達之趨勢……三一七
C 貿易形態之變化……三三四
第五節 中國財閥之發達……三三六
第五章 中國資本主義之特殊性……三四一

第一節　中國資本主義之特殊形態……三四一
A　軍閥官僚資本主義之發達……三四一
B　外國資本主義之發達與變形……三四六
C　華僑……三五〇
第二節　中國資本閥之特殊性……三五六
第六章　資本主義發達之將來……三六一
譯後語

中國資本主義發達史

第一章　引論

第一節　產業發達的概況

漢人在來自西方建國於黃河流域的時候，已經是一個農業的民族。自是以農興國，以至夏、商、周諸代。當時農業技術相當發達，農具亦有用鐵製的，肥料除人糞畜糞而外，相傳亦用骨粉。對於灌漑排水的方法，也有研究。就周之井田法看來，我們可以知道許多的田地，是連年耕種的。相傳養蠶始於三代以前。周時即已種藍，並以草爲染料。林產及水產，當時也很發達。以農產物爲原料的工業，則有酒及豆醬等物之製造，並有管理這種製造業的官吏。

周朝採用封建制度，諸侯的領土，分劃得很小，取着人各自給的方法，所以商業不見發達。但經過春秋而到戰國的時候，諸侯之中，互相魚肉，大的併吞小的，強的併吞弱的，周初的數百諸侯，到春秋時只剩數十國，再到戰國時代，又減少爲六國了，因爲這個原故，各地間的交通便利起來，促進了商業的發達，從而產生了商業資本。然而自從秦統一天下，廢止封建制度，採取中央集權制以後，商業逐漸發達起來，產生了巨商大賈，又因廢井田採取土地私有制度，於是實行土地兼併，出現了大地主，同時也產生了佃農，人民貧富的懸絕日益增大，盜賊、娼妓及其他弊端也相繼而生了。秦的制度，對於富豪地主加以保護，並與以優良待遇，所以這種傾向更爲顯著。不久秦亡，漢興，漢乃兼用中央集權與封建制度。漢時曾減輕土地課稅，以求消除秦代因土地私有而生之貧富之懸隔，然而結果徒有益於地主，促進土地之兼併而已。如是棄農就商的人，便日見其多了。

在漢代，皇后親自養蠶，以獎勵養蠶事業。相傳山東地方的野蠶，已起於漢代。在農業方面，謀灌溉之便利，又利用牛耕種，如是耕作的能率大爲增加，農產物的種類，也逐漸加多了；林產方面則產生漆竹之類的東西；又栽種棗、栗、橘等果樹蔬菜的栽培，牛、馬、羊等畜類的牧畜也很旺盛。茶的發見，似乎很久，但至這時，茶才用作飲品。

在漢代已發明了使用機器的方法，以代替人力及畜力。據史籍所載，諸葛武侯在搬運山中的糧食的時候，曾使用木牛流馬，又發明了一種可稱爲水車的前身的灌溉用的翻車，以三四個人的力量，每天可灌溉水田二十畝。播種及其他機器，也有發明。然而，漢亡，晉起，至五胡十六國之亂的時候，一時工業農業均趨衰微，臨到了一個人民流亡的時代。至隋統一天下，才重又獎勵農業，設義倉之制以備凶年，通溝渠，利灌溉，獎勵養蠶種蔴等事業。隋不久即亡，到了唐的時代，天下復歸太平，於是荒廢了的農業，一時又興旺起來。

唐朝注力於產業之獎勵，並獎勵養蠶，又在甘肅方面從事牧畜，各地施引灌溉，因此便開闢了許多水田。茶的栽種頗爲繁盛，其生產額也大大的增加。唐時已與隣近諸國開始貿易，生絲、茶、穀物成爲主要的輸出品。

然而，唐代以後，到了五代的混亂時候，人民流離於戰亂之中，以致正要發達起來的產業全然衰落，朝廷只知在獎勵農業的名目之下，徵收租稅。到了宋代，在混亂之後人民生活得以安定，於是獎勵農業，講求治水之法，並設置平倉，以備凶年。這時開始於唐時的與回紇之馬、茶等貿易，也復活起來了。在農業技術方面，民間延聘一種可稱爲農業技師的指導者，使其在各地對於農作物的種類，予農民以解釋。

宋末的時候，遼元金起自北方，支配了中國，因而牧畜雖盛，而農業却無進步。宋元以前即有棉品入貢，但中國人却未用這做衣服。但宋元之間，西南地方已開始種棉，並且後來這種事業逐漸擴大起來。元時大大的獎勵治水及開墾，栽種棉花，同時發明了簡單的紡棉機。

元亡明起，注重農業，設定種種土地制度，又設置常平倉，並致力於治水。明時棉的栽種，極爲繁盛，中國南北各地均有棉的種植。

到清朝的時候，隨着國土之擴大，農耕及其他產業漸次勃興，但至清末與外國開始貿易以後，形勢則爲之一變。

在上述自中國建國以來以至清末與列國資本主義接觸的期間，中國的產業，雖然在古代周末有長足的進步，但後來的發達極爲遲緩。在技術方法上，雖然較周代農法多少有點進步，然而周末的農具，已用鐵器，與現在所使用的頗爲相似，其後不過是發明了灌溉用具與水力舂米等方法，以及其他若干農具而已。肥料方面，目前仍以畜糞爲基本的肥料，只有一小部份使用豆餅而已。

鑛山的採掘，雖然很早，但大半也不過是用以製造農具及家具罷了。交通的工具，則使用船與馬車，所以大規模的交通尙未形成，資本的積蓄也還沒有。火藥發明似亦很早，以農產物爲原料的工業亦已興起，但後來沒有進步，在易姓革命之混亂期間，破壞了行將興起的產業之發達。他如邊境牧畜民族之侵擾，也予產業的發達以一大打擊。在混亂期間，人民流亡的結果，土地兼併之弊得以解除，其後土地平均，大地主的發生在某種程度上受了限制。然而，中國雖有四千年的歷史，且有古代既已發達之文化，然其後不振；望見歐洲文明勃起，資本主義日益發達，而中國仍無資本主義之發生，這是有着種種原因的，關於這一點，且在下節加以說明吧。

第二節　資本主義不發達之原因

A　官僚階級之存在

中國資本主義不發達之原因雖有種種，然其主要者則為官僚階級之存在。在周之井田制破壞而承認土地之所有權以後，封建制度亦被廢除。至秦而天下統一，交通較便，於是產業便發達起來，資本的積蓄也略見形成，社會上發生了富豪及大地主的階級。但至漢時受一頓挫，其後即不復振，這就因為自漢以後發生了官僚階級，妨害了資本主義之發生的原故。這裏我想把官僚階級之發生及其在經濟界的關係略加叙述。

中國在建國之初，各部族散在各方，行其自治，隨着部族之發達，其間便有大小強弱之分；以大部落為中心便圍繞以幾多的小部落，並且為實行紀律起見，乃由大部落中選出統治者來，這統治者是德高望重的人，對於產業是有好處的。到了夏時，徵收田租十分之一，用作公費。然而，其後統治者成為世襲的，到周朝時，隨着各種產業之發達，王侯的生活，漸趨奢華，為供公用之租稅，至是乃化為王侯之私費，原為人民公僕的統治者，竟踏上了支配者的地位了。周初的時候，各地自治團體的基礎甚為穩固，統治者尚未伸其勢力到它們的內部，但到周末，諸侯卿大夫頓成自治體之支配者，陷農民於農奴的地位；乘着混亂的機會，諸侯政治之實權，也落於此輩士大夫階級之手，士大夫之外，加以地方的任俠之流，產生了一種支配階級，是爲官僚階級發生之萌芽。秦採中央集權之制，他們一時息影無聲，然不久秦亡漢興，他們重又擡頭起來。隨着官學之發達，政治的實權，便落於讀書人階級即今之知識階級之手了。在起初的時候，學問不普及，這種階級的人爲數也不多，而他們的生活程度也很低，所以沒有大的弊害，然而隨着學問的發達，這種階級的人數亦隨而增加，且跟着生活的向上，弊病也隨而增多了。這種階級，其後漸漸發展，以至今日，其階級基礎漸趨穩固。他們之得有今日之發達，雖有種種原因，我以爲其主要原因，則爲下列幾點：

(一)這一階級不斷的由新的分子補充，所以不像歐洲貴族階級那樣，隨着年代之過往而沒落。中國的階級，頗帶有流動性，並不是固定的，下層的人可以爬到上層去，上層的人也可以降到下層來，新的分子不斷的加入，使其勢力不致失墜。

(二)這一階級善於自保，他們看到這個朝廷氣運不對的話，便投身到另一朝廷裏去。他們把朝廷看作一個神輿，所以並沒有什麼明清之分。蒙古族和滿族雖然征服了中國，但馬上得天下，不可以馬上治之，統一天下以後，漢人的官僚階級便掌管了政治，所以歷代雖有幾度之變革，而官僚階級之爲支配階級，則依然如故。他們對於環境的變化，有着機敏的變通性。清朝滅亡，民國成立，他們便擁着共和民主的神輿，鑽進了議會；國民革命一經成功，他們便又擁起三民主義的神輿，混跡在黨中。

（三）官僚階級爲保持其階級性起見，度着一種與一般民衆相隔絕的生活，他們不同勞動階級往來，也不同他們締結婚姻的關係。其在鄉間的，他的身分，並不是一個村的自治體的職員，而是一個鄉紳的特殊階級。所謂土豪劣紳，便是這類的人物。他們這階級，從前由科舉的試驗，鞏固了他們的階級基礎。他們階級間的結合，在橫的方面則用婚姻的血緣，在縱的方面，則有親爹乾爺等因緣。

（四）他們這一階級，在政治經濟兩方面都佔有地位，所以他們的階級勢力是很鞏固的。他們以智識階級的身份，獨佔了文化方面，並出仕朝廷，壟斷政權；其在鄉間者，則爲官僚地主，實行兼併土地，又與官吏相結託，凡利之所在，他們一定是要設法沾染的。於是一般人民，只得勤勤苦苦的做一個農民，或做一個覓蠅頭之利的小商人和手工業者。他們握有政權和財權。

因爲具備了上述的條件，所以官僚階級漸次發達起來，而且他們的地位一天一天的鞏固。這一階級中，大體上有着上下兩層，而各有着多少不同的特性。下層是所謂「吏胥」之類的人民，他們不是正式經過了科舉的試驗而被拔取的，多半是當地人民，很多是代代繼承其業的。我們常看到「代代以官爲業」的文句。他們將這種事業看作一種職業，而實際包攬徵稅事務的，也正是他們。擔當這種職務的，必須是在那地方住得很久，充分了解地方的情況的人，所以他們的地位是極穩固的。他們所給與社會的毒害，異常的深烈，歷代苦於他們的弊害，常求改革，然而終於都不能達到目的。這種下層官僚階級，比較的富於固定性，不大變動。歷代易姓革命時，上層階級雖換了新人，而下層階級則仍然沒有改變。這結果，就在革命的時候無論怎樣掉換上層的人物，而下層的實務機關並無絲毫改變，因而革命結果是不能徹底。反之，上層階級帶有流動性，在政局變動時，他們便與新分子相交代，所以弊害也比較的少。上面我把官僚階級，分做上下兩層，但這裏我們也可以把它分爲在朝與在野的兩種。在朝的爲官吏，在野的爲鄉紳，互相勾結以搾取人民。這朝野兩方面密切地互相結合而有着階級的意識。

這種階級的本能，因爲是在搾取人民與保存本階級的兩點上面，所以他們介於朝廷與人民之間；一方面盡量的向人民搾取，一方面對於政府則盡量的蒙蔽，以求增加私得。中國人稱這爲「中飽」。他們把這樣得來的人民的脂膏，用於土地投資，而成爲地主。這就因爲從前在中國除土地以外沒有適當的投資對象之故。即在今日，各地的大地主，多半都是官僚階級，其他可看作官僚階級之一部的軍閥地主也不少。武漢政府之驅逐共產黨，實以湖南軍閥與共產黨之衝突爲其端倪，而其衝突之原因，則在乎共產黨之土地革命。共產黨在湖南實行土地革命，開始沒收中大地主的土地，而田地被沒收的中大地主之中，湖南軍閥的家族或親戚居其大半，因而湖南軍閥終於懷恨而驅逐共產黨了。就這看來，我們可以知道官僚軍閥地主，是怎樣普遍地存在着的。

上面已將官僚階級的輪廓說了一個大要，這裏還得將官僚階級與中國的產業的關係一加敍述。第一，官僚階級妨礙了產業的發展。他們盡量的搾取農民和商人職工，所以這些生產階級的生活，不斷的困窘。農夫沒有改良農具及肥料的餘裕，一味的力求節省費用。即在今日，中國農民的心理狀態，與其說他們是在想用好的種子和肥料使其收穫增多，毋寧說他們是在想從這方面節省點錢下來，盡量的使支出減少。再就商人來說吧，如果他們稍稍有點好處，便被官僚搾取去了，所以產生不出大商人來。這徵之史實，我們也可看到每一產業稍見發達時，官廳卽將這取而專賣，或課以重稅，以益私囊，於是這種產業便立趨于萎縮了。第二，多少有點利益的事業，官僚常想獨占。大的事業官廳着手舉辦，小的事業，則由各地的鄉紳與官憲相結託而分沾其利，因此民間的生產就不能伸展了。在目前，如鑛山、銀行、工場、交通機關等，大抵都是爲他們所有的。於是，中國的產業，便被這種官僚階級所妨害了。

B　不着實際的學問之弊害

中國古代的學問，是立脚於實際生活上的，所以關於各種產業的學術，是非常進步的，其後墮於官學，漸與實際生活相離背，故雖有四千年的文化，而在自然科學的進步上，却殊無足取。

古代的學問，稱爲下學上達，摒斥紙上空談，努力於實地修練，然後使修練的結果，歸納地由實驗而達到眞理之域，所謂由藝入道，卽此之謂。要學稼便要去問老農，要學圃便得去問老圃，要學醫便得在看醫書之前先診視病人之脈，「領悟事理一致之妙」是一般對於學問的思想。所以，人在八歲的時候，就使其進小學學習灑掃應對以及禮、樂、射、御、書、數等日常必要的科目。儒教之有六藝，便是這個道理。「聖人」這一詞，在中國古時的意義，與後世是大有不同的，聖人是長於百般技藝的人的稱謂，這只要一看考工記的下面這樣的文句，也可明瞭：

知者創物，巧者述之守之，世謂之工，百工之事，皆聖人之作也；爍金以爲刃，凝土以爲器，作車以行陸，作舟以行水，此皆聖人之所作也。

在禮記裏面，也有「作者謂之聖」的句子。然而，中國學問之離開實際生活，是周末大亂以後的事。當時出現了諸子百家的學說，各自主張自己的學說而各樹一幟。例如墨翟唱兼愛之說，主張兼愛一般的人，又唱兼利，主張平均分配利益，反對戰爭，認爲人在活着的期間，是應從事勞動的。宋銒主張以平和的方法解決一切的問題。愼到則求棄知去己，希望人能變成一個與土塊一樣無知的動物，一任外物的自然淘汰。關尹與老聃則專做不惑於外物，修養自己的精神以歸於虛淸恬淡之境的工夫。莊周則以「萬物畢羅」爲主義，提倡常識。惠施以天地一體爲主義，逞其詭辯，以口舌之雄見稱，他說天比地還要低，山比澤還要平飛鳥之影不動，不行之矢最速等等。於是周末的風氣，人們便一味的喜歡高尙的空談了。至是子思起而唱中庸之道，啓了後儒好談性與天道之端。繼承子思的學說的孟子，也是排斥空論的，他說道：「不以規矩，不能成方圓，不以六律，不能正五音；」「徒善不足以爲政，徒法不能以自行。」然而時代思潮，一如狂瀾之崩倒，就是孟子那樣排斥空論的人也不免有當時流行的戰國遊士之風味。他犯了一種矛盾：一方面嫌惡空泛的理論，努力於某種實際的事務由實務之練習以入於道；一面却又嚬罵許行之躬耕主義。古時王者亦事耕耘，至戰國時代，略有智勇辯舌之才的人們，多棄利益微薄之農，遊說於諸侯，以求爲卿爲相，學問便自然離開實學而踏入邪道了。孟子也受了這種影響，他痛罵持身勤勞不貪不義之祿的陳仲子，他又對於當時楊朱之極端的自我主義與墨翟之博愛主義，即相當於今日之資本主義與社會主義的學說，加以批評，謂爲蔑視法律道德的禽獸的社會；然而孟子以爲法律是由君所出的，道德是由父所賦的，所以雖然他用這種簡單的批評，罵倒了這種學說，但楊墨的學說裏面却有着較之孟子更深刻地觀察社會之點。孟子略有好辯之嫌。這姑不論，總之，當時已發生了資本主義與社會主義的學說，這是很有興味的。不過，孟子是一個聰明的人，雖然他排斥楊墨之說，然而他對於他們的學說，多少是能理解的。孟子的思想，以爲生產的效果，不是單以筋肉勞動者的力量所能獲得的，他說道：「或勞心，或勞力，勞心者治人，勞力者治於人，治於人者食人，治人者食於人，天下之通義也。」即是他指出了在筋肉勞動者之外，還需要有計畫事業監督事業，並且分配其成果的人的。在子思作中庸的時候，儒家學說即已將陷於高遠的理想主義之中。孟子之教人「必有事焉，」勸人學習實務，這與宋鈃以後之儒者以靜坐與讀書爲日課，潛心於性、命、天人之類的問題，是全然異趣的；然而孟子依然是一個時代的產兒，他不能脫除戰國遊說之士的風氣，常遊說於諸侯而求得其任用。這樣，自孟子以來以至宋明的儒者，其奔走於王公要津之門以傳其道，是與以藝能術智爲基礎的學問的本旨全然相反，這是墮於所謂官僚學之邪道了。反乎此，一方面則有好淸談之徒，以幽玄高遠的思索爲事，發生了一種逍遙於理想的天地之中的風氣。雖然兩者都是離背學問之本旨的，而官僚式的學術的這一方面，它的色彩更加濃厚，漸趨於虛飾，因而不喜虛飾的淸談之徒一方面憧憬理想的世界，排斥。官僚式之不自然的虛飾，而在其修業上添加了醫藥、卜筮、天文、地理、金石等各種藝術之研究，較之官僚學是遠爲優良了。此外尚有佛教學的一派，是很有研究的價值的。

於是中國的學問，墮於官僚之學，與實際生活全相離背，對於產業方面的學問，簡直不加研討，學問只做了求官之利器了。中國自然科學不發達之一因便在乎此。

C　中國人的經濟思想

上面已經說過，中國在周末的時候，已經發生了資本主義的思想與社會主義的思想，但講到中國資本主義不發達之又一原因，這裏還得舉出中國人的經濟思想來。

中國爲農業國，在周末的時候，已發明了種種的農具，當時還發表了關於機器文明的利害的意見。其中代表的意見，可舉出下面的一例來。

孔子的門人之中，有子貢這麼一個人。他有一次，曾經旅行到楚之漢陰，路上看到農夫在灌溉田地，灌溉的方法，是在井邊開一條路到井中，然後拿一個罈子到井裏去，打起水再灌到田裏來。這是一個費力而沒有什麼效果的方法。於是他告訴那農人用吊桶取水的容易而又迅速不費力的方法，那農夫聽了不但不喜歡，而且表現了幾分忿怒的顏色，過了一會帶笑的答道：「我倒也不是不知道這個方法，不過恥於使用這個方法罷了。」子貢聽了這話，似有所悟，後來他對他的弟子說過這樣的意思的話：我以前以為「用力少而功效大，」即，以最小的勞力收得最大的效果是很好的，然而這似乎有點錯誤。「託生與民並行，」即，相依共存乃是正道，所以如果有人使用機器，竟以一人之量做一百個人所做的事，那不啻是掠奪了別人的工作，破壞了與羣共生的原則，這不能說是德全。德全始形全，形全始不致受人之恨怨與殺害。形全者神全，故形全者不致有精神上的不安云云。

由這段話也可知道，子貢的思想是以共存為本旨的，並非從根本上否認機器文明，只教人應注意機器文明之妨害共存，而使許多失業者不能生存的事實而已。在最近也有這樣的一個例子：

江蘇某地有一個使用機器以大農場法經營農場的人。到了收穫的時候，附近的農民互相集合起來，發起農民暴動，襲擊他的農場，將他的機器完全搗毀，農場經營的人只得向別處逃命了，於是農場的經營全歸失敗。這次農民暴動的理由極為簡單，只是因為「我們從朝至暮，辛辛苦苦的只得到一點點的收穫；而他們使用機器，却輕輕易易的得到許多的收穫，好不奇怪」而已。實際上，如果用機器從事大量的生產，則中國三萬萬的農民大部份都要變成廢物而失去職業的。

在這個最近發生的農民暴動的思想及與子貢相問答的農夫的思想，雖時隔數千年，但在思想上却有着共通之點，那是可無容疑的。中國人之經濟思想的根本爲「安」與「均」。與其是藉着機器文明以使其生活向上，毋寧是低而安定的生活，更爲中國人所希望這可由上述的兩個例子看得出來。機器文明，因大量生產的結果，一方面使手工業者失業，一方面又會引起因生產過剩而起之恐慌，致使生活不安。這樣便與中國人之「安」的思想相違了。中國有「安居樂業」這句話。這便是安全地生活而人各樂其業的意思。中國人是好和平的，無論是在政治上，在經濟上，都不願在他的環境上發生波瀾。這種思想，也許是中國沒有機器文明發生的原因。

其次與資本主義思想相反的，是中國人的「均」的思想。孔子所謂「不患寡而患不均」，即是此種思想。此卽不獨佔財物而將其均分之謂。周以前所行之土地制度，便是由這種均分思想發生出來的，將土地平均地分配給農民，周之井田法卽此。然而至秦時廢除井田之法，承認土地之私有，於是遂有土地之兼併，不過後來也想了許多方法，以求土地之均分。中國在土地之兼併鬧得正厲害，貧富的懸隔越見顯明的時候，人民的生活便陷於窮困，流爲匪徒，而苛官酷吏乘機恣意誅求，卒至出現了數十年有時竟至數百年之混亂時期，結果人民流亡，土地荒蕪。在混亂之後，土地再行均分，自然地匡正了土地兼併之弊；而且在另一方面，中國之家族制度，對於遺產之分配，並不是使長子繼承，而是均分於諸子的，所以土地不致兼併，因而很有效地防止了大地主之發生。不過一方面則因土地分劃得太零碎，便產生了極多的小農，這是由目前的現狀所看得出來的。

均分思想，普及於中國的各方面。秦以後之佃租大體上是地主與佃人各得其半，這也許便是均分思想之影響。又如土匪，他們也是主張均產的。試看他們以中產階級為中立，掠奪有產階級，而稱無產階級為友伴的這一點，也可知道他們是想將有產者的錢拿來賑濟無產者，以使貧富平均為職志的。總之均產思想在中國是很普遍的，而這種中國之經濟思想為中國資本主義發生之一障礙，是無可否認的罷。

D　中國的經濟組織

中國不但在經濟組織上，卽在政治、社會組織上，也不是中央集權，而是分權的。中國人之應用、管理及組織的才能是不大充分的。因此他們不善於經營大規模之統制機關，而長於各各分立的機關之經營，而將這各個機關連合起來，做成一個聯合體，所以中國古來同業組合極為發達。這種組合，不但是團結很鞏固，而其活動範圍也很大。這種自制體的聯合，是中國經濟組織之本體，所以資本主義所必要的自由競爭顯然的受了限制，以共存為本旨，保護相互的利益，對於違犯公共利益的人設定了嚴重的制裁。這一點似乎與上述之中國經濟思想是有着不少的關係的。

有了上述的種種原因，直至歐洲諸國到中國來要求開放門戶以前，中國是沒有發生資本主義的。在比較長久地安居於農業與手工業中之中國產業界捲起一陣狂瀾的是列國之資本的侵入。其結果，刺激了中國的產業，而促成資本主義之發生，同時受國際影響所興起之革命，是帶有國家主義的思想的。所以一時保護產業獎勵國產之風很盛，這也助長了資本主義之發生。不過雖然有一方面這樣釀成資本主義勃興之機運，而上述之軍閥官僚階級仍逞其猛威，資本主義之發達受了阻礙，而且帶有一種特殊的形態。

第二章　促進資本主義發達之主要原因

第一節　各國資本主義之刺激

列國資本主義之流入，予中國產業界以極大之影響，受此刺激，中國也發生了資本主義。因為交通發達，市場便擴大起來，因為貿易繁盛，便促進了生產。外人在中國設立工場，也促進了中國人的工場之開設。中國的產業，以開港地為中心，開始發展起來了。這裏我想從各方面申述各國資本主義之流入，對于中國產業之發達究竟有若何之影響。

A　通商口岸之增加

自從外人來到中國以後，從來閉鎖着的中國的門戶，次第的開放，中國與列國接觸的機會加多，中國受列國資本主義之刺激漸大，於是顯著地促進了產業之發達。中國在初與外國接觸的時候，清朝對於外國人是採取閉關政策的，只許外國人在廣東貿易，而且加以很嚴密的限制。然而鴉片戰爭的結果，中國戰敗，締結南京條約，根據這條約開闢了上海，廣州，福州，厦門，寧波等五港。其後根據條約及協約而開之商港，竟達八十餘處。一八七一年清朝以上諭自動開闢洪北，中日戰後，這種自開商埠又復增加，至今已達三十餘處。中國之所以自闢商埠，一則因爲想維護其利權，一則因爲想由稅收以增加其收入的原故。於是所開之港近於百數，而中國內地亦同樣逐漸開放，各方面的產業也次第的發達起來了。

下表爲各地商港之分布狀態：

東三省及東蒙古

商港及內地商埠地名	所在地
愛琿	黑龍江
齊齊哈爾	同上
滿洲里	同上
海拉爾	同上
三姓	吉林
長春	同上
哈爾濱	同上
吉林	同上
綏芬河	同上
甯古塔	同上

琿春	同上
赤峯	東蒙古（熱河）
龍井村	同上
洮南	同上
安東	奉天（遼寧）
牛莊	同上
大東溝	同上
奉天	同上
局子街	間島
法庫門	奉天（遼寧）
頭道溝	間島
鳳凰城	奉天（遼寧）
白草溝	間島
新民府	奉天（遼寧）
通江子	同上
連山	同上

大連　同上

鐵嶺　同上

遼陽　同上

新疆外蒙古西藏

喀什噶爾　新疆

伊犂　同上

塔城　同上

烏魯木齊　同上

天山南北　同上

亞東　西藏

庫倫　外蒙古

江孜　西藏

蒙古各盟　外蒙古

恰克圖　同上

噶大克　西藏

華北

北京南苑	直隸（河北）
天津	同上
秦皇島	同上
多倫貝爾	察哈爾
張家口	同上
芝罘	山東
膠州	同上
龍口	同上
周村	同上
濟南	同上
濰縣	同上
濟甯	同上
歸化城	綏遠
鄭州	河南

華中

重慶	四川

萬縣	同上
荊縣	同上
宜昌	湖北
漢口	同上
武昌	同上
長沙	湖南
岳州	同上
沙市	湖北
常德	湖南
九江	江西
蕪湖	安徽
安慶	同上
杭州	浙江
甯波	同上
溫州	同上
湘潭	湖南

南京	江蘇
鎮江	同上
上海	同上
海州	同上
浦口	同上
蘇州	同上
吳淞	同上

此外揚子江一帶尚有大通（安徽），湖口（江西），武穴（湖北），江陰（江蘇），儀徵（江蘇），黃石港（湖北），黃州（湖北）等小港

華南

福州	福建
廈門	同上
三都澳	同上
鼓浪嶼	同上
汕頭	廣東

廣州	同上
九龍	同上
江門	同上
桂林	廣西
蒙自	雲南
思茅	同上
三水	廣東
拱北	同上
瓊州	同上
北海	同上
惠州	同上
梧州	廣西
南寧	同上
龍州	同上
河口	雲南
騰越	同上

雲南府	同上

其他根據中英條約所開的泊船港，在廣東西江沿岸有下列各地：

裝卸貨物並搭客者：甘竹，肇慶，白土口，德慶，羅定口，都成。

僅搭乘客者：封州，九江，悅城，永安，陸都，祿步，後瀝，馬寧，古勞，容寄。

這樣全國約共開闢了近百的商港和內地商埠，與外國經濟逐漸接觸，中國產業乃漸開發，其對外貿易亦逐漸旺盛。

這種商港之增加與貿易額之增加，有着若何關係呢？為明瞭此事起見，茲將兩者之增加率列表如次。

商埠與貿易額之增加表

年次	貿易增加額	商埠開設數
一八六四	一〇五、三〇〇、〇八七	二〇（一八六四以前所開）
一八七〇	一一八、九八八、一三四	無
一八七五	一三六、七一六、一七六	無
一八八〇	一五七、一七七、〇三九	七
一八八五	一五三、二〇五、七二九	二
一八九〇	二一四、二三七、九六一	二
一八九五	三一四、九八九、九二六	六

一九〇〇	三七〇、〇六七、一七四	九
一九〇五	六七四、九八八、九八八	三二
一九一〇	八四三、七九八、二二二	八
一九一五	八七三、三三六、八八三	七
一九二〇	一、三〇三、八八一、五三〇	一
一九二五	一、七二四、二一七、八八一	二
一九三〇	二、二〇四、五九九、〇〇〇	
一九三三	一、五四一、八八八、〇八二	

商港的開闢，大體上是在貿易額有飛躍的增加的時候，例如一九〇五年之商埠，是在一九〇一至一九〇五年之間所開設的。

商港次第在內地開闢起來，外國人出入內地購買中國生產品，又售賣外國貨。他們或則設立工場，或則延長航路，因而交通漸便，中國之產業亦因而漸次發達起來，而促成資本主義之發生。

B，列國對於交通機關之投資

列國投資於中國交通機關的結果，中國交通界引起一大變革，使資源開發，銷路擴大，成為促成資本主義發生之一大要素。鐵道與航路的沿線的生活提高，從前使用手製的麥粉的，現在用起機器麵粉了，點燈用起煤油來，廠布代替了土布，這使紡紗的婦女已不見於農村，農人的口中也竟含起捲煙來了。於是近代工場製品之銷路次第擴大，打開了資本主義的進路，同時開發鐵路沿線之資源，供給近代工業之原料及燃料。例如，敷設鐵路以後，河北，河南，江西等處，便有煤鑛之開發，長江開始航運以後，便有沿岸的許多鐵山之採掘。中國的鑛山之被開發的，大抵是在鐵道沿線及輪船航線的沿岸，其他的則埋藏在地下，等待着鐵路之修築。然而交通網之設置，大體爲外人所經營，由中國人自辦者則殊不多。這是列國對於中國資本主義之發達之最主要的貢獻。以下將這分爲鐵道、輪船、迪信等項來說明。

鐵道投資　中國的鐵道，差不多可以說是全由外人投資修築的，因爲有了鐵路，與內地的交通就方便起來，各商港的面積，顯著地擴大了。從前的交通，大抵是靠河川與陸路，民船與馬車爲主要的運輸器具，所以那時的商業勢力範圍，是限於河川與陸路的小範圍以內，往往不及一省，其運輸力亦很薄弱。然而，修築了鐵路以後，商業的勢力範圍頓爲擴大，各商港本爲地方的都市，而今發展爲全國的都市了，資本主義以主要的商港爲中心而萌生起來了。天津的商業勢力，在河道與陸路的交通時代，僅賴河道由河北一省達到山東之一部，但在鐵路與築以後，北自遼寧之一部，熱河，綏遠，察哈爾，一時竟達外蒙古；西及山西，甘肅；南至河南之北部，山東之西部，完成飛躍的發展。貨物之運輸，大抵也都是由鐵道裝運的；據一九二五年之天津海關統計，出入天津的貨物，其百分之六五是由鐵道運輸的，百分之三三是由民船裝運的，百分之一二是由馬車裝運的由此一端，也可知道鐵路在交通上的價値。漢口的商業勢力，由輪船的力量伸展至長江的上下流，又由火車延擴到河南湖南各地；上海的商業勢力，則因津浦路之修築，遠達山東的附近。

其次，對於各國爭先向中國鐵道投資的原因，一加探究罷。各國之鐵路投資，不僅是在鐵路沿線造成他們自己的商業勢力範圍，由鐵路之修築，得到投資之利，而且能賴着鐵路供給本國的材料，採掘鐵道沿線的鑛山，並在鐵路沿線推銷他們本國的貨品，擴張銷路。因此各國爭相獲取中國之鐵道權利，修築鐵路，結果中國的鐵道網次第的發達起來了。這裏我想略述各國之鐵路投資之狀況。

各國之鐵路投資，始於清末，起初因爲人民的迷信，受了一些妨害，但在中日戰後，俄國取得了修築中東鐵路的權利，以爲干涉三國的報酬，自是各國之間遂發生了獲取權利之競爭，後來法國得到越南鐵路之修築權，再後英國得到滬寧，京奉，滬杭甬，九龍及其他鐵路之修築權了。這期間（即自一八九五至一九○五之十年間）所築之鐵路，由外人直接投資經營者，有中東，膠濟，滇越，九龍四路，長共三、四一六公里，由借款修築者有京漢，汴洛，正太，京奉，道清，滬寧，粵漢等七路，共長四、五九三·六公里。但自一九○五年至清朝滅亡的一九一一年這期間，受日俄戰爭之刺激，發生了收回權利的運動，而鐵路契約中也沒有從前那樣喪失利權的條款，管理經營之權由中國保留，各國自動投資經營的鐵路，完全絕跡，只剩一些受了嚴格的限制的借款鐵道。這期間所築的鐵路，有津浦，粵漢川，廣九，滬杭，廣漢，吉長，新奉，合共長四、八二六

・八公里。不過這些鐵道，都是根據一九〇五年利權競爭時代的契約修築的，這時期沒有獲得新的權利。然而到了清朝滅亡民國政府成立，于是又出現了各國爭取鐵路利權的時代，而袁世凱政府因為武力統一上的必要，與想由借款而增加收入，又商訂了許多的鐵道借款契約。其結果由一九一二年（民國元年）至歐戰開始之一九一四年的兩三年間，竟訂了隴海，同成，對大，欽渝，南京，浦信，沙興，寧湘，滇緬，滿蒙四鐵道，吉會，濟順，高徐，滬杭甬，株欽周襄等十四條之路線，合共延長一四、六八九・六公里的借款契約。其中只有美國之株欽周襄契約是一九一六年所訂立的。然而，未久歐戰爆發，各國不遑顧及中國之鐵道投資，這些鐵路契約未能實行，而各國所交給中國的預付款項，中國都用於內戰了。以上十四契約之中，只築成了滬杭甬與隴海線之一部；其餘的至今還未動手。在歐戰以後，中國走進了軍閥爭霸的時代，沒有興築鐵路的機會。接着發生了反帝運動，各國之爭取鐵路權的競爭陷於中止狀態；加之因戰亂連年，鐵路停止修築，鐵道借款利息亦不照付，於是各國對於中國之鐵路投資遂致斷念。正將發達起來之中國鐵道網，乃蒙受重大之打擊。

中國之鐵道，目前究有多少，茲將其名稱及里數作表如下。

全國鐵路及里數表

（一）國有鐵路

鐵路名	公里數(包括支幹線)
北寧鐵路	一、五三八・三九(外加雙軌線)
平漢鐵路	一、三三三・〇七
津浦鐵路	一、一〇八・九三
京滬鐵路	三二七・一三
滬杭甬鐵路	三八六・五三
膠濟鐵路	四四五・九九
平綏鐵路	八八五・七〇
粵漢鐵路(湘鄂段)	五一〇・七八
粵漢鐵路(廣韶段)	三二四・二八
隴海鐵路	九二四・三〇
正太鐵路	二四九・九五
廣九鐵路	一八八・一五
南潯鐵路	一二八・三五
道清鐵路	一六五・四四
吉長鐵路	一二三・六一

吉敦鐵路	二一〇・四〇
四洮鐵路	四二五・九一
洮昂鐵路	二二四・二〇

（二）省市有及民營鐵路

杭江鐵路	三六四・〇〇（幹線）
南京市鐵路	一四・四〇（幹線）
漳廈鐵路	二八・〇〇（幹線）
潮汕鐵路	四二・二〇
新寧鐵路	一六〇・七一
瀋海鐵路	三一八・八〇
吉海鐵路	一七六・六〇（幹線）
齊克鐵路	二六三・三一
洮索鐵路	一七〇・〇〇（幹線）
呼海鐵路	二二二・八二三
鶴岡鐵路	五五・八〇（幹線）
雙城鐵路	六・九一二

開豐鐵路	六三・七〇（幹線，日偽武力侵佔）
（三）中外合辦及外人承辦鐵路	
中東鐵路	一、七二一・〇〇（幹線）
南滿鐵路	一、一〇五
滇越鐵路	四七〇・〇〇（幹線）
穆稜鐵路	六二・〇九（幹線）
天圖鐵路	一一一・〇〇（幹線）
金福鐵路	一〇二・一〇（幹線）
溪城鐵路	二四・〇〇（幹線）
（四）專用鐵路	
大冶	三二・三五六
坨清	五三・二八
柳江	一九・五八四（幹線）
怡立	三〇・五二八（幹線）
大豐	六・九一二（幹線）
民興	一・七二八（幹線）

寶昌	三・四五六（幹線）
齋堂	三六・七一二（幹線）
龍煙	五・七六（幹線）
大窰溝	三一・一〇四（幹線）
廟兒溝	八・〇五（幹線）
博山	二三・〇四（幹線）
賈汪	二四・一九
長興	二七・六五
益華、寶興	一八・四三
桃荻	二二九・六八（幹線）
水口山	三三・七〇（幹線）

以上四種鐵路共長一萬五千四百七十公里。

各省鐵路分布狀態如下表：

省名	鐵路公里數
江蘇	一、〇二八・九六五

浙江	二五九・九六一
安徽	三三九・二六三
江西	一四二・五三五
湖北	四三二・一五四
湖南	三七七・四三〇
河南	一、五五七・八九九
河北	二、二六六・二八六
山東	一、二三一・三八二
山西	四五四・七七二
察哈爾	四一八・〇六五
綏遠	二五〇・六九一
福建	二八・〇〇〇
廣東	五三四・八五〇
遼寧	二、一三一・七三二
吉林	六〇一・六八四
黑龍江	七二三・六七三

熱河	八一・四二七
共計	一二、八六〇・七六七

上表專指國有鐵路在各省之分布，省營商營及外人承辦鐵路概不在內。

由這看來，鐵道網最發達的要算東三省。東三省鐵路之所以如此發達，是因爲在歐戰以後，雖然各處鐵路停止修築，而東三省却用日本借款修築吉長，四洮，洮昂，吉敦等鐵路，此外，又添築了打通，瀋海，吉海，呼海等路的原故。其次，鐵路網較發達的，爲華北，這是因爲政府歷來奠都於北平，所以鐵道之修築總是以北平爲中心的。這樣，中國的鐵路，大部在長江以北，在長江以南的，不過是距離很短的京滬，滬杭甬，粵漢，廣九幾條路而已。中國鐵道網之分布，華北多於華中，華中多於華南，完全得不到鐵道之好處的，則有甘肅，陝西，新疆，四川，貴州，廣西等省。他如福建，江西，不過略有鐵道之痕跡罷了。西部山地方面之所以沒有築鐵路，是因爲有着經濟上的困難，而且在政治上也比較的沒有必要的原故。

其次，我想略述各國鐵道投資之內容。從各國之鐵道投資看來，中國的鐵道約有兩種：一爲各國自己所築的，一爲由各國的借款築成的。中國國有鐵路之中，不借外債，純以中國資本築成的，只有平綏這條鐵路，而平綏鐵路到後來也得仰給外債來維持。後來在東三省方面雖有瀋海，吉海，呼海，打通等路，是由中國資本築成的，然而這是滿洲的獨特現象。

由各國直接投資築成的鐵道歸各國政府所有，由各國政府所指定的公司經營。這從中國政府方面看來，是在一定的期間以內予以建築、經營、管理之權的，所以這類鐵路實際上是外國的鐵路，在政治、經濟、運輸方面，中國完全沒有干預的權利。在這一點上，這也可看作領土或租借地之延長線。在其權利上有着重大的關係的，爲管理的期限與利權的範圍。管理在契約上雖有多少的差異，但大抵是在一定的期間以內爲外人所有並非與以永久的所有權的。在期限方面亦有兩種，一是過了一定期限，中國有收買之權；一是經過某一期間，中國可以無條件的收回。下表爲各國直接投資之鐵道：

鐵道名稱	所屬國	路長(公里)	資本	獲得年月	投資機關	備考
中東	俄	二四七〇	六六、二三九、八〇〇鎊	一八九六	中東鐵路公司	內有七三九公里割與日本
膠濟	德	四四三	二、七〇〇、〇〇〇	一八九八	膠濟鐵路公司	一九二二年收回
滇越	法	四六九	六、二八〇、〇〇〇	一八九五	滇越鐵路公司	
九龍	英	三四	不詳	一八九八		
南滿	日	八三五	四四〇、〇〇〇、〇〇〇元		南滿鐵路公司	
安奉	日	二五九	包含於南滿鐵路中			

上表中之膠濟鐵路，在日德戰爭的時候，由日本取去，後來交還中國，現在成爲中國之國有鐵路了。九龍鐵路，距離很短，不成問題，滇越線在雲南邊境，且爲狹軌鐵路，在政治經濟上，也沒有大的問題。有着重要

意義的，只有中東鐵路與南滿鐵路。外人直接經營的鐵路，因爲不受中國內戰的影響，而且管理方法完善，所以能夠發揮其輸送的能力，而在交通上佔着重要的地位。

由外國借款築成的鐵路，不僅佔既成鐵路之大部，而預備修築的鐵路之大部，也多半已締結契約，仰給資金於外國，其中也有收到預付金，而將這預付金用去了的。附在契約的條件雖有種種，綜合起來大體如下：

一．一定年限中之鐵路管理。
二．鐵道工程之受理。
三．技師長會計主任之任用。
四．供給鐵路上所必要之材料保有優先權。
五．借款之手續費及紅利之分潤。
六．以鐵路全部財產爲借款之擔保，在一定期間以後，中國如無償還之能力，債權者得以抵押。
七．借款限期償還。

各鐵路的契約，各各都含有上述條件中之若干條。償還期間普通是由二十年至五十年，借款償還的保證多半是以鐵路的全部財產做擔保的，也有以國家的收入之一部做擔保的。現在談到鐵路之管理權了。津浦鐵路借款成立以前，修築及一切經營管理之權，都操於外國技師長之手，但至借款成立以後，中國政府便握得管理權，技師長要受中國方面所任命之督辦的支配。外債的實收與數額，普通總在九五至九〇之間，但有時也達八五之多。利息大抵為五釐此外還規定與銀行以二釐半之手續費。鐵路材料之供給有規定的，亦有不規定的，但各國獲得鐵路權之主要目的之一，為賣出鐵路的材料，所以在大體上，訂立契約國的商人，是握有供給材料之權的。根據契約在借款未償還的期間，對於債權者有與以一定的報酬的義務，每年從鐵路收入之純利中，除利息而外，還要與以若干的報酬，在津浦借款以後，一時也是與債權者以若干的酬報的。大體的看來各國與中國訂立鐵道契約，訂立得愈早的，其所得的權利便愈大，愈是新近訂立的，其所得的利益便愈少，例如日本的洮昂、吉敦兩鐵道契約，不過是單純的工事約定形式而已。

國有鐵路債款分類總表（截至民國二十二年六月底止）（單位元

鐵路名	外債	內債	料價	合計
平漢	三八、八九六、五二〇·九一	二七、九七〇、一九四·三二	三六、一三三、二五〇·七九	一〇二、九九九、九六六·二〇
津浦	一七五、七七五、七五三·四六	一一、六九二、三二五·四五	二八、一一一、〇四八·九六	二一五、五七九、一二七·八七
平綏	一七、四八〇、五八一·五三	一八、一七六、八七二·一三	四八、九一六、四二六·五〇	八四、五七三、八八〇·一六
北甯	一〇、五五九、九七四·八〇	—	七、九〇〇、九七二·六八	一八、四六〇、九四七·四八
京滬	五〇、八〇二、六九二·二六	—	—	五〇、八〇二、六九二·二六
滬杭甬	七、八〇〇、〇〇〇·〇〇	一七七、〇四七·〇〇	—	七、九七七、〇四七·〇〇
膠濟	四〇、〇〇〇、〇〇〇·〇〇	—	一、四五〇、四一〇·〇〇	四一、四五〇、四一〇·〇〇

道清	一二、七四六、六八四・四〇	—	—	一二、七四六、六八四・四〇
隴海	二三九、九九九、三八六・三五	一、七三一、七一三・三四	—	二四一、七三一、〇九九・六九
汴洛	六、一一三、五二五・〇〇	—	—	六、一一三、五二五・〇〇
湘鄂	一一二、六五九、三七六・〇〇	四〇三、六七五・〇四	三、〇五四、二七〇・三五	一一六、一一七、三二一・三九
廣九	二四、九五一、五二二・一九	一〇、〇〇〇・〇〇	五五八、七五〇・七九	二五、五二〇、二七二・九八
粵漢	九、六七三・九二	二一、〇二八、八三五・六四	一一六、四七〇・一三	二一、一五四、九七九・六九
吉長	一〇、六八六、一八一・九三	一、〇〇七、六八六・二五	—	一一、六九三、八六八・一八
四洮	五二、八八四、〇〇〇・〇〇	—	—	五二、八八四、〇〇〇・〇〇
吉敦	三二、六三三、四七二・八四	—	—	三二、六三三、四七二・八四
寧湘	六、三六七、〇八八・七七	—	—	六、三六七、〇八八・七七
浦信	五、七七五、四一九・六〇	—	—	五、七七五、四一九・六〇
同成	二一、〇〇九、三三三・三八	—	—	二一、〇〇九、三三三・三八
株欽	八、三一三、二三〇・三〇	—	—	八、三一三、二三〇・三〇
清孟	二、九九〇、一二九・九三	—	—	二、九九〇、一二九・九三
包甯	二〇、九九二、〇〇〇・〇〇	—	—	二〇、九九二、〇〇〇・〇〇
漳廈	—	五〇〇、〇〇〇・〇〇	五八、四七六・一五	五五八、四七六・一五
焞灘	—	六九九、一四〇・六〇	—	六九九、一四〇・六〇
平漢汽車路等	—	二、六七八、九七三・五五	—	二、六七八、九七三・五五

四路　收贖各路　商路　財政部負擔之路債　總計			
—	三六、六六五、一八〇・六九	—	三六、六六五、一八〇・六九
五九、四四二、四一七・二五	—	—	五九、四四二、四一七・二五
九五八、八八八、九六四・八八	一二二、七四七、八四四・〇一	一二六、三〇〇、〇七六・三五	一、二〇七、九三五、八八五・二四

鐵路外債合計至民國二十二年六月底止之現額爲一、二〇七、九三五、八八五・二四元。因爲有這樣多的各國的投資，所以中國的鐵路能有今日之發達。鐵路借款的內債僅不過一二二、七四七、八四四・〇一元，由此可見外國對於中國鐵路之貢獻的一般了。鐵路之興築促進內地之開發，使貿易額大爲增加，可見於次表：

年次	貿易總額	鐵路建築狀況
一八六四	一〇五、三〇〇、〇八七	
一八七〇	一一八、九八八、一三四	
一八七五	一三六、七一六、一七六	
一八八〇	一五七、一七七、〇三九	
一八八五	一五三、二〇五、七二九	
一八九〇	二一四、二三七、九六一	

一八九五	三一四、九八九、九二六	此時爲各國爭取鐵路權之時期，鐵路之修築極爲繁盛。
一九〇〇	三七〇、〇六七、一七四	
一九〇五	六七四、九八八、九八八	
一九一〇	八四三、七九八、二二二	此時發生收同權利運動，鐵路之修築僅爲已訂契約者。
一九一五	八七三、三三六、八八三	此時爲爭取鐵路權之恢復時代，但鐵路之修築甚少。
一九二〇	一、三〇三、八八一、五五〇	鐵路中止修築，僅在東三省修築新線。
一九二五	一、七二四、二一七、八八一	
一九三〇	二、二〇四、五九九、〇〇〇	
一九三五	一、五四一、八八八、〇八二	

由上表可知隨着鐵路之修築，貿易額亦呈顯著之增加。鐵路不僅使貿易額增加，且使鐵路沿線之鑛山得以開採，設立工場使主要市場與內地發生密切之關係，而對於商業上與以極大之影響。

航業投資　上面已說明了各國在鐵路投資方面的情況。在中國鐵路不發達的地方，航業在交通上是有重大的意義的。各國之進入中國沿海及內河航路，對於中國內地的開發頗有貢獻。

中國的輪船交通可分爲外洋，沿海，及內河等種。中國航業之特色爲輪船之大部爲外人之船艘。外國輪船之所以活躍於中國的航業界，半由於中國航業之不發達，然另一原因則因中國在條約上對於外國開放了沿海及內河航路，所以不僅是外海的航路，即內河沿岸的航路，也是外國輪船佔着主要部份。最近中國高唱廢除不平等條約，欲收回外人在沿海及內河之航行權，將來結果如何，尚不可知。爲明白中國及各國在中國航業界之情況起見，茲開列二三統計表如下。

要知道中國貨物貿易是由那些國的輪船裝載，有指出外國貿易及沿海貿易中出入之外國及中國輪船之隻數及噸數之必要。

民國二十二年（一九三三）上半年各國出入口輪船之隻數及噸數

國別	隻數	噸數
英國	六、九三〇	九、一八八、七五二
日本	一、四九三	三、一七七、四七六
本國	二一、三一五	二、四一六、五六七
美國	六五〇	一、七五一、六五九
挪威	四八六	一、〇一七、九二八
荷蘭	二一七	八一〇、四四七
德國	一四五	六三一、二八九
葡萄牙	一、九四六	四九〇、四六一

丹麥	一七五	四五七、二一九
法國	一九一	四〇二、二七七
意大利	三九	二〇九、八七五
瑞典	二五	九六、九七二
蘇俄	二五	五〇、二〇六
巴拿馬	一三	四五、〇六一
其他	一四	三四、六七五
六個月共計	三三、六三七	二〇、七八〇、八六四

中國船隻數雖多，但多爲小型汽船，所以在噸數上反不及英日之多。英國噸數最多，日本次之，其他各國更次之。

上表爲各國出入口船隻之隻數及噸數，現將各國商船進出中國口岸之噸數及百分數列表於下：

（一九三二年）

國別	共計噸數	百分數
英船	五九、四三〇、六〇二	四三・八九
日本船	一九、七七五、九一七	一四・六〇

挪威船	六、一五五、四〇六	四・五五
美國船	五、三七六、三五二	三・九七
荷蘭船	三、〇二八、八四二	二・二四
德國船	二、三九三、九〇六	一・七七
法國船	一、四八八、一九六	一・一〇
葡萄牙船	一、一九六、一一三	〇・八八
丹麥船	一、〇六三、〇九二	〇・七八
意大利船	七三三、八五七	〇・五四
瑞典船	六三四、四二一	〇・四七
智利船	一三〇、四七八	〇・一〇
巴拿馬船	九七、七〇四	〇・〇七
希臘船	九、三四四	〇・〇一
芬蘭船	七、〇八四	不及百分之一
俄國船	一六	不及百分之一
比利時船	—	—
墨西哥船	—	—

華船	三三、八八八、一六八	二五・〇三
共計	一三五、四〇九、四九六	一〇〇・〇〇

由此表看來，可知中國所有的噸數極少，水路交通，大抵是由外國輪船維持的。不過在中國航業界，英日最佔優勢，目前則形成中英美日的競爭的形勢，茲將中英美日四國之輪船噸數列表如次：

(一)中英美日往來中國外洋輪船噸數

國名	噸數
英國	一八、八〇二、五四七
美國	三、四七三、〇六八
中國	四、三三七、四九四
日本	九、三三三、一二六

(二)中英美日往來中國內河輪船噸數

國名	噸數
英國	四〇、六二八、〇五五
美國	一、九〇三、二八四
中國	二九、五五〇、六七四

日本		一〇、四四二、七九一

外洋航運，中國地位甚低，中國內河航運，則中英日呈互相競爭之觀。

中國之外洋航路大半操在各國手中，倘無各國輪船之助，中國之海外貿易即受重大之影響。外洋航路，可分為歐洲航路與美國航路。歐洲航路，每月由南歐各地開至中國之輪船約十隻至十五隻，由北歐至上海的，約三十至三十五隻。從事這種航業的，有十二國廿五個公司，其中英國七，日本三，德國四，美國三，其他各國各有其一，在這裏面，船艘最多，營業最盛的，為英國的太古洋行，次為英國的怡和與大英。歐洲航線上的各國之船數及噸數，可見於下表：

歐洲航路之航況

國名	船數	總噸數
日本	三〇	二四四、一九五
英國	七七	五八九、二五五
美國	八	八七、八八八
德國	五三	三六九、三五四
法國	一四	一四六、二六三
意大利	五	三三、一八九

瑞典	七	四一、七六三
丹麥	一〇	七五、〇九三
挪威	八	四七、四三七
荷蘭	五	三九、九七三
共計	二一七	一、六七四、四一〇

內河及沿海之航運，華輪勢力極微，外輪以英日最佔優勢，美意次之，其他各國又次之。茲將沿海及內河之各外輪之總噸數及淨噸數列表如次：

中國沿海及內河之外輪噸數統計表

(一)英輪

公司名	總噸數	淨噸數
太古輪船公司	一三〇、三〇一	九〇、三九二
怡和輪船公司	八〇、七九四	五五、二五三
祥泰木行輪船部	一、七二四	一、〇二一
亞細亞火油公司	五、三七八	三、五七三
賚賜洋行	—	一八、四四三

開灤礦務局	—	四三、六二〇
滙德豐洋行	—	四九二
其他英商經理之重要商輪	—	二八、八三五

(二)日輪

公司名	總噸數	淨噸數
日清汽船會社	三九、〇四五	二四、五七七
大阪商船會社	七、六七三	四、七〇四
大連汽船會社	三四、八五九	二五、〇九三
三井洋行	—	三、二七四
昭和汽船會社	一、二二〇	一、六七五
山下汽船會社	—	八、五八二
其他日本商行經理之重要輪船	—	四、五四八

(三)美輪

公司名	總噸數	淨噸數
捷江公司	四、五一三	四、二二〇
美孚洋行	一、〇四八	一、二三一

德士古洋行	——	九〇四

（四）意輪

公司名	總噸數	淨噸數
意華公司	一、〇〇三	一、三二二
中留公司	——	八五三

（五）其他各國　三、九一四　二、一六七

長江航路，貫穿中國之經濟中心地，可稱爲中國經濟界之一大動脈。由四川叙州至海口的二千八百三十海里路（一海里等於一・八五三二四九公里，下同）都可通船，由叙州至宜昌之五百六十海里爲上游航路，通行小型汽船；宜昌至漢口之三百八十七海里爲中游航路，可通中型輪船；漢口至上海之六百二十海里，爲下游航路，在水漲時期可通行外洋輪船。長江流域爲中國中部之大平原，爲中國出產米、棉、麻、茶之富源，而且是一個有着兩萬萬人口的大市場，所以長江航路的價值頗爲重大。因爲有了長江的關係，中國的貿易，雖然鐵路發生障礙，亦得發達。

最初伸展勢力到長江來的是英國。英國在一八五八年的天津條約允許外人航行長江的時候，便首先從事於長江之航行。當時中國方面，因爲受了英國的刺激，也設立招商局與英國競爭。英國創設怡和太古兩公司，至長江諸港相繼開闢的時候，航路乃次第擴張。但至一八九八年以後，日本亦插進脚來，與英國公司作猛烈之競爭，後來德法兩國也參加進來，形成混戰的局面。但中國及德法，因爲資本缺乏漸受壓迫，日本方面有數個公司合併攏來，成立了日淸輪船公司。歐洲大戰的時候，成爲中英日三國競爭的局面，最近中國方面勢力極爲衰弱，而美國起而代之，德國亦漸復活起來。

下表爲長江各航路之各國輪船公司之船數及噸數：

(一)上海漢口線

國籍	公司名	隻數	總噸數
日本	日淸	九	二八、三三二
英國	太古	六	一六、七七三
英國	怡和	六	二〇、五三〇
中國	招商局	八	二四、一九二
中國	三北鴻安	四	八、二七六
英國	祥泰木行	二	一、七四九
中國	甯紹	一	二、六四一

(二)上海宜昌線

日本	日清	一	一、八九一
英國	太古	三	七、八三一
英國	怡和	二	四、八八〇
美國	捷江	一	一、〇九五

（三）漢口宜昌線

日本	日清	三	四、九一二
英國	太古	三	五、〇一五
英國	怡和	二	三、九三三
中國	招商局	二	二、一七七
中國	三北鴻安	二	三、三〇三

（四）漢口湘潭線

日本	日清	二	二本一七三
英國	太古	二	二、三九〇
英國	怡和	一	一、〇六五

（五）漢口常德線

日本	日清	一	八八三

(六)宜昌重慶線

日本	日清	五	三、九七〇
日本	日華興業	二	一、一五二
英國	太古	八	四、九五一
同	怡和	三	二、八八一
同	亞細亞	三	一、九九九
美國	捷江	九	四、八六九
同	美孚	四	三、三六七
德國	廣慶	一	六五四
法國	聚福	二	一、七六八
中國	三北	二	一、六〇八
同	招商局	一	一、〇六四
同	川江	三	二、二二二
同	聯華	一	二八五
同	九江	二	四〇〇

同	亞東	一	二五五
同	裕華	一	二一八
同	北達	一	五〇三
同	中益	二	六一〇
同	香溪	一	四五〇
同	亨通	一	一六〇
同	中法	一	六五四
同	瑞豐	一	二三五

此外尚有僅有一隻船之公司十餘家。

長江全線各國勢力關係如下表：

國別	長江全線總噸數	百分率
日本	四二、五八五	二三・〇七
英國	七四、三〇九	四〇・二四
美國	八、三二九	四・五一
德國	四、五二二	二・四五

法國	一、七六八	〇・九六
瑞典	三九二	〇・二一
中國	五二、七五九	二八・五六
共計	一八四、六六四	

此表表明長江航路主要爲中英日三國競爭之形勢，英國最佔優勢，其次爲中國，再次爲日本，中國在長江方面的航業較在其他各處爲發達。

各國在華的航業投資，促進中國航業之發達，但中國航業的大部，均握於各國之手。其結果，促進了海岸及內河沿岸各地之產業之發展，其有貢獻於資本主義之發達，正與鐵路之修築無異。

通信投資　在近代產業上，一方面需要鐵路輪船等運輸機關，一方面需要通信之正確迅速，然而中國之通信事業，也大抵是依仗外人的力量舉辦的。陸路通信機關，各國貸以資金舉辦，海底電信，大抵由外人所設，即無線電也受了外人的帮助，中國通信網這樣才有今日之完備。這裏我想略將中國之通信機關與各國之關係一加敘述。

中國之電報電話，亦與鐵道同樣，不少是賴各國的資本完成的。茲將中國各種電報電話借款列記如左：

名稱	債額	年利	債權者
滬煙沽正水線借款	二一〇、〇〇〇鎊	5%	大東電報公司 大北電報公司
滬煙沽副水線借款	四八、〇〇〇鎊	5%	同上
整頓電報電話借款	五〇〇、〇〇〇鎊	5%	同上
有線電報借款	二〇、〇〇〇、〇〇〇元	9%	中華匯業銀行
馬可尼無線電借款	六〇〇、〇〇〇鎊	8%	馬可尼無線電公司
馬可尼無線交通部借款	二〇〇、〇〇〇鎊	8%	同上
交通部擴充電話借款	一〇、〇〇〇、〇〇〇元	9%	中日實業社
有線電改良擴充借款	一五、〇〇〇、〇〇〇元	9%	東亞興業會社
建築雙橋無線電台借款	五三六、二六七鎊	8%	三井物產會社
費德拉爾無線電借款	四、六一七、五〇〇（契約額）	8%	費德拉爾無線電公司

海底電報，有中國政府所有線，中外合辦線，外人直接投資線三種。屬中國政府所有的，僅爲由廣東之徐聞至海南島口之徐海線，由上海經芝罘至大沽口之滬沽線，及由芝罘至大沽口之副線。中外合辦的有芝罘大連線。外人投資最有力的，爲英國大東電報公司（Eastern Extension Australaria and China Telegraph Co.）及丹麥之大北電報公司（Great Northern Telegraph Co.），其他尚有美國之

太平洋商務電報公司(Commercial Pacific Cabbe Co.)，德國之大德電報公司(Deutsch Nie-derlandische Gesellschaft)在歐戰以前，曾經營芝罘青島線，青島上海線，上海雅浦線，後來因德日戰爭之結果，爲日本所佔了。中國現在所有之海底電線如下表：

線名	所屬	線名	所屬
芝罘大沽線	中國	芝罘上海線	中國
徐聞海口線	中國	芝罘大連線	中日合辦
青島佐世保線	中日合辦	大連佐世保線	日本
大連長崎線	日本	上海長崎線	日本
福州淡水線	日本	上海長崎線	大北
上海廈門線	大北	廈門香港線	大北
上海馬尼拉線	太平洋商務公司	上海川石山線	大東
香港馬尼拉線	大東	川石山香港線	大東
香港新加坡線	大東	香港來比斯線	大東
廈門塔闌海防線	法國	香港西貢線	大東
香港澳門線	不詳	廈門鼓浪嶼線	法國
上海雅浦線	不詳	香港九龍線	不詳

由上表可知中國之海底電線，大抵均在外人之手。最近中國廢除不平等條約呼聲甚高，海底電線亦有收回之運動，中國政府有收買大東及大北的海底電線之企圖。

中國的無線電報，由各國所設者亦不少。起初中國對此雖然取了默認的態度，但至華府會議以後，中國有收回無線電運動，結果未經中國政府允許而設之無線電均歸中國政府收買，根據條約或經中國政府允許而設者，其使用亦只限於官用電報。外國目前在中國之無線電報之所在地如下表：

地點	所屬國	名稱	通信距離	電力	管理者
庫倫	蒙古人及蘇聯	XRG	晝一、二〇〇哩（註） 夜三、〇〇〇	三	
北平（日使館）	日本	RPN	晝一、〇〇〇 夜二、〇〇〇	一五	陸軍
天津	日本	RTS	晝二〇〇 夜五〇〇	八	陸軍
秦皇島	日本	RSW	晝四〇〇 夜一、二〇〇	一〇	陸軍
滿洲里	日本	RLH	晝四〇〇 夜一、二〇〇	一〇	陸軍
公主嶺	日本	RLD	晝四〇〇 夜一、二〇〇	一〇	陸軍

龍井村	日本	RLC	晝四〇〇 夜一、二〇〇	一〇	陸軍
遼陽	日本	RLB	晝二〇〇 夜五〇〇	八	陸軍
琿春	日本	RLG	晝二〇〇 夜五〇〇	八	陸軍
大連	日本	JDA	晝四〇〇 夜一、二〇〇	一〇	陸軍
大連	日本		晝一、六〇〇 夜四、〇〇〇	三五	陸軍
旅順口	日本	JDB	晝二〇〇 夜五〇〇	八	陸軍
上海（法租界）	法國	FFZ	晝二〇〇 夜七〇〇	七	領事館
廣州灣	法國	FWA	晝一五〇 夜四〇〇	五	陸軍
雲南	法國		晝一〇〇 夜三〇〇	三	陸軍
香港	英國	VPS	晝一五〇 夜四〇〇	五	海軍
香港	英國	BXY	晝一、五〇〇 夜三、〇〇〇	三〇	海軍

北平	美國	NPP	晝一、八〇〇 夜三、二〇〇	三〇	陸軍
上海	美國				
哈爾濱	俄國	BH	晝 六〇〇 夜一、四〇〇	一五	

（註、一哩等於一・六〇九三四七公里）

除上述者外，上海及其他租借地外人之裝置長短波的收信機者亦復不少。

在上述各國直接設置之無線電報外，各國對於中國無線電亦有投資。中國與英國馬可尼公司訂了裝置國內通信用之無線電的契約，又與三井及美國費德拉爾公司訂了設置對外通信用的無線電台之契約，於是美日之間無端發生無線電之爭，迄今尚未解決。

馬可尼無線電契約是一九一八年十月九日中國交通部與英商馬可尼無線電報公司所訂立的，當時中國想開闢由喀什噶爾至西安之間的電報交通，擬於喀什噶爾、烏爾木齊及蘭州三處設置無線電台（高三百尺）遂借了二十萬鎊的借款，以供設立電台之用，並打算將來在甘肅哈密或其他適當的地點，設立一無線電台。

三井與中國海軍部的契約，是一九一八年二月二十日訂立的，這是想在中國建立一大無線電局以達到日本美國及歐洲設立之同一規模無線電局並直接連絡無線電為目的的計畫建設經費借款五十三萬六千二百六十七鎊，契約規定，與日本以三十年之獨佔權。根據這契約便在北平郊外雙橋地方設立了一大無線電台，所謂通州無線電台或雙橋無線電台即此。其設備的概要：電幹高約二百一十公尺，又六裝有T字型之空中線，原動力則用一千二百馬力之蒸汽發動機，電源為二萬周波五百啓羅安配亞（Ampere）高周波發電機，送出波長，最小為一萬五千公尺，與此通信之電台為日本、舊金山、爪哇、法、英、德等之無線電局。這個通信電台早已完成，試驗通信的結果也極好，但因美日無線電糾紛問題尚未解決，現在還未交還中國。

中美無線電契約，是一九二一年九月八日中國交通部與美國費德拉爾公司所訂立的，在上海或其附近，設立一主要無線電台，以與外國通信。電台施以一千啓羅瓦特之費德拉爾火花式無線電報的二重電力播送裝置，有鋼柱六條，柱高三〇五公尺。除上海之外又設第二電台，亦同樣施以費德拉爾火花式的裝置。計有：一，哈爾濱（二〇〇啓羅瓦特）；二，上海（六〇啓羅瓦特）；三，北平（六〇啓羅瓦特）；四，廣州（六〇啓羅瓦特）。以上各電台，均設有二重通信之構造，北平，上海及廣州之電台有洋傘形空中線塔柱一根，高一九〇公尺，哈爾濱電幹有三條支持的鋼柱，高約一八三公尺。借款數額，原為美金四百六十一萬七千五百元，後又增加一千三百萬。美國的這幾個無線電台，因日美問題尚未解決，至今仍未建設。

如上所述，中國之海陸交通及電信皆由各國之投資而有今日之發達，結果促進中國產業之發展，而使中國有資本主義之發生。

C 租界之設置

因為產業發達，生命財產自須有安全之保障，但中國戰亂相繼，盜匪橫行，生命財產，常遭危害，所以中國不能發生新興的產業。但因外人在各主要商港設置租界，造成一安全境地，於是新興產業便以租界為中心發生起來，而在中國發生了資本主義之萌芽。在外人設置的租界內，可免除下列種種之不安：

一、由法律所生之不安。

二、由治安所生之不安。

三、由苛捐雜稅所生之不安。

因此，租界為確保外人之營業居住權起見，不僅使外人在租界內有營業居住之權利，而且完全保有行政警察租稅等權。唯其如此，各國常謀租界之開闢與擴大。結果主要商港固不待言，即各商港亦多闢有租界。上海及廈門之鼓浪嶼均有公共租界之設立，至各國所設之專管租界，可見於下表：

（一）英國　天津，鎮江，蕪湖，九江，漢口，蘇州，杭州，廈門，廣州沙面。

（二）日本　天津，漢口，蘇州，杭州，沙市，福州，廈門，重慶，營口，安東。

（三）法國　上海，天津，漢口，廣州沙面。

（四）意大利比利時　天津。

上列租界中，英國之九江漢口等處租界，爲中國所收囘，鎭江租界英國亦交還中國。比利時在天津之租界也爲中國所收囘。其他在漢口天津等處之俄，德，奧諸國之租界，在歐戰及俄國革命時，均爲中國所收囘。隨着租界之向內地開擴，中國的產業也發展到內地，及至各國放棄內地租界，集中於海岸主要商港時，中國之貿易也有集中於沿海要港的傾向，同時列國對華投資在內地亦逐漸減少而集中於沿海主要商港。由此吾人可知道租界與中國產業之關係了。

租界有種種之罪惡方面，極有害於中國，但在某一意義上却也頗有貢獻於中國產業之發達。中國在戰亂的情況之下，人民之生命財產全無保障，而軍閥官僚又以苛征暴斂爲事，所以在多半地方新的產業全不發達，只有舊式農法與手工業依然存在而已。在這場合租界較爲安全，所以中國之新產業便以租界爲中心而發展起來。不過租界中之所以發生新式產業，不但是因爲租界能保障生命財產之安全，還因有下列各種原因：

一、租界在商港地域，交通方面較爲完備，原料之供給，物品之運輸均極便利。

二、租界內有運輸機關金融機關等之補助機關，且易於僱傭大量的勞動者。

三、租界中居住外人甚多，所以工場，公司及銀行經理人才較多，技術家亦易聘請，而本國亦能供給資本。

於是租界上便發生了新式商工業，中國之新式產業，受洋商企業的影響，也發達起來。結果在中國設起許多工場，使一般民衆得以低廉之價格購買物品。工商業之發達又刺激中國之原料供給，爲了供給工場，增加了鑛山的採掘與原料農產物之生產，而使一般民衆富庶。

租界爲中國新式產業之中心，所以不但是中國銀行公司全在租界，即新式工場也大抵是設立在租界所在地或商港地方。試就實例來看，中國最發達的爲紡織業，其中，外國人之紡織業除在上海青島外便只有漢口一處；青島因爲以前是由日本人管理的，所以工場較發達。中國之工場可分爲在租界及商港地者與非在租界及商港者兩種，玆列表如左：

在租界或商港者	三六
在其他地方者	三五

其他地方中之大部爲上海附近。

租界是有着如上所述的性質的，所以在中國混亂的時候，略有資產的均避居租界，亦有遠至南洋各地求居者。因此之故，租界地價騰貴，致呈華界荒涼，租界繁榮之現象，中國一般富有者咸投資於租界之地產房產了。

然而在另一方面，租界所給與中國之害處則更多。茲列擧其主要者於次：

一、隨着租界之發達，租界逐漸外國領土化，雖在中國領土之中，而爲中國政治法律的勢力所不及，因此中國喪失了主權，而使租界內之華人受不平等之待遇了。

二、中國之失意軍閥官僚利用租界之治外法權，以租界爲匿居之所，使租界變爲內亂的陰謀的中心。即，一般軍閥官僚巨頭，多在租界購置屋宇，在失敗的時候，便逃入租界，以圖再起，租界往往成爲此種運動之策源地。尤其是中國的內亂，從來多有外國在其背後指使，所以這種傾向尤爲顯著，不僅軍閥，即中國之革命運動，亦多以租界爲策源地，所以許多喊着收回租界的人其實很多是需要租界保護的。所以租界助長了中國的內亂是確實的。

三、租界中外人產業的發達，壓迫了中國的產業。外人在租界的特殊保護之下，以豐厚資本與優良的技術所經營之產業常勝於中國之同種的產業，所以中國的產業多少是蒙其影響的。

不過在大體上，從產業的發達上說來，租界實在是促進中國資本主義之發達的。

與租界相似的，有商港，商港與租界同樣，在中國資本主義發達上是頗有效力的。商港是根據條約允許外人自由營業自由居住的地域，在這一點上，是與租界相同的，其與租界相異的，是商港在中國領土主權之下，行政，警察，納稅等均須受中國之支配的一點。中國政府對於商港之治安維護極力，故雖國內偶有戰事亦不致影響商港，因而新產業亦得以在此滋長。租界雖爲營業居住之最安全的地帶，但面積很狹，即公司商號亦不夠容納，所以需地很廣的工場，必須設立於租界以外之商港區域，這樣商港區之存在，是頗有益於新興產業之發達的。在將來廢除租界的時候，這種商港的意義更爲重要，而必須採取一種方法以確保商港地區之生命財產吧。

D　各國之文化事業

各國對於中國之文化事業，與各國在中國之資本主義的發達，是有着很大的關係的，同時在另一方面，在中國資本主義的發展上也有所貢獻。

各國之文化事業與資本主義發展的關係，可從兩方面來看。第一是各國利用文化事業，對中國人造成親善的空氣，以爲其資本主義發展之前導。又由傳教者從事於物質資源及其他在資本主義發達上所必要的調查。傳教者多半一方面從事傳教，一面爲地方人民治療疾病，以期獲得中國人對彼之親善關係。在英美文化事業最盛時期，他們在宣傳教育，及慈善各方面從事活動，全國之中，除一百廿六縣外，新教的教會遍布於一千四百五十七縣，教會及附屬機關有一萬七千餘所，信徒達六十一萬八千餘人，教會有八千八百十六所，職員有二萬四千七百餘名，學生二十萬二千餘人，醫院藥房五百七十餘所，出版書籍亦有四千四百餘種，歐美對於宗教所投的資金，竟達一千三百餘萬元。新教的主力，是英國與美國，而美國在傳教界之勢力尤爲顯赫，在中國從事傳教之美國教會的教派有三十三種，其中最爲活動的爲中國基督教青年會。青年會在全國設有二百多處的分會，會員有六萬，在傳教之外並從事教育，在全國各要地設立附屬學校，又以電影運動演劇等吸收學生；一九一八年排日運動發生以後全國學生會，一時爲基督教青年會的幹事所把持，後來才爲共產黨青年團奪去其地位。美國之如此努力於傳教教育，對於大戰後之美國資本主義伸入中國，是作了一番準備的。像美國那樣新到中國來，沒有佔得什麽地位的國家，除了使用這種方法，也許是沒有什麽好方法的。

醫治疾病，大抵是當作傳教的附帶事業的，這是一種與中國人結成親善關係之最好的手段，尤其是在中國鄉村裏，因爲只要一種簡單的設備與普通醫藥常識，就夠應付的原故，所以凡是有教會的地方，就一定地附有醫療的設備，尤其是在北平上海等都會地方，建立許多設備完全之醫院，從事於慈善性質的施診。新教徒在中國經營的醫院，有二百三十五處，施診所二百處，其中美國人之醫院佔二百六十，英人佔一百七十五。美國洛克費勒（Rockfeller）財團的活躍，更堪注目。該團於一九一一年組織所謂「中國醫藥會」（The China Medical Board）以此爲一種社會救濟事業，一九一三年在北平設立支部，着手此種事業之經營，收買北平協和醫科大學與協和醫院，一九一四年又收買上海之哈佛醫科大學與紅十字會醫院，在山東方面，則與齊魯大學發生關係，又與湖南之雅禮大學以五年之補助費，其他捐助各教會附屬醫院以及看婦講習所的款項，亦不在少數。英美等國，尤其是美國之親善政策，一時得到成功了，親美的空氣彌漫於中國，美國之貿易額也因而增加了。但不久蘇聯到中國來煽起了反對帝國主義的空氣，因而對於各國之文化政策也發生了一種反對運動，尤其是對於基督敎認它爲資本主義之前導，加以更激烈之反對。此種運動一時盛行於內地，最近內地之教會多皆滅跡，其數量似已減少不少。

文化事業之有助於各國資本主義之發展的另一事件是爲養成外人與華人之間的中介人才。因爲外人在中國之經營事業，言語不通，風習殊異，不能與華人直接交涉，必須有一種中間人周旋於其間。買辦制度，便是由這種關係產生出來的。在中國海關及其他鹽務郵務等外人管理之下的機關之中，以聘用受過歐化教育的人較爲方便，在這裏也有辦理華人教育的必要。並且把受過外國教育的人，安插于政界實業界，那麼只消與這些人的勾結，便不難發展各該國（外國）的經濟勢力了。倫敦太晤士報曾在其社論中論道：

「對於外國留學生的教育上予以便宜，這在商業上是有極大的效果的。在英國受過教育的中國留學生，可視爲英國在華商業之大資產。」

又，美國人洛克西耳也說道：

「對於留學美國的中國人，不問其目前是供職官場，抑爲實業界之巨魁，吾人是有着重大的責任的。他們與我們的關係，卽在他們畢業以後也決不消滅的。」

實際上，在長江附近的產業界以及交通機關稅關等處英美留學生與畢業於英美設立之學校的學生，是佔着樞要的地位，互相連絡而形成一種勢力的。

歐美人在中國舉辦的教育，大抵是由宗教家經營的。中國之大學及專門學校，很多是教會創立的。屬於教會的各種學校，爲數頗多，其中屬於英美宗教團體者列表如左：

學校種類	學校數目	學生人數
幼稚園	七五五	三、四九七
小學校	五、三二九	一三八、九四三
高等小學	五七三	二〇、八三二
中學	二二八	一一、八九二
大學及專門學校	一八	七七二
師範及實習學校	一一九	三、一二五
神學校	三〇	[illegible]一〇

外國教員有一千四百七十一人，中國教師有九千五百九十四人。

當時中國所設立之中等學校約有八百五十，而英美人所設者亦達三百五十四之多。英美人所設立之學校，其主要者如次：

學校名	設立者
北平匯文大學	墨索吉斯特教會（英美）
協和醫科學校	同仁醫院附屬（美）
北平女子大學	教會設立
通州協和大學	
北平清華大學	美國留學生之預備學校
天津成美學校	美國美以美協會
天津北洋大學	準美國系
山東齊魯大學	英美三大學共同經營
青島大學	美人設立
聖約翰大學（上海）	美國聖公會
哈佛醫科大學 上海）	洛克費勒財團
南京金陵大學	美國美以美教會
金陵女子大學	仝上

武昌華中大學	美國聖公會
長沙雅禮大學	美國耶魯大學
中美合辦湘雅醫科專門學校（長沙）	耶魯大學派傳道部
成都協和大學	美國及加拿大教會合辦
廣東基督教大學	
福建共立大學	美國三教會及大英教會
杭州大學	美國監理會所屬
香港大學	英國留學生養成所

英美不僅在中國興辦教育，也盡量的吸引留學生到他們那裏去留學。在歐戰以後，英美法諸國發生激烈的競爭。但其中活動得最厲害的是美國。美國于一九〇八年已將庚子賠款之一部份退還中國，充留學學生之費用，中國用這批退款得於二十九年內陸續派遣留學生到美國去；並且在北平設立清華學校，授以預備教育。留學生的數目，由一九〇五年之八十名增至一九一四年之八百名，大戰以後因爲各種宗教團體與洛克費勒財團等之活動，增加至一千六百名，後九年則增至數千名了。在英國，戰後也陸續組織了英國儉學會與中英教育委員會，以獎勵英國留學生，並與以便宜。法國在戰後也頗盡力於中國留學生之吸引。

於是在外人設立的學校受了教育的人以及外國的留學生，都供職于洋行，或外人管理之海關，鹽務所，郵政局等機關，助長了各國在中國之資本主義的活動。但至反對帝國主義運動發生後，收回教育權的呼聲甚高，對於教會所設立之學校，尤多非難。

外人之教育華人，不僅有利於各國之對華的經濟發展，同時對於華人之產業發展亦有不少的幫助。在中國資本主義的發達上，中國的資源是豐富的，勞力是有餘的，所缺乏者只是資本技術及經營之才。然而，外國人教育華人吸引中國留學生之結果，有不少中國人便學得了技術與經營之才回國來了。尤其是最近的留學生之中，學習工商學等實學的，日漸較多於研究政治經濟的，這對於中國是一個好的現象。這些學生，在學校畢業後又在外國工場實地練習幾年，有着豐富的經驗，所以歸國以後，都能充任工場主任之職，而且很稱職的，像上海的永安紗廠，最近是很發達的，而且經營者都是由美國回來的中國人。在其他公司的經營上，他們也很表現了進步。要而言之，各國之文化政策，供給了中國資本主義之發達以不少的助力。

E 外國工場之增多

外國工場在中國加多的結果，各國資本主義在中國延長起來；同時外國工場之設立，也刺激了中國人的工場之設立。這裏我想略述外人在中國之工場的狀態，再說明外國工場是怎樣的促進了中國工業之發達。

中國有無數的原料與低廉而豐富的勞力，而且有着四萬萬的購買者，外國人垂涎這種原料與勞力，便從事貿易，同時在中國設立工場。這是開了五港後不久的事，而中國政府與國民，亦並不以此爲怪。中日戰後，日本以馬關條約獲得在各商港從事製造工業的權利。馬關條約第六條第四項中，有「一切日本臣民，均得隨意在各商港從事於各種製造工業」之句，其他各國也由最惠國條款得以均霑此種權利，其結果，外人在天津，漢口，上海，廣州等商港之工場日漸增加。外人工場以種種條約上的特權受着保護，能在中國有利的維持下去。對於外人工場製造品之課稅，在馬關條約第六條第四項中，有這樣的規定：

「日本人在中國所製造之一切貨物，其對於內地之運稅，內地之各種雜稅及內地的倉棧之騰卸等，均受與日本人輸入中國之貨物同樣的待遇及同樣的優待。」

這卽是，中國對於外人在中國所製的物品只能徵收百分之五的生產稅（出廠稅）與裝運至內地時的百分之二五的稅罷了。並且中國有時保護本國的工場，實行免稅的時候，外人之同樣製品也得均霑這種利益。一八九六年之中日特別協定第三條有這樣的規定：

「日本政府承認中國對於日本人在中國所製之貨課以適度的課稅，但此稅不能與中國國民之納稅有異，或較中國人民之課稅爲多。」

外國人的工場有了這種特權之外，加以資本雄厚，經營管理得法，所以在中國工業界佔有極大的勢力。這種工業之主要者，爲紡織，製粉，煙草之製造，製油，火柴等，在煙草的製造方面，英美煙草公司是佔着優勢的，但在其他方面，大體上日本是佔着優勢的。日本工場之有今日之發達，是有下列的諸原因的：

一.在工場之管理經營法上比較優良，能節省冗費，增大能率。

二.資本比較豐富。

三.沒有種種流弊。

因爲上述的原因，日本的工場逐漸發達，如紡織之類的工業，已壓倒中國之同種工業，在一般的狀態之中，中國工場無論怎樣也是不能與日本工場競爭的。日人之在華設立工場乃爲避免中國關稅率之增加。在日本工業漸趨精美品之製造的時候，也設法使粗製品工業伸其勢力於中國，於是乃有紡織，製粉，火柴等之勃興，而其主要者爲紡織。就紡織方面看來，像粗布之類的粗製品之暢銷中國，是因爲能仰給原料於中國及職工技能關係使然的，並且尚有下列的種種便宜的原故。

一.生產費低廉。

二.能節省運費及其他費用。

三.能免輸入稅。

四.獲有原棉產地。

五.獲得消費地。

但常也有下列的種種困難：

一.工錢有騰貴之勢及其他生產費亦有逐漸增加之傾向。
二.勞動問題之紛起，事業漸行困難。
三.中國之收回權利勸用國貨等，使日人工場之經營漸趨困難。
四.凶年及戰亂使原棉之供給困難。
五.因爲排斥日貨，不能不求銷路於別處。

粗布雖與中國紡織發生競爭但日人紡織在下列諸點上較中國紡織爲優，所以只要是在同一條件之下，中國便有被日本壓倒之危險。

一.能率較强。
二.經營方法優良。
三.能減省工資。
四.沒有種種弊端。
五.資本豐富。

紡織工業一方面造製棉絲同時也多從事於棉布之製造。此種粗布及綾織品，不需要優良之機器與

優良之技術，以低廉之成本卽可製造，同時在中國設立工塲較之棉絲之製造更有下列各種利益

一.原料之供給豐富。

二.銷路寬廣。

三.中國之織布業，從來是以小資本經營使用幼稚的機器的家庭工業式的一種工業，所以如果興辦大規模的工業，卽易於壓倒一切。

其次，在中國設立加工棉布工場，雖有適應時尚以自由加工及其他利益，但優良加工品之製造，頗爲不易，而白質加染的簡單的加工，中國內地也能製造，除織花之類的機器工業而外，中國之小工業較爲有利，而且因爲銷路受了限制，在銷售不佳的時候，就很困難，因爲這個原故，加工品的製造直至現在尚未着手，最近據說一部份有從事此種加工品的製造之計畫。

日人在華工場，漸見擡頭，卒至有今日之勢焰，但最近則略受頓挫，大抵是因爲下列種種原因：

一、在租界以外，沒有企業的自由，不能獲得土地所有權。租界裏面沒有設立工場之廣地，中國方面又將外人可以設立工場之開港地，限定於租界以內，所以外人之設立工場，極爲不易。

二、金銀價格變動，使投資發生危險。

三、中國戰亂時有，警察力量薄弱。

四、鐵路爲軍隊所佔領，原料及製造品等之輸送不便，有時交通斷絕至數月或一年以上，所以得不到仰給原料於中國而將製造品販賣於中國內地的利益。

五、受排斥日貨之影響，銷路不振，因而貨物積滯。又被課徵救國基金，蒙受極大之打擊。

六、中國有工會之組織，時常發生勞資爭執，結果工銀增高，而能率仍舊，甚且有退縮之傾向。

七、全國發生反對帝國主義運動，甚至有排斥外人工場的企圖，使日本受到妨礙

因爲上述的理由，外人所設的工場一時陷於悲觀境地，但至社會運動緩和的時候，紡織工業，乃有死灰復燃的傾向。質言之，外人之營業居住權如能確立，則外人之工場也將發展，這是與治外法權及租界問題有關係的。

外人工場之主要者，爲紡織工場。一九三〇年中國之紡織業與外人之紡織業的比較，可見次表：

國別	廠數	紡錘	紗錘	線錘	織機
中國	二五	九八八、七六〇	九五九、四七二	二九、二八八	六、八七五
日本	三三	一、二九二、二〇〇	一•一一八、六九六	一七三、五〇四	八、二八三
英國	三	一五三、三二〇	一五三、三二〇	——	一、九〇〇

其他勢力很大的外人工場，爲英美煙草公司在漢口及上海等處所設之工場，中國之香煙市場幾爲

英美煙草所獨佔，本國自製之香煙，處於受壓迫之地位。英美煙草公司曾訂立煙酒借款條約，想獲得中國煙草之專賣權，伸其勢力於滿洲方面。其次有英法在上海天津附近所設之造船工場，從事輪船之建造與修理。此外以中國產生得很豐富的鷄蛋為原料的蛋白蛋黃的製造，簡直有為外人所獨佔的形勢。製革公司亦頗不少。其他如製粉，製絲，火柴，磚瓦，食料品，飲料及其他機器，家具等之小規模製造，為數甚多在此種外人工場之中，日本佔有優勢，已如上述。日本在中國的投資，據從前日華實業協會所調查者，列表如下：

(一)上海天津漢口青島等處之投資額：	
紡織	二三〇、〇〇〇、〇〇〇
其他工業	一一〇、〇〇〇、〇〇〇
航海業	五七、〇〇〇、〇〇〇
不動產	一〇〇、〇〇〇、〇〇〇
共計	四九七、〇〇〇、〇〇〇
(二)其他地方	二五、〇〇〇、〇〇〇
(三)東三省	
運輸(鐵路及其他)	三六〇、〇〇〇、〇〇〇
工業	七四、〇〇〇、〇〇〇

農業	一九、〇〇〇、〇〇〇
鑛業	八、〇〇〇、〇〇〇
商業	一五、〇〇〇、〇〇〇
水產業	一五、〇〇〇、〇〇〇
銀行一般投資	六二六、〇〇〇、〇〇〇
不動產	一五〇、〇〇〇、〇〇〇
共計	一、三三七、〇〇〇、〇〇〇
總共	一、八五七、〇〇〇、〇〇〇

除東三省而外，在中國本部，工業投資佔主要部份，工業之中紡織是佔着主要部份的。

關於外人工業之詳細情形，留在敍述中國產業發達之現狀時再談，下面我想說一說外人之設立工場與中國產業發達之關係。

外人在華設立工場，促進了中國工場之發展，其原因雖有種種，但其主要者不外下列數點：

（一）外人在華設立工場，中國受有刺激，亦從事工場之設立；簡單之工場，中國極易仿設，外人每一發見有利之工業，開設工場的時候，中國亦起而設立同樣的工場以與之競爭，所以外人在華設立工場，頗能刺激中國，而使中國漸有新工業發生。

（二）外人在華設立工場，其工場中所僱用的職工均為中國人，因此必須教中國人以技術，中國既可不費手足之勞獲得熟練的職工，於是乃利用此種在外人工場學得技術之職工與辦工場。在華人仿效外人工場設立同樣的工場的時候，便由外人工場將學得技術的工人吸引過來，有時則拉攏工頭，藉以獲得職工。所以在外人工場，必須對於職工加以訓練，而華人工場，則因能利用外人工場職工，故一開始即能獲得熟練工人。

（三）因為有外人工場，華人工場之技術乃有進步。例如在製絲工場方面，中國的工場無論怎樣也不能做出與日貨同樣的東西來，但自日人在華設立工場以後，華工學得日人工場之特點，中國工場乃利用此種工人，對於工場加以改良，於是中國工場之技術亦隨而發展。質言之，中國工場之有今日的發達，其得益於外人在華設立工場之處頗為不少。

F　各國投資的影響

不但是上面所述的工業投資及交通投資頗有助於中國的產業之開發，其他各種外人對華投資，其有益於中國的產業之開發也是很大的。中國所缺乏的是資本，從前因為缺乏資本而不能開發的資源，現在得以開發，必要的機關也設立起來，資本主義發達的各種要素都具備了。這裏除上述之交通機關及工場而外，我想將其他主要的如鑛山、金融機關一加敘述。

開發鑛山，需要大量的固定資本，而且還要建設鐵路以輸運鑛石，這在缺乏資本的中國，是不易着手的，所以如煤炭之類，向來也不過以小規模的採掘，聊供地方農民之需用而已。然而鑛業爲資本主義發達上之重要的要素，工業之燃料與原料都賴其供給的，故鑛業的開發實爲當務之急。所以各國先着手於鑛山之開發，結果促進了中國鑛業之發展，而頗有助於中國產業之發達。

各國開發中國鑛山的動機，并不是想幫助中國產業發展，而是因爲站在工業國的關係上，才看重工業之主要原料的鑛山的。中國埋藏有未開發的無盡的鑛物，於是各資本主義國家互爭鑛山權利，其結果，不期而促進了中國產業之發展。這裏且略述各資本主義國家在中國鑛業界的情況：

美國排斥了日德之競爭，獲得陝西延長的煤炭採掘權，是爲各國競爭的開始。陝西的油田，散在於延長縣下二千一百里之間。一八九四年，陝西巡撫以三萬兩的資本設立煤油廠，聘請日本技師，從事開掘。後來陝西人士，想大規模的從事煤油之採掘，乃組織保陝公司，但因缺乏資本，遂不能不仰給外資了。這時日本便與陝西官廳交涉五百萬元的煤油借款，但後來卻是美國的美孚公司獲得油田的採掘權。不過這個煤田不知爲什麼原故至今還未着手採掘。

在中國鑛業界最活躍的，是英國。目前中國已開採的主要鑛山，即爲炭鑛，而其大部均在英人之手。華北方面，英人礦山更多。在河北，英國首先便獲得了開平煤礦。其攫取的方法，是在義和團事件發生的時候，聲稱以英人名義保護中國官商合辦的開平煤鑛，使之向英國官廳登記，作爲一個商業機關，收留於手中。後來中國人之灤州煤坑大告成功，並發生收回開平煤礦運動的時候，乃利用革命的戰亂，強迫殘敗之清朝政府，將其合併而爲中英合辦之開灤礦務局。這個煤礦，是目前中國最大的煤鑛，其埋藏量有十萬萬噸，出煤量每年達四百萬噸，日本亦購此種煤炭作製鐵之用。其他在北平的西部有中英合辦之門頭溝煤鑛及臨河口煤鑛。英國在獲得河北煤礦以後由福公司（Peking Syndicate）的活動，又獲得山西及河南之採礦權，但在山西方面的採掘權，因爲中國發生了收回權利運動，後被中國收回了。

河南方面也發生了同樣的運動，但英人却以合併灤洲煤礦的同樣的手段，與中國公司訂立合同，設福中公司，採掘焦作煤鑛，並築道清鐵路，作運煤之用。在長江方面，英國也很活動，但實際上所獲得的權利是很少的。湖北大冶的龍角山銀鑛，一九一四年湖北當局與英商鑛業團進行合辦交涉，並訂立契約試行開採。又一八八九年東方企業公司與四川鑛務局所設之華益公司訂立契約，獲得四川全省之鑛山開採權。契約的大要是除別人既得權外，其開掘地域爲四川全省，種類爲鐵，煤炭，煤油等，資本一千萬兩，中英各半，採掘期限爲五十年。

這個獨佔四川鑛業權的契約，英國在欲使其有效，屢向中央政府交涉的時候，中國發生了革命。入民國以後，英國雖亦向各方奔走，然似仍未解決。此外四川尚有普濟公司，一九〇四年與四川保富公司（當時四川官民合辦，對於礦山有着極大的勢力）成立合同，開設江北煤礦公司，開採龍王洞之煤炭。在湖南方面，英國對于湖南礦產，也訂有專賣契約。英人方面之投資者爲中易煉鐵公司，其收買錫煤炭，銻之資本爲二十二萬五千六百兩，收買私設礦山與銻的資本爲十二萬兩。

日本在華北方面，有華勝公司經營中日合辦之楊家坨炭礦，在山東方面，則有由德國接收過來的坊子，淄川等煤礦，金嶺鎮之鐵礦，及中日合辦之魯大公司，在博山亦有日人經營之煤礦。在長江一帶，日人在鐵礦方面頗爲活動。中日戰後，日人感到設立製鐵所之必要。又一八九三年，爲欲得到八幡製鐵所的原礦，便訂立了十五年的契約，收買大冶鐵山的鐵礦。德國看到日本這種情形，頗爲驚異，想把大冶從日人手中奪了過去，日本爲鞏固其權利起見，由興業銀行借款三百萬元，於一八九七年一月十五日正式簽字了。這即所謂三十年條約。自後日人竭力經營，使第三者不能購買大冶鐵山之鐵礦，以鞏固日人之地位。其後又數次借款，現在未還之本利尚有四千五百萬元。自是以後，日人曾企圖中日合辦漢冶萍公司，然遭中國反對未告成功。但一九〇四年之中日交涉關於漢冶萍曾訂有這樣的條約：

「漢冶萍公司與日本資本家成立合辦之議之時，中國政府當予以承認，並不沒收該公司；未得日本資本家同意，不將該公司收爲國有，除日本以外，不許其他外資投入該公司。」

安徽之桃冲鐵礦，其埋藏量有五千萬噸，中日實業公司與該礦之經營者裕繁公司訂立了購買鐵礦及協助鑛山之經營的契約，期限爲十年。此外尙訂有購買江蘇鳳凰山鐵鑛之契約，但因受民衆的反對，至今尙未解決。安徽之大凸山煤鑛，一九〇六年時中日實業公司獲得其採掘權。這樣在長江沿岸尤其是在鐵鑛方面，日本最稱活躍。

歐戰以後，英美在中國鑛業界頗爲活動。英國垂涎於中國煤油，於是組織中英合辦之鑛業公司，並欲獲得四川新疆陝西諸省之煤油採掘權；一九一四年英商福公司與熊希齡訂立合採新疆煤油之契約，此契約成立後，曾受新疆省議會之反對，然卒得農商部之允許而成立。在煤炭方面，英國又着眼於山西之大炭田，開灤炭鑛公司在大同一帶極爲活動。在湖南方面，英人亦獲得獨佔湖南全省鑛山之權（除既得權外。）英美以精鍊湖南水口亞鉛之目的，曾訂立合辦精鍊所契約。美國派遣大批技師從事主要鑛山之調查；在四川方面，美國之美孚煤油公司亦派有大批調查員調查四川之煤油，在湖南方面則有水口山附近之亞鉛之採掘及提鍊廠之設立，北平附近亦有設立製鐵所之計畫。

不過歐戰後英美所獲得之鑛山權，因爲中國之內亂與反帝運動的關係，至今仍難實現。

現存之外人鑛山投資，有外人直接投資與中外合辦兩種。其中除東三省與蒙古而外，中國本部之主要者列舉如次。

關係國名	公司名	事業種類	資本額	設立年

中英合辦	福公司	河南焦作煤鑛	一〇、〇〇〇、〇〇〇兩	光緒二十四年
同	門頭溝煤鑛局	直隷門頭溝煤鑛	一、〇〇〇、〇〇〇元	光緒三十四年
同	開灤鑛務局	直隷開灤煤鑛	二、〇〇〇、〇〇〇鎊	民國元年
同	福中公司	販賣河南煤炭	一、〇〇〇、〇〇〇元	民國三年
中日合辦	楊家坨煤鑛	直隷楊家坨煤鑛	一〇〇、〇〇〇元	民國七年
同	魯大礦業公司	山東煤	一〇、〇〇〇、〇〇〇元	民國十二年
日本獨辦	南定煤礦公司	山東煤	五、〇〇〇、〇〇〇元	民國十年
中日合辦	井陘煤礦局	直隷井陘煤礦	五〇〇、〇〇〇元	光緒二十一年

各國之開採中國鑛山頗有貢獻於中國鑛業之發展，而其結果促成了一般產業之振興。滿洲之撫順煤，河北之開灤煤，不僅供給了中國大量的燃料，而且其有助於中國工業之發達亦復不少。此外如大冶鐵山之供給製鐵原料，與將來中國工業發達與鑛山之開掘是有着密切的關係的。

其次，我們還得略述金融機關之情況，在資本主義的發展上，金融機關之整備，不待言是很必要的。然而中國的金融機關，極不完全，不能滿足這個要求。於是外國銀行便設立起來而爲中國金融界之中樞，中國金融機關因此漸趨完備，貿易與投資也隨之而旺盛，卒使中國之資本主義萌芽發育起來，所以中國之外國銀行，是扮演着一個特殊的角色的。外國銀行之所以至此的原因，可舉出下列數點：

（一）中國金融機關不發達，信用也不充分，所以中國商人金融機關的錢莊，也多半是仰給資本於外國銀行的。而且存款於一般略有信用的外國銀行的人很多，尤其是與政局有關係的軍閥官僚，他們恐怕他們的財產被沒收，所以將財產均存入外國銀行，因此外國銀行便握得中國金融界之實力。

（二）中國政府之主要的收入爲鹽稅與關稅，而這兩種稅款均保管於外國銀行，所以外國銀行恰如處於中國的中央銀行的地位。

（三）在華的外國銀行，有發行紙幣的特權。其信用最大，流通最廣的爲英國的匯豐銀行，其主要的流通市場爲香港與上海。其次有麥加利與正金銀行。東三省有朝鮮銀行之紙幣。華比，花旗，荷蘭等銀行之紙幣多流通於上海，臺灣銀行之紙幣流通於臺灣福建。各銀行所發行的紙幣額是很高的。

（四）決定外國匯兌市價權全操於外國銀行之手，這大抵爲匯豐銀行所左右，正金銀行亦頗有勢力。外國匯兌，均由外國銀行經手，其利益爲外國銀行所得。關於外國匯兌問題，以後再詳加敍述。

如此，外國銀行在中國保有特殊權力，而握有財政、金融、匯兌等之實權。這些外國銀行中最早而且勢力最大的爲英國，其次爲日美。外國銀行之設立於中國，實始於一八四五年英國東洋銀行之設立分行於香港，其後一八五〇年，麥加利銀行設本行於香港。匯豐銀行（香港上海銀行）是一八六四年才設立於香港的。中日戰後，日本之正金銀行，英國之有利銀行，俄國之道勝銀行，法國之東方匯理銀行，德國之德華銀行相繼設立。義和團事發後，美國之花旗銀行，比利時之華比銀行，荷蘭之荷蘭銀行，日本之臺灣銀行亦相繼成立。

在華外商銀行一覽表：

銀行名	創立年	總行	已繳資本	支行地點
運通銀行	一九一九	紐約	六、〇〇〇、〇〇〇美金	香港上海，北平，天津
大通銀行	一九二〇	紐約	二、〇〇〇、〇〇〇美金	香港，上海，天津
花旗銀行	一八一四	紐約	一〇〇、〇〇〇、〇〇〇美金	廣州大連，漢口，哈爾濱，香港，遼寧北平上海天津
美豐銀行	一九一八	上海	五〇三、〇四〇美金	天津
法亞銀行	一九二九	巴黎	二五、〇〇〇、〇〇〇法郎	哈爾濱，遼寧
東方匯理銀行	一八七五	巴黎	六三、四〇〇、〇〇〇法郎	廣州，漢口，香港，門子，北平，上海天津昆明
中法工業銀行	一九二五	巴黎	五〇、〇〇〇、〇〇〇法郎	香港，北平，天津，上海
德華銀行	一八八九	柏林	四、五〇〇、〇〇〇兩	廣州，漢口北平上海，天津，青島

麥加利銀行	一八五三	倫敦	三、〇〇〇、〇〇〇金鎊	廣州，大連，漢口，香港，哈爾濱，北平，上海，天津，青島
有利銀行	一八九二	倫敦	一、〇五〇、〇〇〇金鎊	香港，上海
滙豐銀行	一八六七	香港	二〇、〇〇〇、〇〇〇港幣	上海，廈門，廣州，煙台，大連，福州，漢口，哈爾濱，九龍，遼寧，北平，天津，青島
遠東銀行	一九二三	哈爾濱	五、〇〇〇、〇〇〇元	海拉爾，上海，天津
遠東猶太商業銀行	一九二二	哈爾濱	四〇〇、〇〇〇元	
遠東信託公司	一九一〇	哈爾濱	一五三、四〇〇元	
猶太人民銀行	一九一〇	哈爾濱	—	—
金融信託公司	一九二七	哈爾濱	一九六、三〇一元	海拉爾，上海
華義銀行	一九二〇	上海	一、〇〇〇、〇〇〇美金	天津
華比銀行	一九〇二	布魯捨爾	一四七、〇四四、一八八法郎	漢口，北平，天津，上海
安達銀行	一八六三	阿姆斯得堡	五五、〇〇〇、〇〇〇荷幣	廈門，香港，汕頭，上海
荷蘭銀行	一八二四	同上	八〇、〇三〇、〇〇〇荷幣	香港，上海
大英銀行	一九二〇	倫敦	二、五九四、一六〇金鎊	香港，上海
漢城銀行	一九二〇	安東	二五〇、〇〇〇日元	
Antung Jitsugyo Bank	一九一八	同上	一二五、〇〇〇日元	

朝鮮銀行	一九〇九	漢城	二五、〇〇〇、〇〇〇日元	安東，長春，大連，開源，富齊田，哈爾濱，遼陽，龍井村，遼寧，上海，旅順，四平街，鐵嶺，天津，青島，營口
滿洲銀行	一九二三	大連	二、九〇六、六六二日元	鞍山，安東，長春，錦州，富齊田，撫順，開源，吉林，公主嶺，遼甯，鐵嶺 Penchihu，Pitzuwo，Pulantien
大連商業儲蓄銀行	一九一八	大連	二、〇〇〇、〇〇〇日元	
大連興信銀行	一九二五	大連	二〇〇、〇〇〇日元	
大連銀行	—	大連	三七五、〇〇〇日元	
臺灣銀行	一八九九	臺北	五二、五〇〇、〇〇〇日元	廈門，廣州，福州，漢口，香港，上海，汕頭
中國南方銀行	—	臺北		廣州
濟南銀行	一九二〇	濟南	二五〇、〇〇〇日元	青島
長春實業銀行	一九一七	長春	四〇〇、〇〇〇日元	
振興銀行	一九一八	牛莊	五〇〇、〇〇〇日元	
大東銀行	一九二一	北平	一、二五〇、〇〇〇日元	上海，青島，天津
哈爾濱銀行	一九二一	哈爾濱	五〇〇、〇〇〇日元	

工商銀行	一九一三	遼陽	二七五、〇〇〇日元	
中日銀行	一九一八	鉄嶺	五〇〇、〇〇〇日元	
開源銀行	一九一九	開源	五〇〇、〇〇〇日元	
吉林銀行	一九二〇	吉林	七五、〇〇〇日元	
滿洲啓發銀行	一九二〇	遼寧	五〇〇、〇〇〇日元	
三井銀行	一六八〇	東京	六〇、〇〇〇、〇〇〇日元	上海，大連
三菱銀行	一八八五	同上	六二、五〇〇、〇〇〇日元	上海
Mukden Shokussa Bank	——	遼寧	——	
Ni-Itaka Bank	——	大河口	八〇、〇〇〇、〇〇〇日元	廈門，福州
和平銀行	一九二〇	吉林	——	大連
正隆銀行	一九〇八	大連	五、六二四、三七五日元	鞍山安東，長春，撫順，哈爾濱開源，公主嶺，遼寧，牛莊，青島，天津四平街旅順，Shaka-ko
南滿銀行	一九一九	鞍山	三七五、〇〇〇日元	
住友銀行	一九一二	大阪	五〇、〇〇〇、〇〇〇日元	上海
四平街銀行	一九一八	四平街	一五一、二五〇日元	

Ta Chang Bank	——	遼陽	二五〇、〇〇〇日元	
天津銀行	——	天津	二五一、〇〇〇日元	北平
橫濱正金銀行	一八八〇	橫濱	一〇〇、〇〇〇、〇〇〇日元	廣州，長春，大連，漢口，哈爾濱，香港，開源，遼寧，牛莊，北平，上海，天津，濟南，青島
富齊田銀行		富齊田	一〇〇、〇〇〇日元	
義品銀行		——	一〇、〇〇〇、〇〇〇日元	上海，漢口，天津
上海銀行		上海	五〇、〇〇〇元	
美國信濟銀行	一九三〇	哈爾濱	一、三九六、四四九、七〇元	上海
上海友邦銀行	一九三〇	上海	五〇〇、〇〇〇元	
沙遜銀行	一九三一	香港	五〇、〇〇〇鎊	上海

外國銀行，除一般銀行業外，尚有承辦中國借款及關稅鹽稅收入之保管等業務，關於這類業務，一般知之甚詳，不必多說，這裏且略述外國銀行與國際匯兌之關係。

中國各省間之匯兌，向有山西的票莊，又有周轉地方的金融之錢莊，兩者互相連絡。山西的票莊，也經理公款，所以在一八四二年以前貿易只限於廣東的時候，英商與中國的商行，在買賣貨物時，可以利用山西的票莊，以免輸送現款之煩。但自一八九〇年以後，各省設有省銀號，利用公款，經營錢莊，而且發行紙幣。

不過此種紙幣全無信用，洋商收入此種紙幣，卽購買土貨以脫手。南京條約以後，開闢五港，廢止行商之獨佔權，中國商人可以任意與外商交易，貿易乃趨旺盛。錢莊乘此機會佔着海外貿易之重要的地位。到了廣東的行商貿易時代過去而各地貿易開始的時候，外商（以英商爲主）卽不信任華商，而華人又不懂他們的言語習慣，所以便產生了中間人，使其代理外貨之買入；但外商對於這種中間人亦不信用，於是便產生了錢莊而發行莊票（Native Order）。莊票的期限雖無一定，但大抵不出十日。中間人向外商買貨時，給以莊票，外商再憑莊票取現。華商的錢存入錢莊。錢莊爲什麼得到信用呢？這因爲外商不懂中國商情與語言，所以僱請華人買辦，而買辦遇有信用卓著之錢莊，卽負責收受其莊票之故。又因錢莊爲一個商店，比較中間人更爲可靠，錢莊如停止付款，卽可向中間人催促。因爲華商向錢莊負責，而外商又以錢莊爲對手，於是華商與外商之間，便發生隔障。在與外人貿易的時候，華商須經過洋行之手買入貨物，不能直接與外國製造業者發生關係，所以對外貿易完全握於洋行之手。洋行與外國銀行是有關係的，於是外國銀行的勢力就越見增大了。外商不信任華商銀行，在上海方面除中國交通等數行而外，無大往來。一般的情形，是應收的錢，派人去取；應付的錢，派人送去，所以在上海的金融界，外國銀行，錢莊，華商銀行是在一種鼎立的狀態中，各各有其獨立的勢力。對於外商的支付錢莊負完全責任，而買辦又對外商負責，所以是很穩妥的。中國貿易之特色，便是輸出輸入貿易均操於外人之手。甚至輸出貿易大部分亦經洋商之手的。這就因爲中國商人不懂外國商情，而資本又不充分之故。最近中國商人中，也有自己經理輸出者，但爲數很少。外商之經理中國貨之輸出，不論是受本國輸入商之委託，抑是私人的經營，都得受外國銀行之幫助。中國商人取得外國銀行的票據，經過錢莊由外國銀行兌現。輸入貿易也多半是由洋行經手，中國商人在訂購貨物的時候，不是依託外國的輸入洋行，便是直接向外國輸入商店購買。這時外國銀行也經理匯兌，外國銀行持着莊票向錢莊兌取，不與中國銀行發生關係。但錢莊是仰給資本於華商銀行的，所以兩者之間有着密切的關係。錢莊的資本以十萬內外者爲多，從前因爲幾次遭逢恐慌，因而倒閉者頗多，於是外國銀行的信用漸漸的提高了。

在這樣金融機關不完備的中國，補救其缺點而與中國以資本主義發生之要素者，爲外國銀行。

G　舊式行會之崩壞

舊式的行會，爲中國之舊的經濟形態，因受各國資本主義之影響，使這種行會組織爲之崩壞，這便剪除了資本主義發達之障礙而開闢其發展之途徑。中國的手工業者之間，原本發達着手工幫，就是手工業者組織一種工會，支配該地方物品的供給，以講求各地自給自足的方法。因爲這個原故，大規模的生產樣式便不能發生了，但因各國資本主義之侵入，及思想的變化，中國已由地方自給的狀態踏進國家經濟的大道了。

其主要動機如次：

(一)因資本主義之侵入，而產生的生產樣式之改變；

(二)新思想的影響；

(三)經濟狀態之變化。

1　因資本主義之侵入而產生的生產樣式之改變　這與舊式行會以重大之打擊。在由師傅與徒弟所經營的手工業方面出現了特別的出資者，有的成為股份的組織，工場的經營者，不是師傅，却變作了場主，徒弟於不知不覺之間也變成了練習職工。北平天津之絨氈業，充分的表現了這種變遷。北平二百多同業工場中，有幾家改為股份組織，僱用熟練工，八百四十家是以私人資本經營的，其餘是零星湊集資本的。但師傅與工場主顯為兩物，有的場合，師傅與練習工，同為僱員，有的場合師傅自己經營而僱傭徒弟；凡此等等情形極不一致；然而徒弟制度却總想加以保存。於是便發生了矛盾，引起徒弟之反抗心，而圖打破行會制度了。

還有不進工場的所謂小工，泥匠，皮匠，鉄匠等之團結至今仍極鞏固，規定也很嚴格。他們有基金與經常費。同幫常常招集會議，斟酌一般社會的狀態，規定他們的工銀。會員須遵守規定了的一律的工銀，不得少取或多取。破壞規定的，由會首招集會議，加以嚴懲。同業公會有下列各種特長：

(一)同業者互相惕戒，不製造劣貨，不貪取法外的價格，在交易上能守信用。

(二)工場主與職工之間造成師弟的關係，使兩者關係圓滿。

(三)他們互相團結，反對歷朝的苛稅，保護其同業。

(四)反對外國資本之侵略，保守中國固有的工業，又防止資本家之侵害，防護他們的工業。

然而，在另一方面，工會因其所有之絕大的專制力，構成下列各種結果：

(一)妨礙同業者之自由行動，影響事業之發展，而技術優良者與技術低劣者須同享同一之工價，減少了工業界的營業者與個人的創造的精神。

(二)對于職工的行動加上了極端的拘束，剝奪了他們的自由。

(三)國內有高度的自治性質的公會存在，足以妨礙國家工業之發展。

這種公會的性質，因各國資本主義之侵入，漸漸的動搖，公會漸形減少，尤其在都會上，公會是在急速地崩壞着。因爲有各國資本主義之刺激，遂而促進了中國產業之勃興，廢除紡車與辦紡織工場，製粉場代替了磨坊，於是機器工場的範圍逐漸擴大，行會被廢除而產生了新式工場與工會了。

2　新思想的影響　在舊式行會的組織中，徒弟毫無地位，到了徒弟自覺起來的時候，他們就感到不滿了。近年來爲勞動者謀自由的呼聲很高，他們看到各處發生了解放運動，於是也不能默然蟄伏，反對舊式行會的運動，遂瀰漫於全國了。舉一例來說，湖南理髮業幫的徒弟要求增加工資，解除各種不平等的舊習，但慣於行會的舊思想中的工頭，不與以贊成，徒弟乃實行罷工，自行設立新店，脫出工頭制度之舊規，於是行會之牙城突告陷失，卒賴官廳之力，封閉新店，逮捕工人，引起一大騷擾。一方面具有新思想之共產黨與國民黨，認爲舊式的幫口制對於工會的組織不但毫無益處，而且有莫大的障礙，遂極力加以破壞。他們的理由，有下列數種：

（一）幫口制不合階級鬥爭的精神。即就工場與礦山來看，僱主與苦力也沒有直接的關係。公司經過工頭間接僱傭勞動者，在勞動者與雇主之間便有了一個緩衝地帶，所以工會組織就受了障礙。在小工場裏面，依然採用徒弟制，在師傅或工頭之下，收其同鄉人的子弟爲徒弟，因爲礙於師傅與同鄉的情誼，鬥爭的工會組織便遇到很大的困難。

（二）幫口制帶有鄉土色彩，所以是與工會組織的精神相反的。中國人的鄉土觀念很強，不但手工幫與苦力幫都是鄉土的團結，即在今日之大工場大礦山之中，也有鄉土的團結。然而工會不但是超越鄉土，而且是無分國界的一種國際組織，所以只承認有產者與無產者的階級的對立，不容鄉土的團結之存在。

於是勞動運動者便努力於行會思想之撲滅，而反對行會的情感，在徒弟之間更爲高漲了。

3　經濟狀態之變化　舊式行會，獨占市場，不許有競爭者之出現，他們所定的公定價格，是強人遵守的。但各國資本主義侵入的結果，在消費者方面不滿足這種價格，于是認爲不當時，或則提出抗議，或則一致不買。雖則公會團結小地域的生產者以對付一般的消費者，但在交通便利的今日，消費者的世界寬廣，貨物可由各處運來，斷無匱乏之虞。因這種價格問題而起之行會與市民衝突的實例是很多的。因爲這種內外的崩壞作用，於是職工變爲自由營業者，手工幫變爲工會而開闢了向資本主義進發的大路。

第二節　政府之保護與獎勵之影響

A　排斥外貨提倡國貨

中國因受帝國主義之侵略，發生了種種反帝運動，其在經濟方面所表現的，則爲排斥外貨。而排斥外貨必然跟着有提倡國貨運動發生起來。中國的產業，在排日的機會中便漸次的勃興起來了。中國目前許多工場，不少是在排日時設立的。一九一七年排日的時候，國貨運動雖無具體的表現，但趁這機會設立了許多工場，竭力勸用國貨。在天津方面，利用排日的機會，產生了中國棉紗布商合資開辦的北洋第一商業紡織工廠，接着又設立同益紡織工廠。漢口上海亦設立了兩三個紡織工場。此外又設立了各種的雜貨工場。繼紡織工場之後，又設立製粉工場，火柴工場遍設於內地各處。到處不用獅牌牙粉而用國貨雙獅牌的牙粉，不用仁丹而用仿仁丹製成之人丹。這種隨排斥日貨而起之提倡國貨運動逐漸興盛起來。一九二四年排日排英運動發生時，提倡國貨運動也具體化，上海有七十餘團體組織提倡國貨會以之爲排斥英日貨提倡國貨之統一機關，當時以總商會爲主選舉代表九十名；一九二四年六月二十八日在上海總商會開成立大會。其組織大綱如次：

一．本會由上海各行各業各幫七十六商業團體及省區公團組織而成，定名爲上海提倡國貨會。

二．本會以提倡國貨免除外國之經濟壓迫，增加國富爲目的。

三．本會的任務，分積極與消極兩方面：積極方面助長國內實業之發展，努力其推銷；消極方面，排斥侵略我國人民者之貨物。

四．本會係由七十六團體各選出代表一人爲會員而組織者，凡未加入本會之上海商業團體，如有本會五人以上之會員介紹，并經委員會許可，得隨時加入。（下略）

此外在上海建造國貨第一商場，徵求各大商店及各大工場參加，於七月六日開始營業。此外又計畫各種工場之設立。

由一九二八年六月至一九二九年春又起排日運動，在那期間，提倡國貨運動更趨具體化，排日由政府指導，而國貨運動亦由政府指導策畫。

國民政府以圖謀本國產業發達爲職志，正如三民主義與建國方略所揭櫫。至于國民政府的政策，是要獲得關稅自主權，採用關稅保護政策，對於本國產業保護獎勵不遺餘力，所以在一九二八——二九年的排日期間，國貨運動猛地擡頭起來了。國民政府定下了提倡國貨之周密的計畫，同時又設立上海特別市農工商局及國貨運動週開國貨運動大會，促進一般運動之進展。又在南京國民政府工商部設一國貨調查委員會，使其作獎勵國貨之調查。上海方面，於一九二八年開國貨展覽會，全國各地又設立國貨陳列所。國貨運動大會自七月七日起開了一星期，其標語如次：

一．國貨運動是救國運動。
二．中國人愛用外國貨，所以受帝國主義者之侵略與壓迫。
三．要防止經濟侵略與武力壓迫，只有振興國貨。
四．提倡國貨，是全國人民的責任。
五．振興國貨須有切實的持久的準備。
六．提倡科學，改良國貨的製造，增加國貨的生產，這才是實際的國貨運動。
七．中國人不自已從事生產而反購用外貨，還是絕大的恥辱。
八．能制慾始能減少浪費。

國貨運動大會的目的，在提倡國貨的使用，擴大國貨的銷路及增加國貨的生產的三點。關于第一點是注意宣傳，以汽車飛機散發傳單，張貼標語。關於第二點，爲使民衆明白國貨的眞相，乃採取開展覽會及設立國貨陳列所等方法。至於第三點則須從事國貨品質之改良及製造之擴張云。

品質改良討論會開了數日，分製絲，織物，染物，玻璃製造，化裝品，製紙，油漆，火柴，電器，機器，香煙，製粉，製革，毛織，棉織等類，逐加討論。茲將關於中國生絲之改良的提議抄錄於后，以見其一端：

一．蠶種的改良。

二．政府收買絲繭，分類售與工場。

三．設立國家生絲檢查所。

四．政府設立研究機關。

實際上種種的雜工業以上海爲中心發達起來，所以日本的雜貨，受排斥日貨的影響，受了重大的打擊。此外又設立了國貨工場及國貨銀行。

其次國民政府內政部長薛篤弼，在中央治政會議上曾提出下列提倡國貨的辦法。茲揭如左，以供參考：

提倡國貨辦法

一、中央黨部

1. 積極宣傳購買國貨。

A 各人向其家族親友切實勸告購用國貨。

B 各級黨部組織講演隊，使其赴各地講演購用國貨之必要。

2. 中央黨部編纂提倡國貨之小册子，交與各級黨部廣爲宣傳，與各報館接洽，使其對於國貨廣告，特別廉價。報紙用中國紙，至不得已時再向訂立了平等的關稅條約的國家購買。

3. 指導民衆團體，使其切實提倡國貨

A 聯合民衆團體，組織提倡國貨聯合會，以便指導。

B 規定一定的方法，使各級黨部及民衆團體遵守。

二、商會

1. 提倡商人道德。

A 使其知道提倡國貨之重要，除缺乏或必需品外，不買一切外國貨。

B 使其勿將非國貨的東西，當作國貨賣。

C 使其不故意擡高國貨市價。

D 使商人不收買小工場所生產之無商標的國貨而減低市價。

E 國貨工場商店，不以同種的國貨競爭。

2. 設商人補習學校使商人教育提高使各商店店員入學校，授以提倡國貨之常識。

3. 提高經售國貨之商人之地位。不經售國貨的商人，不得爲商會的職員。

三、工會

1. 勸告勞動者努力工作。

A 國難期間，勸其努力工作。

B 國貨工場職工不得無故與工場爲難。如要求待遇上的改善，須請求主管機關辦理，不得輕自罷工。

C 不從事非國貨工場之工作。

2. 由適當的指導法，使職工從事改良製造及倣造品之研究。

3. 指導職工，使其改善生活。

四、學生會

1. 誓用國貨，並廣爲宣傳。

A 學生之服裝用具須用國貨，並勸告其家庭及親友購用國貨。
B 組織講演隊，向民衆宣傳購用國貨。
C 在學校中設民衆補習班，一方面授以補習教育，一方面宣傳購買國貨之必要。
2. 獎勵學生課外之實地作業，使其學習簡易的工藝品之製造。
3. 提倡節儉運動。

五、婦女會
1. 獎勵節約，使用國貨。
2. 提倡女子職業。
3. 教育兒童，養成購買國貨之習慣。

六、國民政府
1. 使全國行政司法機關一律使用國貨。
2. 指導各部，積極的獎勵國貨。

七、內政部
1. 獎勵節約，提倡國貨。

提倡國貨工場商店。

A 通令各省市縣政府及各地公安局，對於國貨工場商店與以切實的保護。

B 各地公安局准許地方的牆壁張貼國貨廣告，不取資費。

C 各地方救濟院中之收容者，教以國貨工藝。

3. 各縣市一律設借款處，以低廉之利息借資本與小工藝品之製造者。

4. 作有組織的購用國貨的宣傳。

八、財政部

1. 減免國貨厘金。

A 分必需品，奢侈品，及仿製品，以定減免之標準與年限。

B 各種國貨製造原料加以分類減免厘金。

2. 設立金融機關，補助國貨之發達。

A 對於國貨工場貸以資本。

B 對於國貨商店與其通融資金。

C 扶助天然物產之開發。

3. 嚴禁稅局扣留貨物或勒索苛求。

A 免稅國貨，檢查後卽使其通過。

B 減稅國貨，不能作規定外之徵收。

C 貨物與表不相符合的外貨照章徵收厘金。

D 增加機器奢侈品之捐稅。

E 增加外貨交易者之營業稅。

九、工商部

1. 國貨之調查。

A 令各省市立工商廳或建設廳及工商局，分函省市縣各商會共同負責調查各該地之國貨生產，並限於一月內完成，使其就種類，商標，價格，生產地及製造工廠分類報告。

B 工商部及各省工商廳建設廳省市縣商會須將其調查所得隨時發表，使一般人知道，在調查的時候，須提防假冒國貨商標之外貨之混入。

2. 設立國貨陳列所。中央設立國貨陳列館，各省設立分館，中央由工商部辦理，各省由工商廳辦理。國貨陳列館有代介紹並販賣國貨之責任。

3. 國貨生產之保護提倡。

A 減免商標登記費。

B 嚴懲假冒國貨商標者。

C 設立日用必需品工場及硫酸製造場，以應國貨工場之需要。

D 導導國貨之改善。

E 指導小工藝品生產之增加。

4. 國貨生產之獎勵。

A 每年定期舉行國貨展覽會或國貨競賽會，褒獎其優等者。

B 新生產之國貨，呈工商部審查，品質優良者與以名譽獎勵現金獎勵，或專利年限的獎勵。

5. 勞資調和，避免罷工。

A 保障資本之安全，例如，防止捐款之搾取，消除職工之無故罷工，豫防暴動破壞。

B 改良職工待遇，工資要優厚，使其精神愉快，使其人格向上，與以相當的敎育，使其嚴守工作之紀律。

6. 設立國貨唱賣所。小工場生產之國貨而無正式商標，商人不願販賣者，則照市價收買之，由唱賣所推銷之以資發展。

十、農礦部

1. 天然富源之開發。

A 國家之天然資源，從來禁止私人之採取，但硝礦，食鹽，石棉等物，則特許人民經營，政府加以監視，開發利源，充裕國家之財政，鞏固國家發達之基。

B 鐵及煤炭爲機器工業上最主要的需用品，近年則多仰給於外國，故須提倡其採掘，與交通部協議使其運輸便利，以供需用，而且還須使其向外輸出。

2. 改良方法之講求。

A 各縣設立農業試驗場，採用外國種子及肥料，以增加收穫，維持人民之生計，期食糧能自給。

B 研究驅除害虫及水利方法之改良，增加國產。

3. 限期使各縣種樹，各處均種植樹木，一方面會同工商部通知各商會公司商店，使其一切木材用品均用本國貨。

十一、交通部

1. 便利國貨之運輸。

2. 國貨之運費的減輕。

A 國貨之製造品及原料之輸送，減輕其運費。工商部查明其種類，通函交通部並轉飭國有鐵路局航局使其遵照辦理。

B 國貨分必需品，奢侈品及發明品或倣造品等以定運費之高低。

上面的計畫確是很認眞而且很周密的。實際上中國之排日團體的份子，大抵都是熱心愛國之志士，他們是以發展中國之產業爲職志的。中國實業家之一部，如中國紡織業者等，也爲反日團體之中堅而從事活動。要之，中國的工業，其所以有今日之發達，是頗有賴於日貨之排斥的。

B 政府之保護獎勵國產

國民政府之產業政策，在北伐完成後所開之全國經濟會議與財政會議上，吾人可窺見其端緒。這裏且將該會關於產業之保護與獎勵的部份摘錄如左。

大會除政府委員外，有全國實業團體的代表參加，對於各種分科均有討論，茲將其中之貿易分科會之決議案抄錄如左。

(一)保護關稅之實行　我國自通商以來，國民經濟上所受之損害，其最大者爲由片面的協定關稅之束縛而生之各種弊害。世界各國，大抵均採用保護關稅，而以工業幼稚的國家的尤甚。然中國關稅因受片面協定所束縛，故中國工業毫無發達之餘地。由這見地看來，中國必須急急收回關稅自主權，實行保護關稅。

（二）金融整理之實行　金融與貿易是互相關聯的。外人之對華貿易，均有雄厚之金融機關爲其後盾，而中國則不然。我國金融機關發達較他國爲遲，而連年政局不定，政府對於金融機關只知剝削而不與以援助。金融業者對於商工業者亦不與以補助。故今後必須講求提高公債信用，保障營業之安全，統一全國幣制的方法。在從事貿易者看來，中國之利息過高，匯兌困難，全國商民受着同樣的痛苦，所以今後政府應該對於金融與以適當之保護與指導，減低利息，擴大匯兌的範圍。

（三）交通整理之實行　中國貿易之所以不發達，交通阻礙爲其一大原因。受戰事影響，車輛船舶之毀損，軍隊之扣留等，使商民受極大之損失。孫總理所計畫之十萬哩之鐵路的修築，雖一時未能實現，但最小限度，亦須先整理現在之鐵路與路政。這不但有便運輸，亦且能增加鐵路之收入。政府應速令全國軍隊，使其不干涉鐵路之一切，並放還在戰時所扣留之車輛。此外如防禦土匪及海盜，保障車運及海運之安全等，均爲政府應作之事業。

（四）實行商人財產之保護　在軍事時期，一般商人爲援助革命受了極大的損失，在軍事結束之今日，政府對於商民，應保障其安全，如此商民始能安心從事貿易。從前爲軍隊所扣留之車輛，徵發之船舶，軍人所保管之製粉工場及煤礦等，均爲商民勤苦之結晶，政府應卽命令全國軍隊，使其歸還原主。其中如有以前之軍閥官僚之投資者，則僅將該部分沒收，爲商民所有部份應保障其安全，以解釋商民對於政府之疑惑，而使其安心從事貿易。

（五）勞資糾紛之整理　中國人口之大部份爲農工階級，故欲求中國民族之發達，必以扶助農工爲基礎。目前中國之最重要的問題，爲使人各有其職業，人人能獲得生活之資料，使其受相當之敎育。此爲吾人所切望者，而達到此目的之方法，則有待於先總理之實業計畫之實行。至於階級鬥爭之謬說，徒有犧牲，流毒至大，不但阻害工業之發達，且導農民勞動者於死地，使人民生活，陷於動搖不安之中。因此之故，眞爲勞農計，政府須速制定勞動法及工會法，以正其本，不應指導農民勞動者以外之農民協會與工會，並須將一切之農民工會之經費公開，受大衆的監督，使少數人不得壟斷利益。與法律不合之罷工，在資本家方面沒有支發罷工期間之工資之責任。這一切須包含於農工保護法中。勞資雙方均須在法律的範圍以內行動，不能有偏頗不平之弊，勞資雙方須相安無事，從事於生產事業之發展。

（六）實行提倡國貨保護國貨　在收回關稅自主權實行保護關稅外，還須使政府免除國貨之苛捐雜稅，減輕鐵路運費，使國貨貿易有充分發達之機會。政府須速設理化實業研究所養成專門的人才，準備新工業之建設與指導。要而言之，革命的目的是在建設，今後全國商民所希望於政府者，爲實行先總理之建設計畫，開闢交通，增加生產，使貿易旺盛，經濟發達，如此則國家財政日裕，養老扶幼以及扶助疾病殘廢者之費用自有着落，人民之生活於是得以安定而不相爭。

此外還有其他提案：

(一)販賣外貨者之營業稅　在獲得關稅自主權以前，設外貨營業稅，振興國貨，或徵收特稅，將所徵得之稅充獎勵國貨之用。

(二)速養成航業上必要的人才，期能收回沿海及內河航行權，便利運輸，鞏固海防。

其次在全國財政會議時，政府決議了達成關稅自主與撤廢厘金（此乃阻礙國內之產業發達者）的提案。

由上述的兩會議的表現看來，我們可以知道資本主義的傾向已濃厚的表現出來了。即就國民政府所實行的產業政策來看也可知道中國是踏上了資本主義之路的。

國民政府對於爲經濟建設之骨幹的交通網之建設也頗有計畫，但因財政困難及各鐵路均爲軍閥所分割佔有等等關係，無法着手。其第一步想做到的是全國鐵路管理權之統一，但實際上所握得之管理權，除京滬，滬杭甬二線而外，目前尙只有津浦線之一部與平漢線之一部而已。爲彌補鐵路之失修起見，各地建築汽車路頗多，汽車的數量也年年增加，開闢了長距離的汽車交通。在通信方面，因爲戰亂與財政困難關係，有線電報仍無發展，但無線電報則因國民政府之努力與軍事上的必要，却頗發達，尤其因爲短波長之採用不需用大量之建設費，以極簡單的方法卽可設備，所以全國各重要地均有設置，此外如中國之輪船亦有無線電之設置。

其次爲農業之振興。農業爲中國之主要產業，在共產黨加入國民黨的時代，以爲完成中國革命有以農村革命爲主體之必要，因而組織農民協會與資本家及地主對抗，卒由土地革命達到否認土地所有權之地步。但在國共分離以後，國民黨彈壓共產黨系之農民運動，解散其所組織之農民協會，採取溫和政策，確立地主之土地私有權，且規定佃業糾紛之調停條例，以保其地位之安全。現在國民政府所籌畫者，爲在各省設立農民銀行，以之爲農村的金融機關，並欲在一小部的農村裏組織信用的機關，以救濟農村。

其次對於商工業之保護，政府也是極爲盡力的。關于保護國內產業，其第一步所着手的，爲關稅自主權之獲得與保護政策之實行。關稅自主權之獲得，在巴黎和會時卽已提出，以後華盛頓會議時被承認了二厘五毫之附加稅，再至一九二四年秋之特別關稅會議時，因戰亂關係，對於關稅問題毫無決定卽告中止，但大體上關稅自主的原則是被承認了的。國民政府完成北伐後，卽與各國開始交涉，欲獲得關稅自主權。一九二八年的一年中，與英美及其他諸國締結關稅新約，獲得關稅自主權，只有與日本之條約尚未改訂，所以未收到其實果。但至一九三〇年五月中日關稅協定正式簽字後，中國達到了多年的宿願，完全得到關稅自主權。這裏同時還得注意的，是中國對於日本所提出的與關稅自主權相交換之互惠稅率的態度：中國方面在開始的時候，原允日本如交回關稅自主權，卽承認互惠條約，但至最近，一般輿論與政府態度，均有否認互惠條約之傾向，其主要原因似爲下列兩點：

(一)國民政府之所以急欲獲得關稅自主權，一方是爲要廢除不平等條約，他方面是在藉以增加關稅收入，打開當前之財政困難之難關。然而如果與日本訂立互惠條約，則列國均有最惠國條款，都得均沾，因而政府之收入必致銳減，與增加關稅之目的不合。

(二)國民政府以保護獎勵國產爲一貫政策，但如締結互惠條約，則對於國貨不能取保護政策。而日本所欲加入互惠品目中的，正是中國之新興工業而必須加以保護之貨物。於是交涉上發生困難，但結果中國因爲如不讓步則協定難於成立，而且南京政府所處地位又以早日成立協定爲宜，於是互惠協定終至結成，但不用互惠之名，採取「一部仍照現行稅率」之形式，而且此項稅率，不得更新，只以此次爲限。年限極短，只定三年，而品目之中多爲中國人之日用品，卽由保護國貨之意義，亦非有提高稅率之性質者，例如海產物與小麥，及棉布是。棉布雖爲中國新興的最主要的工業，但日貨爲企圖與中國貨不相衝突起見，逐漸改爲高級品之輸入，所以在此無甚問題。雜貨，在關稅自主後易於興辦，爲保護起見期限只定爲一年。中國於一九三一年七月發表國定稅率，擬於十月十日起開始實行，但因經濟界之不景氣，未能取得高率，到了與日本之互惠期間過去，一般形勢允許時，或能採取從前所主張之保護政策，因爲保護政策之採用，在孫中山之三民主義中卽已論及，而且在國民黨所發表之主義與政策上，亦不斷的有此種表現。這種關稅自主與保護政策之實行，是頗有助於今後之中國產業的發展的。

國民政府爲保護本國產業起見，一方面對於外國產業加以制限，一方面對於本國產業則與以保護。外人之設立工場區域，限定於狹隘之租界以內，或對於外人工場作激烈之競爭。在中外合辦事業上也加以限制，防止外國資本之侵入。在同一條件之下，中國工場是不易與外人工場競爭的，所以政府爲保護中國工場起見，常圖減少中國工場之租稅，或與以獎金，然而在租界中之中國工場與外國工場條約上規定不能有歧異的待遇的，而且目前國民政府財政也很困難，所以與中國工場以獎金是不可能的，最近有退還租稅之一部作爲補助金之議案，但亦難於實行。此外國民政府之獎勵產業的方法，則有實業學校之設立，以期養成實業人才，或企圖設立國貨銀行與工業銀行，以疏通工業金融。國民政府過去所能做到的只是消極地剪除資本主義之發達之障礙的一點而已。

共產黨在中國組成以後，卽深入勞動者方面，到了與國民黨合作以後，他們的活動更爲猛烈，他們到勞動者，農民，商人，學生裏面去從事組織。尤其是在北伐開始以後，隨着國民政府之地盤之擴大，民衆組織也急速地進展，同時鬥爭的手段也激烈起來。尤其是在武漢方面，在佔領武漢的數月之中，組織了二百數十個工會，不但網羅了一切的勞動者，而且也使店員全數加入工會，又組織糾察隊二三千人，以之爲階級鬥爭的軍隊，發動罷工，以糾察隊的武力使資本家無條件的屈服，結果工資增加至一倍半或兩倍，而各工場相繼倒閉，將現銀匯往上海者日多，於是政府下令集中現銀，對於現銀加以抑制，於是武漢產業乃告衰落，資本家極爲困窘。共產黨之工會組織，後來普及於長江下游，但至國民黨與共產黨分離的時候，政府之政策，大爲改變，同時共產黨系之工會也被解散，代之以國民黨系之工會，糾察隊也被取消，罷工爲政府所不許。國民政府的持論，以爲階級鬥爭是妨礙產業之發展的，目前的中國，是勞資應該合作以圖國家之產業之振興的，同盟罷工乃反國家之行動，所以必須加以禁止。在北伐中途國共分手的時候，曾以在北伐期中之理由，決議中止民衆運動，到北伐終止以後，在全體中央執行委員會議上，曾有關於民衆運動應否恢復的論爭，結果終于否認階級鬥爭，採用勞資合作主義，繼續設立了勞資調和的條例與機關。又店員之加入勞動組合，使各商店苦於罷工之打擊，後來也因爲店員並非勞動者的理由，使其加入商人團體之中，解除了各商店之苦惱。於是一時猛烈至極的勞動運動漸次緩和起來了。

國民政府於一九三〇年實行廢止厘金，爲中國工商業的發展上除去一大障礙。然而厘金爲地方軍閥的軍餉之來源，所以厘金廢除，而代替厘金的捐稅則相當的增多了。但要而言之國民政府目前是取着保護產業的政策的。

C 實業教育之振興

在中國的產業發達上與有助力的，為中國官民對於實業教育之注意。自民國革命以前至數年以前為止，中國的留學生多學政治法律，而中國國內所設之學校也多為教授政治經濟之所，但至最近，這種傾向却為之一變了。中國青年之有志於實業，由外國留學生之現狀也可看得出來。下表為歐洲的中國留學生的現狀：

	英國	比利時	奧大利	意大利	德國
理學	一	三	—	—	三二
農學	—	三	—	—	二
工學	一三	六九	—	—	九四
醫學	九	九	二	—	五二
社會學	二二	二四	二	—	二四
教育	四	二	—	—	三
藝術	一	—	—	一	二

史地	二	—	—	—	三
哲學	一	二	—	—	五
軍事	—	一	—	—	四
商學	九	—	—	—	—
文學	二	六	—	—	五
宗教	—	一	—	二	—
不詳	一	—	—	三	四四

由此表看來，可知研究工學者達一百六十三名之多，其次有醫學七十三名，社會學七十二名。學社會學者之所以多，大抵是因爲一般人以爲要匡正混亂無常的中國，必須澈底了解社會的根本的原故研究醫學者之衆多，足以表明中國衛生思想之發達。在工業的比例上，農業之所以稀少，大抵是因爲目前的農村有共產黨及土匪横行，地主逐漸避往都會，無法着手，又中國的農村人口衆多，不易從事大農式的經營，而牧畜、林業等又不能發達的原故。

中國政府認爲實業教育有振與之必要，並定有各種計畫但多徒託空言而無實際，照目前狀態，似難實現。不過民間却從多方面努力實業教育，茲將其一般狀況介紹如左。

從來中國的學校，大學專門以上者多偏重政治法律注重實業方面者甚少，中等學校也少有實業學校的。爲彌補此種缺點起見，便漸漸覺得有提倡實業教育之必要了。於是一時各軍隊裏面也施以職業教育，而工會之中如機器工會等，也對於會員之技術的修練加以極大的注意。民間又有獎勵職業教育的團體，雖然在目前混亂狀態之下，難有所成就，但中國已有這種機運萌生出來，却是一個很可注意的問題。

中國的工業，目前大部份仍是手工業，機器工業只不過是一小部份在從事着而已。手工幫雖然逐漸崩潰，但大多的地方仍有它們的勢力存在，職業教育由師傅傳授，經過三年或四年的學徒時代才成功一個職工。但自發生了新式工業，交通便利，鑛山開發以後，這種人才需要更多，所以這方面的人才之養成也就必要了。在醫學方面，中國因爲有外人辦的學校與醫院，所以相當的完備。這裏我想介紹由民衆團體所施行的職業教育之一般狀況，以見民間職業教育勃興之一斑。

中國之獎勵職業教育的團體，最有名的爲中華職業教育社，該社至今已有十數年的歷史。教育社所揭的職業教育之三大目的爲：

一、準備個人的生活；

二、準備個人之對於社會之服務；

三、圖謀增加國家反世界之生產力。

爲要達到這三大目的，教育社乃從事下列的各種事業：

一、職業教育之擴張改良；
二、改良普通教育，使其適合生活之準備；
三、補助職業之改進。

追溯職業教育社之創立：是民國二三年時，一般人鑒於教育雖盛，而學校畢業者不能有益於實際，乃倡導實用主義之職業教育而發起該社。職業教育社，包含有農工商及家事等教育，所以頗得實業界的人們的贊助，在創設之前，先在江蘇省教育會內組織一職業教育研究會，討論其方法，一面又派人考察外國的職業教育的情況，當時菲律賓華僑極為贊成，助以大批款項，於是民國六年五月六日中華職業教育社始告成立，至今已歷十餘年矣。

加入該社者，最初只限於個人，後來改訂規則，允許團體加入。由特別及永久特別社員中選出議事員，設議事部，議事部選出主任一人，設立辦事部，辦事部有總書記及辦事員，隨着事業之擴大，辦事部又分各課，設副主任一人。社員現有六千四百二十六人，贊助員有百九十八人。後辦事部設立執行委員會，在各地設立分社，本社則在上海。

職業教育社之事業，起初着重宣傳，其後漸趨實行，作試驗研究，將研究的結果移至于實行上，而後又發表于一般。

在職業指導方面，設有專門部，從事研究，發行參考書籍，在主要都市則設有運動週，與其他方面協力從事學校畢業生之職業介紹。後與行政教育，實業各機關相連絡，設立職業指導所，首先在上海從事學校介紹，就職指導及職業介紹等事業。

教育之實施，因為資力缺乏，所以多與其他機關協力從事，或由其他機關代辦。在商工業教育方面，則自辦有中華職業學校，設有機器工科與機器製圖科；在商業方面則設有普通商科。此外尚有鈕釦、琺瑯、文書、簡易工藝科等。商工業方面，則委託江蘇省政府，設立南京女子職業講習所，設有織巾，織襪，刺繡等科。農業教育方面則在鎮江設立女子職業學校，設有養蠶及生絲兩科。鎮江女子職業學校，是由鎮江各界及教育社合力創設的。又，中華教育改進社，中華平民教育促進會等與東南大學相聯合，從事於農村生活之改良，十五年夏先從崑山附近着手。此外又在各地努力於女子職業教育之附設家庭園藝科，職業補習學校，工場中之補習教育之倡導，職工教育館之設立及職業教育之教師的養成等事業。

對於講演與調查，也加了不少的努力。實地調查，除交通不便的四川，陝西，甘肅，貴州，廣西而外，各省均有切實的調查；在國外方面，自歐美各國以至日本，暹羅，南洋各地，亦均加以實地調查。講演則與各地教育實業教育團體特約舉行，同時從事調查。講演有長期講演與無線電講演；調查有人民生活狀況調查，全國職業教育之調查，各地物價，工銀之調查等。

出版物方面則發行有宣傳品的定期刊物及供給研究之叢書定期刊物中有月刊週刊英文年報等叢書有工藝叢書平民職業小叢書職業教育叢刊及其他單行本十年之中各種出版物達二百五十餘種舉行展覽會以示職業教育之實地研究之成績全國展覽會每年三次地方展覽會每年四次有特種目的之展覽會每年三次此外在上海附近尚有巡迴式的展覽會。

爲與全國職業教育界發生連絡起見開中華職業學校聯合會又在中華教育改進社的大會的時候創設職業教育班並在全國教育聯合會之新學制系統的討論時提出職業教育之討論且曾受各省區教育行政機關的委託代爲樹立職業教育的計畫或陳述意見如河南江蘇安徽雲南山西綏遠等省區行政當局皆曾委託過該社的在江蘇則受實業教育聯合會之委託處理職業教育委員會之業務。

以下略述中國實業教育之現狀。

農業方面的教育因爲中國農業現狀不佳極爲不振但對於此種教育以各農科大學爲中心曾加以種種的努力南京之國立東南大學農科爲中國農業研究之中心該校設有昆虫試驗所稻麥棉類試驗場及蠶桑試驗場從事必要的研究努力於中國農事之改良該校曾採用將優良之棉種分配於農家的方法東南大學農科有教授及教員二十六人助教及職員七十八人有農場三千九百另四畝農場分布於江蘇湖北河南三省又代辦江蘇昆虫局擔任江蘇農業改良之推廣試驗場方面其最可注意者爲棉作各地分設

有棉花試驗場，南京有兩處，江浦，上海，鄭州，武昌，漢陽各一處。在改良農具方面，則改良中耕器，棉作播種器並努力於此種改良之傳播，又研究水車及小麥播種器之改良。肥料的研究，則從事肥料問題之調查。昆虫局分昆虫部與病害部。此外尚有牧畜試驗，大豆甜菜試驗，及園藝試驗等。

中華平民教育促進會，感到農業教育之必要，乃聘請國立東南大學教授商談結果，認為拯救農民有普及農業科學之必要，因是設立農業科學普及研究會，實施於保定附近之二十餘縣。此二十餘縣中，有平民學校學生三萬餘人，有着相當的勢力，他們想以此為改良農民生活之基礎，並向各省各鄉澈底從事農民生活狀況之調查，以資將來改良之參考。該會設農業科學模範場於定縣，關于他們的事業定有下列各種計畫。

一．研究農作物及家畜之耕種飼養法。

二．研究農作物及家畜之育種及選種。

三．改良農具。

四．農民之農場管理及種種經濟組織之改良。

五．農民衣食住之改良。

農事的改良，與工業原料之供給有着極大的關係。中國棉花之改良與栽培地之推廣，由多年努力的結果，逐漸奏效，米棉種植地域增加，棉花生產額增高，頗有益於中國棉業之發達。

其次在工業方面他們看到勞動者的大多數是無知識的，所以主張有施行補習教育之必要。十五年九月中華職業教育社組織淞滬工業補習教育委員會，提倡職業補習教育。於是職業補習教育自淞滬地方而漸普及於全國了。推行此種教育方法，是使職工中之十五至十七歲的人，每週至少須有數小時至市立工業補習學校受課。工業補習委員會，於適宜地點設立補習學校，並受淞滬各工場之委託，担任補習教育。

其他各省教育狀況如左：

雲南有昆明市立職業學校，對於女子職業教育也很注意，設有裁縫科，家事科，又由畢業生組織女子裁縫研究社，其所製物品，託商店代爲販賣。研究社的內部分裁縫，刺繡，挑花等四科。

河南開封之主要實業教育機關如左：

一、河南省立第一商業學校，學生一百三十八。

二、中州大學，文理兩科，學生三百八，設農業試驗場，預設農作，園藝，牧畜等部。工業部購置有發動機。

三、河南省立第一農業學校。

四、河南省立農業專門學校，有農林兩科，民國十一年時曾爲附近農民開米棉展覽會。

五、河南省立第一工業學校，設染織科，備有織布機，並設有染色工場。
六、河南第三工場學徒補習學校使學徒於工餘之暇學習織布及染法。
七、開封縣立第一職業學校，半日織布半日上課。
八、開封第一婦女草帽辮講習所。
九、教育實業講演團，職業教育之宣傳機關。

江西南昌之職業教育機關：

一、省立女子甲種職業學校，有美術科及蠶絲科，三年畢業，又有預科補習科。美術科以刺繡爲主。蠶絲科備有蠶室，桑園，製絲場等設備。
二、省立第二中學，分文理二科，教授土木與手工。
三、省立第一甲種工業學校，本科有應用化學科與機器科，並附設有土木科。應用化學科，講授肥皂，蠟燭，粉筆，牙粉，火柴等之製造；機器科製造碾米機，剪草機等。土木工科則從事材料測量。
四、省立第一中學，分文理兩科。
五、省立第一師範學校，三年級以上分英語科與蠶桑科。
六、區立第一高等小學，課外有印刷公司之組織，受二十餘種之印刷。

七、省立第一女子師範學校，除刺繡，裁縫而外，亦教家事及園藝等學。

八、私立女子平民學校附屬婦女職業科，除普通科學外有刺繡，編織，裁縫科等。

九、私立江西職業學校，只設有木工科。

浙江職業教育機關之主要者：

一、嘉善縣立乙種農業學校，實習地有稻作區，苗圃區，菜蔬區，普通作物區等。

二、嘉興縣立乙種商業學校。

三、杭州浙江省立甲種蠶業學校，儲桑室，養蠶室，製絲實習室，繅絲室，紡絲實習室，堆肥室，蠶具室，煮繭室，蒸汽消毒鍋等設備均齊全。畢業生分布於各省。

四、杭州浙江省立甲種農業學校，設有農科，林科及獸醫科。設備有博物實驗室，化學實驗室，夏季作物場，蠶室，温室，農林製造場，林舍，畜舍，獸醫實驗室。

五、杭州浙江省立甲種商業學校，以商業實踐爲主，作銀行實習，鑑識銀幣，及打字等實習。

六、杭州浙江省立女子蠶業講習所，除學理教授外，尚作春夏蠶之飼養，蠶體解剖，蠶種洗滌，蠶具整理，殺蛹，乾繭，製絲，製種等實習。

七、杭州浙江公立甲種女子職業學校，分機織科，刺繡科，附設有縫織工場，刺繡工場，染色工場等。

八、寧波縣立甲種工業學校，有金工土木二科，金工科有範工，鑄工，鍛工及製圖之實習；土木科有金工，測量，土木等工場的設備很完全。

九、寧波甲種商業學校，有打字，貨幣鑑定，記賬，製表，商品統計等實習。此外尙有銀行實習室，校外設一商店，販賣日用品。

十、餘饒縣立乙種農業學校，分農蠶兩科。

其他各省均與此略同。據中華職業教育社十四年度之報告，各省各種職業機關的總數，有一千零六十六種，較十三年度增加了十八種，較十二年增加了五百七十二種，較十一年增加了八百四十四種。由這看來，我們可以知道這種教育近年來有顯著的發達。

目前中國實業教育之不甚發達，是因爲中國時局混亂，使教育荒廢，而戰亂的結果產業不發達，因而不需要這方面的人才的原故。所以如果中國臨到產業發達的機運的時候，這種教育是會猛然進展的，這就目前的趨勢來看，也可看得出來。中國產業發達之一障礙，爲中國人缺乏技術，不過就國內之實業教育之勃興與海外留學生之傾向之變換看來，將來一有這種技術的需要，似乎是能充分的供給的。

D 挽回利權運動

清末，中國積弱不振，各國乘機攫得各種利權，伸其資本主義之巨手於中國各地；但日俄戰爭，給與中國以一大刺激及至革命爆發，歐戰突起，中國發生了反對帝國主義運動以後，收回權利運動更為激化。中國欲努力收回各國的權利，以求中國自身的資本主義之勃興。現在且從事實上由各方面加以探討。

阻礙了中國的產業之發達，抑制了中國的資本主義之勃興的，為協定關稅。所以廢止協定關稅，獲得關稅自主權，採取保護關稅政策，不僅是國民黨，而且也是很早以前的中國官民之一致的希望。這問題在巴黎和會時曾經提出，但無結果。後又在華盛頓會議時提出，但結果只得到五厘五毫的附加稅。一九二五年秋之特別關稅會議，雖然做到使各國承認關稅自主的原則的地步，然以時局關係，會議中止，未得結果；至國民政府成立後，乃分別與各國訂立新關稅條約，一九三〇年五月中日關稅協定亦告成立，於是中國完全恢復了關稅自主權。接着中國想收回各國之沿海及內河的航行權。中國沿海及內河之航行，大部為外國船所侵佔，所以中國欲將外人航行權收回，以使本國之航業發達，這種運動很早以前即已有過。中日通商條約之改訂，使此運動更具體化，日本方面主張互惠主義，要求雙方均開放沿海及內河，中國方面則採特許主義，只承認現存者，並以此為特許，隨時均得取消或收回。又對於航業上必要的人才之養成也頗盡力。

工場之設立，原來也是條約所允許的。但外人工場之設立，一方面雖然刺激了中國工業之振興，但另一方面卻也壓迫了中國人的工場，而妨害其發達，所以對於這也發生了收回權利的運動。左派的人們主張驅逐外人工場，因此在外人工場時常發生罷工的情事。在天津方面，發生了限制紡織工場之增設的運動，或將外人設立工場的區域限於狹隘的租界區域以內，或在排斥日貨時課日貨以重大之救國基金。在華之外人工場問題，將來或將更形困難。

在收回權利運動中，有着重大的性質的爲鐵路。清末一時借用外資修築了很多的鐵路。各國在華修築鐵路，同時即是在修路的地方劃闢了一種勢力圈，所以互相競爭，努力於鐵路利權之獲得。日俄戰後，發生了收回權利運動，企圖收回鐵路利權，所以鐵路權之獲得受了一種打擊。但到民國，在袁世凱時代，重又臨到了爭取鐵路利權時代，袁世凱爲完成其統一計畫及由修路得到巨款的關係，便與各國締結了不少的修築鐵路的契約。但適遇歐戰及戰後之中國收回利權運動，使這些契約都化爲一紙空文了。中國之收回鐵路利權運動，一方面收回了鐵路利權，一方面使修築鐵路的契約的內容發生了變化。起初所締結的契約，多以鐵路收入及財產爲擔保，與債權者以鐵路管理權，但以後的契約，對於各國漸漸減少了特殊權利由一種借款關係，變爲工事的約定形式了。這就滿州的日本鐵路利權的例子看來就有最初修築的吉長鐵路，爲滿鐵的委任經營，主要的職員均由滿鐵派遣，從事一切的經營，但後來修築的四洮鐵路，日本則僅派出會計監督及其他人員，不能完全獨自管理。再至洮昂鐵路，則僅派遣顧問，不干預實務，最後修成之吉敦路，則不過是一種包工的形式罷了。

歐戰以後美國挾其大量資本出現中國的時候，引起了鐵路共管的問題，英國也與以應和，一時將成爲事實但因中國反對而失敗。這時美國新財團的計畫也發表了，這種計畫大抵是以鐵路投資爲目的，與鐵路共管是相彷彿的。這種新財團，在列國雖已成立，但中國迄今未加承認。而且中國方面不僅是採取了這消極的態度，而且發動了積極的收回運動。山東鐵路之交還，雖然是因爲日本起先卽聲明願交還中國，但中國之收回運動，也很有力的促成這鐵路之交還。一九二五年特別關稅會議開會時，中國因增收用途問題，曾引用華盛頓九國條約第五條的規定，要求收回鐵路自主權並自定全國鐵路運費，作如下之宣言：

鐵路運費之規定，屬於國家之主權。中國政府欲謀鐵路運費均一之確立，並保全產業之發達。提倡商工業之發達，乃國家之責任，使國民享受利益爲世界各國公民之原則，亦中國政府素來所提倡之政策。中國鐵路國有及鐵路修築之擴大，均爲國民所希望者。查九國公約第五條規定有中國政府不得假手中國一切鐵路——不問其種類若何——以爲不平等之差別待遇；中國政府聲明有此項規定固不作任何不平等待遇，同時亦不欲利用此項規定爲中國人民之國內發達上的束縛。以後中國政府對於全國鐵路，繼續從前的政策，根據主權，自定鐵路運費，謀本國商工業之發達，一面求有貢獻於外國貿易之發展。中國政府尊重條約的精神，對於各國的旅客及貨物，不作任何不平等之待遇。恐有誤解，特此聲明。

但至最近，不但是對於借款鐵路，卽對於各國在中國所修之鐵路，亦欲收回。第一是德國修築之山東鐵路被收回了，對於中東鐵路，也有收回的趨勢。中國趁着俄國革命無暇東顧的好機會，將中東鐵路改歸中俄共同經營，又收回附屬於中東鐵路之警備，司法，教育，及松花江之航行權，電話權，及哈爾濱之自治權。對於滿洲鐵路，亦曾有收回的傾向，在滿鐵的兩側修築平行的鐵路，使滿鐵成爲廢路。又計畫葫蘆島築港，作爲此種平行線之出口。一方面又想用收回中東路之手段，先收回滿鐵沿線之日本駐兵權。

這樣中國一方面企圖收回既得權，一方面也作延長鐵路，新築鐵路的計畫了。孫中山的建國方略中的十萬里鐵路建築計畫，雖一時未能實現，但民國十一二年裁兵運動盛行時，曾以築路爲裁兵的善後辦法。在國民革命發動於南方的時候，爲連絡其後方起見，便急於粵漢路之完成，以迅速連結華北與華南。又各地的軍閥各從自己的要求，亦企圖鐵路之修築與延長，但因戰亂與缺乏資本的原故，都未能實現。只有東三省，向來因政局安定，略形富庶，所以修築鐵路亦最見成效，瀋海，吉海，打通，呼海等線，以純粹中國資本相繼修築成功，並又計畫着許多的新線。由這看來，中國本部方面，如政局一歸安定，則亦將從事鐵路之延長或修築的。

在說完了收回鐵路利權之後，還得略述鑛山利權之收回。中國富於天然之資源，藏有豐富的鑛物，所以各國早年卽垂涎此種富源，着手於中國鑛山權之獲得，其中尤以英美日活動最力。英國在中國鑛山界之活躍，爲時頗早，開灤煤礦在民國革命正紛亂的時候即攫於手中，近年來雖然收回開灤煤礦之聲浪甚高，但英國地位根深蒂固，不易動搖。在開灤煤礦之後，英國福公司又伸其巨手於山西獲得礦山採掘權及其附屬的鐵路修築權，但得寸進尺，又在河南獲得了同樣的權利。然而山西發生了猛烈的收回權利運動，福公司的利權也被收回了。這種收回權利的運動，在河南也有發生，擬收回河南之礦山權利，但福公司這回却善於應付，得以存在至今。歐戰以後，英國欲在各地獲得礦山權，大爲活動，可是英國福公司與熊希齡成立合辦公司，預備採掘新疆煤油時，新疆省議會竭力反對；不過終于得到農商部的允許，始告正式成立，但至今日仍未着手任何實際事業。

美國獲得了陝西的延長煤油之採掘權，但未從事開採，美國對於其他的中國礦山權之獲得，亦頗費心力，但無具體結果，所以也沒有收回美國礦山權的運動發生。

然而歐戰後的英美之熱烈的獲得礦山權運動，却引起了中國方面之收回權利運動。中國政府認爲鐵礦是一國工業上及國防上的重要的東西，所以决議鐵礦應歸國有。在山西方面，對於一切的外人均拒絕其取得礦山權利之要求。日本之長江沿岸鐵礦的採掘問題，也常發生障礙，如鳳凰山鐵礦雖取得了礦權，但全未着手開掘。自國民黨獲得政權後，各國之獲得礦山權全不可能，即如日本對於漢冶萍的利權，也發生中國政府要求管理漢冶萍的問題。

此外中國政府於日美發生無線電問題糾葛的時候，企圖收回無線電主權，最近則計畫海底電線之收回。

總觀中國之收回權利運動，其始是毫無何種主義與步驟，偶然發生於各地罷了，但至近年以來，因有國民黨之民族主義運動的勃興，對於從前之收回權利運動予以一定之方向與統一。

那末這種收回權利運動，在中國資本主義的發達上，有什麼影響呢？

中國的資本主義裏面，有各國的資本主義與中國自己的資本主義存在着，但最先發生的是各國的資本主義。各國資本主義，誘發了中國的資本主義，但到中國資本主義萌生出來的時候，便驅逐各國資本主義取而代之。這也許是自然的傾向，但我還得將資本家與政府之收回權利運動，加以若干之另一觀察。例如鐵路，如果以純粹的中國資本修築，則資本缺乏的中國，是必須經過長久的年月始能完成的。如用外國資本，則在較短的時日內，鐵道網即能發達，而促進中國之產業的開發，且使資本主義之成長加速。內河沿岸航行權之收回運動，也是同樣的。

第三節　資本家勢力之勃興

最近的資本家勢力之勃興，在資本主義的發達上，有着極大的貢獻。資本家的勢力，完成了下列的各種任務：

一、抑壓反資本主義的勢力。

二、排除資本主義發達之障礙並保護促進資本主義的發達。

爲要達到這種目的，資本家或用其團體的力量，或與政府相提攜，從內面運用其力量。實際上海等大都市的資本家的勢力，最近頗爲發展，他們與政府有密切的關係。如南京政府與浙江財閥的關係，便是其顯著的例子。

資本家排斥社會主義不必說了，同時還排除資本主義發達上的各種障礙。在中國成爲資本主義發達之障礙的，主要的爲政治的原因。而政治原因亦多由軍隊所引起，大抵爲下列四點：

一、戰爭

二、交通之阻礙

三、苛征暴斂

四、厘金

戰爭能與經濟以壞的影響，是不待言的，戰事一經開始，各地交通就斷絕，商品的運輸停頓，工場的原料與燃料斷絕來源，金融滯礙，予商工業者以嚴重之打擊。所以商工業團體盡力避免戰爭，一見形勢不佳，即奔走和平，如戰爭已發，則亦設法使其早日結束。各地方為使其都市不為戰場起見，常給金錢與軍隊，使其離開都市他去。

阻礙交通的也多半是軍隊。因為軍事上的關係，軍隊常佔領交通機關，或徵發交通用具。土匪之阻礙交通也是時有發生的。工商團體對於這個問題，常向政府活動，要求保障其安全與自由。

苛征暴斂是最使資本家苦惱的，每設一新稅或增加稅率的時候，與這有關係的工商業者，即以其團體的力量猛烈反對，有時竟至有全市罷工的事情發生。目前工商團體的組織，已遍及全國，勢力很大，如有全國的問題發生，即全國互相呼應而起，如有一省的問題發生，則全省的工商團體互相團結以應事變，於是到處發動取消苛捐雜稅運動，結果新稅有不少被取消或未見實行即行中止的。這種工商團體之中，竟也有自具武力以反對苛征暴斂的。廣東的商團軍，是其顯著的例子，兵力有數萬，由外國購買各種武器，以反抗當時政府，終至釀成巷戰，雖終歸失敗，但商工團體之做到自備武力的這一點，却是很可注意的。目前商工團體之拒絕苛稅運動，仍不斷的到處發生。他們不但反對苛稅，而且反對軍閥所發行之不兌現的紙幣，軍用票及公債，防制其毒害，使損害不致擴大。他們對於軍費又要求加以限制，在裁兵運動中又曾成為中堅的勢力而從事活動。

其次，厘金是怎樣的妨礙了中國商工業的發達，簡直是不待說明也可知道的。厘金之存在使中國的經濟限於各地自給自足的狀態，生產品多半只調節本縣或隣縣的需要。為資本主義之發達計，有剪除此種障礙溝通國內的銷路的必要。所以廢止厘金，一面有外人唱導，而中國的商工團體的運動也漸猛烈。在一九二五年特別關稅會議時，工商團體力求廢止厘金與關稅自主同時實行，其後又作種種廢止厘金運動，終使國民政府於一九三〇年十月十日採用國定稅率的時候，雖是形式的，也發了廢止厘金的命令。

以上所述，為排除資本主義發達之障礙的運動，後來對於資本主義發達之保護與促進，也作了種種的運動。例如對於關稅自主權之獲得，與政府以有力之後援，使政府採取保護國產政策，抑制無產運動，確保資本家之地位，使私有財產制度之基礎確立，對於國民黨根據三民主義中之民生主義的節制資本的政策，即主要產業歸國家經營的政策，也加以反對，終至使這種政策於不知不覺之間放棄了。

資本家勢力漸漸增大，為不可否認的事實，其原因似為下列各點：

第一現在中國教育不普及，國民的大部份都無學識，所以政府在做些什麼，他們全不知道。除智識階級而外，只有商人階級識字；在地方的縣城裏，能看報紙的也只有縣裏的職員與商會中的人們。所以商會自然而然的成為民衆運動的代表，在地方上從內面左右縣裏的政治。而且他們因為集合於一地，所以易於團結，而其資力雄厚，因而力量也大。

第二、因交通通信之發達，商工團體的組織擴大，成為全國的組織，所以他們的勢力增加得非常之大。

商工團體的代表機關之商會，也組織全國商會聯合會，召開全國大會，以增進其利益；金融業者所組織之銀行公會，也有全國的組織，時時開全國大會。這類的團體之間，又取協同的動作。於是一地發生的問題，全國卽相應而起。所以資本家團體的勢力較以前顯然的增大，乃是當然的。

第三，是資本家自身長大了。在交通不便未與外國通商以前，中國無所謂資本家，但到與外國發生貿易，交通發達，國內市場擴大的時候，漸漸的出現了大資本家了。尤其是在長江一帶，資本主義以上海爲中心而發達起來。在資本主義之發達上，國貨之提倡與獎勵，也與以不少的助力。於是隨着資本家自身之長大，由中國社會之特色的鄉土團結而生之同鄉資本家之團結，也發生起來，其勢力更見增大了。這些資本閥之最大者，爲浙江財閥，其他尙有廣東財閥，江蘇財閥，上海財閥等，他們正如一個太陽系似的，以浙江財閥爲中心，形成一大財閥，造成一種可稱爲『中國資本閥』的團體。雖然各個的力量很弱，但其結成的資本團的勢力常有很大的。

中國資本家的勢力，因上述的原因逐漸增大，終至推動政府，開闢了向資本主義找去的道路。

第三章　阻礙資本主義發達之主要原因

第一節　官僚軍閥及舊制度之殘留

A　官僚軍閥階級的影響

官僚軍閥階級之妨礙了中國產業的發達，已如上所述，而這種官僚軍閥階級，至民國以後却又改換了一幅形相。他們是經過了數千年的發達而來的所以入了民國一時也不易急速的消去。他們依其多年的經驗，有着適應環境的變通性。軍閥與官僚是屬於同一階級的，在戰亂期間，產了軍閥，軍閥得勢，官僚階級便環繞其周圍，及戰亂終止到了和平期間，軍閥便退隱，而官僚握取實權。

這裏必須說一說這種軍閥官僚階級是怎樣地妨礙着資本主義之發達。其主要的妨害爲：

一、苛征暴歛，使資本不易集中。

二、軍閥官僚想獨佔主要的生產機關。

官僚軍閥之剝削人民，本來自昔就是如此的，但在清亡以後以至今日的混亂期間，却更爲厲害，不但如此，而且還有着與從前不同的特色。

1. 在混亂期間剝削更甚的原因，大抵有三種。一因稅制紊亂，稅率不斷的變更，濫設新稅，所以官吏有着乘隙爲非作歹的許多機會。因此古來是很忌變更稅率的。毒害更深的，是正稅之外又有附捐雜稅，中國人向來就怕這種捐稅比怕猛虎還厲害。這雜捐往往高出正稅數倍以上。一因朝廷或中央政府紀綱弛廢之故；蓋財政爲一國之命脈，所以從前朝廷對於財政，設立嚴格的規定，以防官吏之舞弊，但至混亂期內，朝廷與中央政府之抑制失去效力，於是地方官吏或軍隊乘機胡鬧了。一因混亂期間軍閥官僚地位動搖之故；蓋在太平的時候，他們的地位很穩固，所以不作無理之苛求，但到混亂的時候，他們的地位不穩，就想在短時間內發一筆大財，于是向人民苛征暴斂，使人民痛苦不堪。

2. 以上所述，是在混亂時期隨時發現的現象，但至現在情形則略有不同。例如，試將舊軍閥與新軍閥之榨取一加比較，就有顯然的不同。舊軍閥雖也作過分的榨取，但其方法極鬆散，貧苦的小民不致受累，只榨取有錢者，如果被剝削者訴苦，則有時與以寬容或變通辦法；然而新軍閥可不同了，他們的方法是有組織的，網眼很細，小魚亦難幸免，且毫無通融辦法，如有反對者，則加以反革命之罪，處以酷刑，因而人民愈趨貧苦了。新軍閥新官僚之榨取方法，約有下述數種：

A 濫發不兌現紙票或軍用票，或濫造輕量惡質之銅幣，用以吸收正貨，或購買人民之物品，此爲最簡便而有效的榨取方法。所以各地的軍閥各有其省銀行，大軍閥各有其自己的銀行。他們以此爲發行不兌現紙幣之機關，隨其勢力範圍之擴大，在各處設立分行，擴大其榨取範圍。奉天票濫發的結果，使銀價暴跌，擾亂了滿洲之金融界，使中外人受了極大的苦痛，這是明顯的事實。又軍閥濫發惡質輕量銅幣，以此爲獲得軍費之手段，其結果，市面銀元一元值銅幣四百枚，因而顯著地使以銅元爲工資之下層人民的生活受着壓迫。

B　濫發公債，藉公債之名，向人民強徵金錢。他們先估量資產者的財產，然後，按其資產之多寡，強迫售與公債，所以這是一種橫暴行爲。這種公債是沒有價值的，北京政府時代之無息普通國庫劵的市價，現在等於零，有息庫劵之市價，則爲原數之一·二成，特種國庫劵則爲四·五成。

C　各種新稅及附加稅之征收。財政窮乏至極的時候，一切零細的財源也不放過，政府常在原有的租稅上又課以種種的附加稅，於是稅目顯著地增加，其中居然有所謂房捐之類的奇稅。北伐最後的一年中，北方所設的新稅，達二三十種。於是苛征暴斂，無微不至了。

因爲上述的關係，資本便逐漸集中於軍閥官僚之手，商工業者日趨貧困，使資本不能集中，阻礙了資本主義之發達。

在資本主義的發達上，生產機關之私有，是很必要的，而軍閥官僚却牢握着這種有利的機關。他們佔有廣大的土地，領有工業原料的鑛山，佔據交通機關，並且也伸其勢力於金融機關與工場方面。因此之故，與軍閥官僚沒有關係的一般商工業者便得不到沾潤這種利益的機會。像各國那樣的資本主義的發達顯然地受了阻害。

B 舊制度之殘留

講到足以阻礙中國資本主義之發達的主要的舊制度，我們必須舉出厘金及防穀令來。防穀令不但對於外國存在着，就在各省之間也仍存在，一省的農產物不能自由輸出，因而省內所生之過剩生產，徒使農產物的價格低落，而妨害生產之發達。生產物既不能流通全國，所以也就不能作大規模的投機與購買。這種制度之利弊姑不置論，它的存在却是足以妨害資本主義之發達的。

厘金妨礙國內貨物之流通，阻礙中國國內生產之發達，更不待言。厘金之設，爲時尚不久，是咸豐初年長髮賊作亂時，軍費大增，爲補充軍費而想出的一種辦法。清之太常寺卿雷以誠駐軍揚州的時候，於一八五三年（咸豐三年）在運河的要點仙女鎮開始徵收的。雷以誠使仙廟的各米商每一石米繳納稅金五十文，一升繳納半文。因其成績甚好，於是各地都模仿採用，對於通過各處的貨物均抽百分之一的稅作爲軍費。於是咸豐五年的時候，江西省的厘金局達六十五處，湖南省則有四百八十五個之多，不久全國都設有厘金局，並且任用局員，採取包辦制度，榨取商人因此更甚，所以在咸豐十一年的時候，已有取締厘金的上諭，然而厘金却仍漸次增加，它的弊害也便大了。到了後來，厘金的名目有種種，有冠以統捐之名的，有命以產銷捐之名的，大體上南方多，北方少。北方以陸運爲主，所以厘金局設立不多，南部及中部，多利用水運以運輸，所以稅局的數目也就多了。例如江蘇省本局及分局合共竟達四百二十六個之多。據人統計，運河沿岸平均每三十里卽設有一局。一切的貨物，在通過這些厘金局的時候，便受檢查或扣留，徵以稅款。全國的厘金局的數目，因爲沒有正確的調查，所以無從知道，據說一切屬於厘金局之類的稅卡，全國有一萬二千餘個。稅率起初是百分之一，但到後來則增至百分之二、三，或百分之五，甚至達百分之一二・五。全國厘金的收入，也無從知其正確的數目，在裁撤前幾年大體爲五六千萬元左右，這都做了地方軍閥的軍費。

以上大體的說明了厘金，這裏還得一述厘金所給與產業方面的弊害。

一、受厘金之毒害的，似乎只是中國人，實則不然，外人在輸入貨物的時候，只要繳納子口半稅，就可隨意輸運貨物，中國人却沒有這種特權，於是便有利用外人名義以求漏稅的。因此稅局的檢查嚴厲起來，以致發生商品破損或停滯的弊端。其後對於外人貨物也有課以重稅者，在對外貿易上引起許多的障礙。

二、但受厘金之害最大的，爲中國商人，所以中國之產業發達受了極大妨害。像上面所說的，全國遍處都有厘金局，卽在一省之中也有幾百個，所以貨物通過一省，有時也要納五六回稅，甚至幾十回稅，這樣，將貨物運到遠處去，所納的稅就更多，合共起來的稅率就很可觀了。因此地方的生產品不能與外國貨及他省的貨物競爭，生產品不能運出，銷路被限制在狹小的範圍以內，原料與燃料又不易集合攏來，于是國內的產業不能發展，工商業依然是從前的狀態，且有爲外人勢力所壓倒的趨勢。

因爲有了這種厘金的弊害，所以厘金的廢止早爲華人與外人所注意的問題。在一九〇二年之中英條約與一九〇三之中美條約中，遂有裁厘加稅的規定了。在一九二五年的特別關稅會議的時候，中國工商業者，發起了猛烈的廢止厘金的運動，各國也以廢止厘金爲關稅自主的交換條件。其後又有中國實業界之厘金廢止運動。至一九三一年一月一日實行國定稅率時，厘金才被廢止了。然而雖然下了廢止厘金的命令，却仍難于實行，這就因爲在廢止厘金上有着下述的種種障礙：

一、中國尚不統一，中央政府的命令不能到達各省，除中央隣近的數省而外，即欲求形式的實行，也很困難。

二、廢止厘金，對於政府與商民雖很有利，但對於各省的稅吏及以厘金爲主要財源的軍閥却是極爲不利的，所以他們不肯輕易的放棄。

三、各地軍閥與官吏不願廢止厘金的結果，裁厘就只有表面，而不能名實相符。厘金的名目雖然取消，但只更改了一個名稱，它的實質依然存在。現在厘金有着統稅產銷稅等種種的名稱，此外還有與厘金名異而實質相同的許多的稅捐。例如常關稅，生產消費稅，落地稅，沿海貿易稅等。這種種的稅如不撤銷，則裁厘的目的就不算是完全達到。所以只是取消厘金的名目是沒有什麼好處的，厘金不但改換了面貌存在，而且還創設代替厘金的新稅，反增加人民的負擔。

四、厘金是各省除了田賦以外之最大的財源，所以廢止厘金，在目前窮困的各省的現狀之下，是很困難的。因此如果中央沒有什麼補助的方法，地方就難放棄厘金。現在政府對於主要的商品想課以特別消費稅，以代替厘金，但如果行之不善，便易陷於厘金未廢而新添了特別消費稅的結果。

因為有如上所述的障礙，所以厘金之澈底的廢止，是很困難的。厘金與交通的不便，同樣的妨害了中國的資本主義。

第二節　由戰亂所生的阻礙

最近為產業不發達之原因的，主為戰亂的結果。因為戰爭的關係，各省的財政固不待言，即中央的財政，也都用作軍費。建設的用費及軍費，均向商工業者榨取，所以產業便衰微不振。此外如因受戰爭影響之交通的不發達，與交通的破壞，均為中國產業不發達之主因。由軍閥濫發紙幣而生的金融界之混亂，以及資本之由外國銀行保管等，其影響於各方面是很大的。以下關於這些方面，略加敘述。

A　交通的阻礙與不發達

中國鐵路之發達，促進了中國產業之發達，這已如前所述了。但自中國之統一破壞，走進了混亂的時期以後，因爲沒有鞏固的中央政府所以不能與外國發生關係，而中國自己又沒有修築鐵路的餘裕，所以將要完成的交通網的構成也告中止了。歐戰開始以後，新築的鐵路沒有一條，只有平綏綫略加延長，隴海綫由徐州延長至東面海州，西面伸至潼關而已。不過滿洲却是例外。自清朝一直到民國以後在袁世凱時代以前，滿洲在大體上是比較安靜的，所以鐵道也在中央政府的管理之下，鐵路的修築頗爲注意，而其營業的狀況也很好。但到段派執政的末期，臨到了一個大軍閥的爭霸時代，他們佔據了各鐵路，造成了各各的勢力圈。例如直隸派佔據京漢綫，奉天派佔據津浦綫等等即其一例。軍閥蟠據鐵路的結果，軍人多充鐵路的職員，冗員增加，徒增經費，而鐵路之純益減少。其次他們在鐵道收入中劃出軍用費來，使政府收入減少，不能償還鐵路借款。尤其是在戰爭發生的時候，各軍閥即將附近鐵路的車輛全部扣留，作軍事之用，使鐵道輸運停止，即在戰事結束時局告一段落以後，各軍閥也頑固地不肯放還車輛。所以短則數月長則半年，鐵路的運輸完全斷絕，商工業亦因之而不振了。但繼一九二五年之奉直戰後，國民革命軍之北伐開始，戰爭延長很久，鐵路交通陷於長期的停頓狀態，而各鐵路均非政府所有，爲各軍閥所分割佔有了。北伐後，在現狀尚未恢復的時候，發生了反蔣運動，國內時常有戰事，所以鐵路的狀態依然不能改善，在國民政府管理之下的鐵路只有京滬，滬杭甬等二三鐵路。軍閥將車輛扣爲軍用的結果，各鐵路之車輛集中於某一鐵路，以致有某一鐵路的車輛過多而某一鐵路的車輛過少的現象。並且鐵路的車輛混淆，有時一列車之中，竟有五六個不同的鐵路的車輛連在一起的。軍閥佔有各地的鐵路的結果，往往一條鐵路因軍閥勢力範圍之區分劃爲若干分斷，列車只能行動於一軍閥的勢力範圍以內，因爲如果走進了別的軍閥的勢力圈內就會被其沒收的。因爲這個關係，列車通行全線的期間是很短的。又鐵路因受軍閥之蹂躪，其結果，車廂多破損不能適用，貨車則因磨壞了車軸，也不能使用，客車則被軍隊曳出車軌之外，當作宿舍用，或在車頂上開一個洞安上烟筒。鐵路購買材料的欠款，一向就沒有付過，所以這些購買材料的欠款變成借款的形式，達到很大的數目，至今便無人願供給材料了。因此枕木壞了也不能更換，鐵橋的保險年限滿了也不能重建，于是中國的鐵路運輸力便顯著的減少。又因車輛大部被徵爲軍用，所以運輸貨物的貨車就很少，商人想得到一個貨車也得使用大批的運動費。京綏綫方面有時在一年以前定車運貨，結果只有一部貨物運到，所以鐵道幾乎等於無用了。下表是表示戰爭破壞車輛的情形（一九二七年調查）

鐵路名稱	總數與損壞數	客車	貨車	機車
平漢	總數	二二三	三、九七七	二二九
	破損數	四二	一九七	四二
平綏	總數	一四五	一、五三七	一二三
	破損數	二一	二〇二	六四
津浦	總數	二五四	六八六	一三六

	破損數	五四	三一五	四八
膠濟	總數	二〇八	一、六七四	一〇八
	破損數	六六	一六八	二四
北寧	總數	三三三	四、一〇六	二二四
	破損數	四一	四三四	三七
共計：	總數	一、一六三	一一、九七七	八一九
	破損數	二二四	一、三一七	二一五

一九二八年六月奉軍敗退時，帶去了平綏線的客車百七十輛，貨車約千輛，機車八十輛，結果平綏線只剩客車十一輛，貨車五百十輛，機車破損的三十二輛，可以使用的十二輛而已。津浦線方面，據說破損與被帶走的有客車三百十五輛，貨車一千〇八十五輛，機車八十三輛。

茲將前數年的三個月中之各路貨車使用狀況作表如次，以見鐵路車輛之大部均為軍隊所用之情形。

鐵路名	月別	現有車輛總數	營業車輛	軍用車輛	公用車輛	準備車
平漢	三月	八六四	一〇	二六四	四七	三六三
	五月	一、六三六	一四一	二一九	一七一	一〇五

	六月	一、五三一	三六	八九一	九三	五一一
平綏	三月	一、六四三	九七	四四五	一一五	九八八
	五月	一、七九八	八七	三一二	一二六	一、二七三
	六月	一、八一二	二八	四三三	七〇	一、二八一
北寧	三月	二、四二〇	一、四三七	六七三	八〇	二三〇
	五月	二、九五四	一、九六九	六二二	八八	二七四
	六月	三、〇三二	一、七九六	九〇八	八五	二四三
津浦	三月	九一三	五六	三二六	七五	四五六
	五月	八三四	一一六	四三四	四八	三二七
	六月	九六九	一七	六一五	七〇	二六七
膠濟	三月	一、七六六	二八四	一〇一	一〇二	一、二七九
	五月	一、五六九	二九一	七二	八〇	一、一二六
	六月	一、六八三	二三〇	三五〇	七一	—
合計	三月	七、六〇六	一、八八四	一、八〇九	四一九	三、三一六
	五月	八、七九一	二、六〇四	一、五六九	五一三	三、一〇五
	六月	九、〇二七	二、一〇七	三、一九七	三八九	二、三〇二

所謂準備車，即軍事上之預備車，應歸入軍事車中的。我們可以知道除北寧綫外，鐵路的車輛大部份是爲軍隊所用，只有一小部是爲營業所使用的。由上表看來，我們也可知道各路的車輛增減無常，並隨意的使用各路的車輛。

下表表明前數年各路車輛的混淆狀態：

鐵路名	車輛種類	原有車數	本鐵路現有數	本鐵路車輛之在他鐵路上者	其他鐵路車輛之在本路者
平漢	客車	三二〇	七五	六五	五
	貨車	三、九一九	三三三	二、六一二	四九五
	機車	三二九	四四	不詳	不詳
北寧	客車	三六四	一八八	一七六	三四
	貨車	四、四一二	一、六五三	二、七五九	一、六一八
	機車	三三六	一八四	五二	一八
平綏	客車	一四五	八七	不詳	不詳
	貨車	一、五四一	七一六	八二五	五七九
	機車	一三一	不詳	不詳	三八
津浦	客車	三一五	七二	一〇〇	三四

貨車	二、〇八八	三二一	一、五三九	六二三
機車	一三一	不詳	不詳	不詳

鐵道車輛的混淆狀況可見於上表，鐵道的收入也為各地的軍閥所攫去，用作軍費，他們為增加自己的收入起見，提高運費，同時附屬於鐵路的課稅也增高了許多。下表為新舊運費之比較：

鐵路名	區間	舊時一噸之運費（一九一一年）	現時一噸之運費（一九三二年）
		元	元
北寧	唐山至北平	二・三九九〇	三・四七八六
平綏	門頭溝至北平	〇・四六四一	三・八三九二
平漢	周口店至北平	一・二四九八	二・六九〇〇
津浦	天津至濟南	三・七五〇〇	五・八七九〇
膠濟	濟南至天津	五・六一九二	一二・四八三〇

為表明軍閥之有力的榨取手段的鐵路附加稅是怎樣的在增大着起見，這裏且將運費與附加稅作表如次：

鐵路名	品種	附加稅與運費之比例
平綏	食糧類	一二七%

平綏頭門溝支線	煤炭	五一〇
津浦	煤炭	四〇
同	糧食及棉花	四〇
膠濟	煤炭	七〇
同	棉絲	一七六

鐵路運費增高與鐵路運輸力減少的結果，從前由內地用火車運出的貨物，後來用民船與土車運送了。現在運到天津去的山西的煤炭，多用駱駝載運。從前許多由鐵路運輸的貨物，現在都不用鐵路輸送了。

最近出入天津的貨物之運輸器具類別表

年次	鐵路	民船	大馬車
一九三二	二五%	七〇%	五%
一九三三	三一	六六	三

於是各國所設之中國鐵路，也漸漸的爲軍閥所荒廢了。其結果，中國的通商口岸也呈現了衰頽的現象。因爲通商口岸的發達，本以其背後的鐵路的修築爲淵源的。例如天津，因爲鐵路之修築，其商業勢力範圍，由河北山西遠及河南北部，陝西甘肅之一部，內外蒙古，東三省西部，爲華北的商工業之中心，資本主義

在此有發達之趨勢；但自鐵道失修以後，其商業勢力範圍便縮小起來，以河北為中心不過到達其隣省之一部。正要發達起來的天津的工商業於是卽呈頓挫的狀態。只有像上海那樣輪船在交通上所佔之地位，較火車更為重要的地方，其所受的打擊是比較少的。

以上所述，為鐵路交通所受之妨礙。輪船交通也同樣的受了戰亂的影響，不過這方面因為外國的船居多，所以所受的影響並沒有鐵路所受的影響大。航業所受的戰亂的打擊，最大的要算是船舶的徵發，這使航業蒙受了重大之損失。受影響最大的為自十五年起至國民革命軍之北伐以後。在從前軍閥時代，不待言也常徵發輪船的，那顯著的例子便是一九二二年的第二次奉直戰爭。在這次戰爭的時候，直軍強徵政記公司輪船十餘隻，飭其運兵至山海關前線，但山海關戰役，直軍大敗，敗退的時候，兵士紛紛登船，由大沽逃往山東。輪船被其蹂躪不堪，受害極烈。

十三年的江浙戰後，揚子江方面砲聲不絕，招商局在三次戰爭中所受之損失，據說有六七百萬元。損失最重的為北伐的時候。十五年八月二十二日孫傳芳徵發招商局輪船，運送軍隊，當時所徵之船尚只十二隻，及至五省聯軍總動員的時候，該局長江方面的輪船悉被徵發，以致長江航路停止航行了。沿海航路的輪船也被徵發，卒致中止航行，到了十六年，孫軍逃往揚子江以北，大部份的輪船雖漸次歸還，但不久寧漢兩政府分裂，雙方都扣留上下游的船艘，使該局之輪船不能行動，因為輪船如果上航，即為武漢政府所扣：如果下航，就爲南京政府所扣，雙方的政府禁止了輪船的上下航行，所以中國的輪船停止航行了。

外國的輪船，在中國輪船停止航行的時候，仍能繼續航行。長江航路中國輪船被扣留的數目，各公司共有三十餘隻，在沿海航路方面的輪船也受了影響。當國民革命軍與奉天派對立的時候，由上海到華北的輪船因恐爲奉天方面扣留，總是等到了一隻船回來以後，才再開一隻去。華南的航路也有種種的障礙。一九二七年五月份沿海中國輪船狀況如左表：

航路	所屬中國船數	現行之中國船
華北	一四	一
青島	三	無
華南	一四	一
通海	七	無

招商局在長江方面的航業，在十五年八月至十六年七月約一年之中，因輪船多被扣留，完全停頓，其所受之損害，據說至少有四五百萬元。到後來北伐的時候，輪船仍被徵發，而且這還不夠，又徵發沿海航路上的船隻。招商局以外之輪船，也受了同樣的損害。一九二五年五卅事件以後，上海設立了許多新的輪船公司，其數目達十四家，從事華北，華南及長江之航行輪船亦有四十餘隻，但受一九二六年之北伐的影響，

受了極大之打擊，第二年五六月間，倒閉了十數家了。戰爭所與中國航業的打擊，也可說是很重大的。北伐完了以後，一時航業雖曾復活，但後來又不斷的有戰事發生，輪船常被徵發，受有種種障礙，不能發達。

戰亂的毒害，不但危害了輪船，對於內地各民船航路也與以痛切的打擊。如上所述，軍閥佔據鐵路，運輸陷於停頓狀態，商人便不得已而由河道運輸貨物了，於是軍閥便又在沿河的地方設立許多稅局，敲搾商人。據說一隻木炭船由廣東北江某處運炭到廣州去，途中要收五十三回的稅，合共稅金二百數十元。這樣的例子此外也很多。由此看來也可知道軍閥是怎樣的苛征暴斂的。又如現銀的運送，途中受軍隊的檢查，被其沒收，使兩地金融不能周轉，於是河川的交通也陷於衰敗不振了。

除軍隊之外，爲河川交通之障礙的，爲由戰亂而產生之副產物的土匪。土匪佔據河川的要道，掠奪通行的船艘，所以河川交通也受了不少的障害。中國的土匪，有很多的種類，有打家刼舍的，也有攔路強掠的。尤其是長江上流的地方，常有成千成萬的土匪蟠據在各處，不僅刼掠來往的民船，有時也強刼輪船。又一遇戰事發生，交通便告斷絕，徵發民船，船艘均爲軍隊所取去。

陸路交通與水路交通，同樣的受了軍隊與土匪的妨害。陸路方面也與水路方面同樣，設立有許多的稅局，戰爭一旦開始，不僅交通斷絕，而且徵收陸路上所運輸之材料，這方面的影響也是很大的。土匪妨害交通也是常有的事。土匪多居在爲軍隊所看不到的深山裏，所以往往由這省運往那一省去的貨物就受他們的阻礙，甚至完全斷絕。

在通信方面，戰爭的毒害也是很酷烈的。尤其是有線電報所受的損害更大。軍隊將交通收入用作軍費，因而電線之修理與擴張無款舉辦，而且軍隊不斷的作電報戰，電報多爲軍隊所使用，普通商用電報就很遲滯，有時甚至不通。

中國的資本主義之發達，以交通通信之發達爲先決條件。隨着交通網的發達，中國的產業也逐漸發達起來，但交通網爲軍隊所摧殘，後產業的發達也陷於停頓狀態。

B 金融方面的影響

金融方面所受之戰亂的影響，遍及於各方面。戰爭之直接影響，便是戰爭一經開始，軍隊將現金集中，使金融梗滯，商工業者，不易獲得資金的這一點。戰爭爲軍隊之一種搜括的機會，所以不論戰爭之勝敗如何，每有戰爭，商工業者即受損失，而軍閥總是滿載而歸。這就因爲在戰爭期間或在戰爭的前後，軍隊以種種方法向人民榨取的原故。所以戰爭愈多，人民便愈趨貧困，軍閥便愈見肥飽，這正如在一個資本主義的國家裏，小資本家滅沒而漸爲大資本家所合併是同樣的。這樣，資本不斷的從民間流出，於是民間資本家之發達，就難乎其難了。

其次爲上面所說的軍隊爲供軍費之用濫發了不兌現的紙幣及軍用票等，擾亂金融市場。濫發不兌現的紙幣，為軍隊調度軍費之最簡便的方法，在軍閥之間這種方法很普遍的使用着。這種紙幣起初人民不肯收受，於是他們便拿來發軍餉。兵士拿着十元的紙幣，購買價値一角上下的貨物，要商家找回九元九角的普通的流通貨幣。商家如不照付，他們便向之行兇。這種紙幣流通了一兩年之後，發行這紙幣的軍閥坍臺，另一軍閥繼起，於是前軍閥所發行的紙幣一律作廢。新軍閥再來發行同樣的紙幣。這樣商人便永難翻身。中國之不能產生大資本家，這裏有着一個原因。

中國的戰亂與金融機關之不齊備，遂使中國人之資本為外國銀行所吸收了。中國的資本，如前所述，均在軍閥之手，軍閥因為戰亂的關係地位不甚穩固，如將其產業孝於華商銀行，一旦失敗，即有被人沒收的危險，所以便悉數存入租界內之外國銀行。因此華商銀行常苦於資本之困難，而外國銀行則擁有巨資，使中國資本主義之發達受了障礙。清朝沒落的時候，前清的皇族重臣，都將其財產存入外國銀行，後來銀行不肯收受，竟至繳納保管費要求存儲了。中國的戰亂，使中國陷於財政困難之中。

C　軍費與建設費

戰亂的結果，使中國全部的收入，完全移作軍費，所以補助產業發達的經費，幾乎完全沒有。翻開民國以後的中國財政史來看，除了軍費的籌畫外，可以說是什麼也沒有。袁世凱因為收入不足，借了約四萬萬元的借款，其中大部份是用作軍費的。段派握得北京政府的實權後，企圖討伐南方，這時中國臨到了大軍閥的爭霸時代，於是把收入的大部份用作軍費，但還不夠，又借了約兩萬萬左右的借款，這批借款的大部份，也是用作軍費的。其後將全部的收入充軍費之用，然猶不足，又想種種方法籌畫軍費。到了國民政府的時代，黨費行政費每月雖不過數百萬元，但因軍費的不足，不得不在兩年之中借了約四萬萬元的借款，而這還不夠支配，常有欠餉的紛擾發生。各省的財政狀態也是同樣。一九一八年各省的軍費佔全支出的十分之六，一九二一年則有些省分軍費竟佔全支出的十分之七八，再至一九二四年以後，各省軍費竟達經常收入之一倍半至兩倍以上了。因此除出軍費以外，其他的經費便無暇顧及。中國產業發達上所必要的鐵路之修築，航業鑛山的採掘，農事的改良，金融機關之設備以及教育方面之經費，都無着落。其結果，國民政府的建設計畫雖很完善，然其實行却很困難。

第三節　反資本主義運動

近年來所發生的妨害資本主義之發達的障礙，爲反資本主義運動之發生。這種運動，大體爲中國共產黨所主持。反資本主義運動，取着兩個形式，一爲對內的，一爲對外的。這因爲中國的資本主義有着兩種的原故，一爲中國資本主義，一爲外國資本主義；所以反資本主義運動之採取兩個方向，是極自然的。這裏且從兩方面來看看這種運動罷。

第一是對內方面的運動。這種運動揭出打倒軍閥的招牌，是很有理由的。我們已經說過，中國的一般民衆，受軍閥官僚的搾取，此外便沒有什麽資本家；許多的工場，鑛山，銀行等，都是由軍閥官僚出資創辦的。他們又佔有鐵路。這樣，中國的軍閥是兵權政權的所有者，同時也是資本家。所以打倒軍閥，可以達到民主主義革命的目的，同時也可達到打倒資本主義的目的。不過單是這樣，好像只是軍閥官僚資本主義消滅，另又發生眞正的資本主義，爲資本主義開闢前路似的。於是共產黨爲防止後日的資本主義的發達起見，極力從事無產階級之組織。他們組織農民協會，工會，商民協會，以及學生會，婦女協會等。共產黨努力於農民與勞動者的政權之確立。於是由工會的領導，各處發生同盟罷工的事件，協會的組織也擴大起來，然而中國的產業還未發達，工業多爲手工業，保持着徒弟制度，新式工場不多，所以能夠組織的勞動者的總數不過四萬萬八之中的一百萬八，加之對方的營壘中，各國資本主義巍然地存在着，有着軍艦與軍隊爲其護衛，所以共產黨終不能突破其戰線而反受其打擊。於是共產黨便避開這不利的戰線，潛心於擁有數萬萬的農民無產大衆之農村革命了。

農民協會的組織，原是戰鬬的組織。北伐出發前一年的農民運動，藉着附屬於農民協會的農民自衛軍的力量，與地主資產階級及土豪劣紳的民團相搏鬬，以擴大其組織的地盤。所以農民協會自始至終是流血奮鬬的。隨着北伐軍之進展，農民協會發展到長江一帶的時候，農民協會的運動更爲積極，由土地革命沒收大地主之土地及土豪劣紳之財產，但却因此為武漢政府所逐。及至國民黨與共產黨完全分手的時候，共產黨的土地革命更為澈底，想依農民暴動的計畫，使全國陷於大混亂的漩渦之中。他們不問大中小地主，取着一律打倒的方針，終至也殃及自耕農了。他們的辦法是很澈底的，地主階級悉加殺戮，焚其家宅，沒收其財產，於是地主階級都恐懼起來，逃往都市裏去，農村裏只剩了實際耕種土地的貧農。從前中國的革命是農村革命，其原因之一，為地主兼併土地。到了混亂期間，因為兵亂與土匪的關係，住民多逃亡或被殺戮，亂後土地自然的被均分，但在目前，則除兵禍與土匪之外，共產黨之行動也有同樣的作用。共產革命，雖不見能成功，然而共產黨之土地革命使破壞行程加速，使社會走向安定的道路，這種效果却是不可埋沒的。

其次略述反資本主義運動之另一方面的對外行動。為中國資本主義之根幹的，是各國資本主義；中國的資本主義尚在依存於各國資本主義，不能自己獨立的狀態之中。所以要顛覆中國的資本主義，只須打倒為其根幹的各國資本主義就好了；而反資本主義運動，只須向着上述的土地革命與對付各國的反帝國主義運動兩條路走去，就能達到其目的。有了土地革命，地主便由農村逃出；有了反帝國主義運動，都會的資本家便告滅亡。反帝國主義，在中國有兩個意義，一為由國民黨所主張的民族主義而來的廢除不平等條約運動，一為共產黨所標榜的反資本主義運動。這種性質不同的兩個東西，包容於反帝國主義的名目之下。那末其中之反資本主義運動，是取着怎樣的行動的呢？要說明這一事實，須先明白各國資本主義在中國是成立在什麼上面的。

外人爲謀生命財產的保障，與營業居住的安全起見，便要求租界之設立及治外法權的獲得。爲謀貿易繁盛起見，便要求外國船之內河與沿海航行權，及在商港設立工場權。爲要在中國獲得權利，或使貿易繁盛，便得從與華人親善方面着手。於是便發生了對華的文化事業。歐美人在言語風俗不同的中國做事，必須使用中國人，以爲己助，所以設立教育機關，或吸收中國的留學生，使其受洋式的教育，以便作他們的買辦。所以如果能夠剷除這種各國資本主義的根蒂，同時也就能夠打倒中國的資本主義，因爲中國的商工業都是在生命財產安全的外國租界內被保護着而發達起來的。因此如果能將各國的資本主義驅逐出去，則中國的資本主義也就滅亡。

對外的反資本主義運動，因爲上述的關係，取了種種的方向。

第一是非宗教運動或反基督運動。傳教師被當作資本主義侵略之行道者而加以排擊，結果外人之傳教事業，殆有中止之勢，內地的傳教師都召回去了。其次爲反文化侵略運動與收回教育權運動。反對外人在華設立的學校，在外人所使用的人才的養成上與以打擊。對於買辦也加以攻擊。這有二種意義：買辦不但充當外人的經理人，從事活動，而且是有力的資產階級。中國之商工業者因受軍閥的搾取不能成長，但依仗外人的買辦階級却能繁榮；他們是軍閥官僚之外的有力的純資本家，中國有許多的工場，是買辦合資所辦的。他們在各地的商會裏也很有勢力。所以買辦階級如能打倒，可予各國資本家以打擊，同時也能予中國有力的資本家以打擊。共產黨組織商民協會時，把買辦階級除外，想把他們驅逐到商工團體之外。其次爲了驅逐外人工場採取兩種戰法。一爲同盟罷工；一爲取消外人之工場設立權。同盟罷工，因國民政府改變政策，難於實行；收回工場權，也沒有什麼成果。在這種收回權利的方面，反資本主義運動也與國民黨之收回權利運動，取着一致的表面行動。最後爲撤廢治外法權與收回租界；中國想藉此剷除各國資本主義在中國之根據地；然而各國却不肯放棄這些東西的；即使願意放棄不十分重要的租界，但上海及其他重要的租界則更想加以保持。於是數年來的中國便不斷的發生了資本主義與反資本主義的抗爭。

及至蘇聯指導中國共產黨與國民黨合作，至國民革命軍起來的時候，注重反帝運動，首先對於歐洲資本主義的中堅的英國予以打擊，對於英國在華南的根據地的香港，實行約一年之罷工與封鎖。及革命軍進展至長江以後，又收回了英國在漢口及九江等處的租界。英國對此一時曾援助反國民黨的北方軍閥，藉以對付，但後來看到舊軍閥的大勢已去，乃與國民政府聯絡。時國民政府起而反共，遂把華中華南各地之蘇聯勢力，驅逐一空。英國又與華北的奉派連絡，使奉派搜查俄使館，於是蘇聯的勢力絕跡於中國本部。資本主義國似乎得勝，然而俄國所播種之反資本主義的種子却繁殖於各處而與中國之收回權利運動相合流。一方面由共產黨人繼續其土地革命，一方面共產黨與國民黨左派合作，高唱收回租界，撤消治外法權，及其他不平等條約。他們的最後的目的，大抵爲治外法權之撤廢，收回各地租界及在華各國資本主義之根據地的上海。各國雖放棄一部分不重要的租界，但對於上海則更加維護，更有劃上海附近一帶（包括上海在內）爲一自由中立區，不受中國一切政權之支配的意見。第二步是以長江爲中立區域，由各國的海軍保護，以期不論中國有任何亂戰發生，也能從事貿易。這也許是各國資本主義的正當的出路罷。這兩種勢力的消長，在將來中國資本主義發達的前途上，有着重大的關係。

各國資本主義之擡頭，打開了中國的門戶，各國之沿海及內河航行權之獲得，通商口岸之增加，由鐵路投資而生的交通網之發達等，使中國與各國接觸之機會加多。這種接觸機會之增多，刺激了在睡眠狀態中的中國產業界，促進了新產業之發展與購買力之增高，但因受戰爭影響之交通網的破壞，由反帝運動而起之各國的租界的收回等，使外人自然而然的集中於沿海之主要通商口岸，有漸由內地退出的傾向，於是增加起來之中國與外國的接觸的機會，又減少起來，而阻礙了中國的資本主義之發達。今後中國與各國資本主義接觸機會之多少，在中國資本主義發達上也有着很大的影響。

国家出版基金项目
NATIONAL PUBLICATION FOUNDATION

中國資本主義發達史（下）

[日]长野朗◎著
胡　雪◎譯

山西出版傳媒集團
山西人民出版社

第四章　中國資本主義發達之實況

第一節　工業的發達

A　工業發達的概況

在未與外國接觸以前的中國的產業是頗爲不振，處於幼稚的狀態之中的，這是已如上所述的了。與外國接觸以後，受其刺激，中國才有新產業發生。尤其是工業的勃興近年極爲顯著，茲將其概況略加敘述。中國發生新工業的動機，爲鴉片戰爭。當時外人以精銳的武器與軍艦攻陷了廣州與厦門，由此使中國知道了機器之威力。後來有洪楊之亂，藉外人之力，使用了西洋的槍砲，所以愈覺機器工業之必要，於是設立兵工場，造造船所，購買機器這樣軍事工業便首先發達了。實業工場之設立始於一八七八年左宗棠之創設甘肅織呢總局。機器的設備採用洋式，具備了新工業的體裁。其後數十年中，雖時常設立工場，但並不怎樣的多。然而中國工業之有突然發展的傾向，是受了歐洲大戰的影響的。歐戰以後，中國工業頗有進展，其原因如下：

一、戰事發生後，各國商品的輸入減少，爲要補充這類商品之需要，於是刺激了國內工業之發展。

二、歐戰後所發生的排斥日貨運動促進了華人工場之勃興。

三、實行五厘關稅，并徵收二厘五毫的附加稅；亦爲保護國內產業使華人工場勃興之一原因。

然而最近之全國的大戰亂之延長與反資本主義運動之激化等，却妨害了工業的發達，但在另一方面，戰爭的結果，因爲軍事上的必要，又使軍事工業有長足的進步。兵器的製造大有進步，除廣東，上海，漢陽，山東，德州，河南，鞏縣等兵工廠之外，東三省兵工廠，在設備上是中國之優秀的兵工廠，山西的兵工廠，最近也買入大批的機器，完成其設備。戰爭的結果，促進了航空事業的發達，各地均在設計航空的路線，南京與瀋陽都有很多的飛機。無線電也因軍事方面的要求，呈現了長足的進步。

爲明白最近工業之進步的狀態起見，且將戰前與戰後的狀況加以若干的比較。

第一爲機器輸入的增加。中國工業上所需要的機器，多仰給於外國，所以每年輸入中國的機器的數量，是測定中國工業之發達的一種材料。近年來主要機器入口價值如左表：

年別	農業機器	推進機	紡織機	發電廠機	其他
民國十三年	二七九、九七七	一、九六三、二二九	五、五一〇、六三一	八〇七、五八一	一〇、七三七、九四三
民國十四年	一六一、六八八	一、九一九、七八四	三、四〇六、八二七	八五八、一五一	七、九三〇、四三二
民國十五年	五二、五四〇	一、九〇一、四〇七	四、〇五七、七九六	八三一、六〇六	八、三一七、五〇五

民國十六年	六六五、九七六	二、九七九、九六一	三、七〇九、二五四	一、二九一、五三一	八、四五三、二一五
民國十七年	七四三、三六四	二、五六五、九八八	四、一〇五、一五七	一、三一五、九一二	九、〇八九、八三五
民國十八年	一、四〇七、二二六	三、四四〇、七〇三	八、九三一、七五一	二、五三二、一七九	一一、四〇九、二四四
民國十九年	一、四八九、七五七	三、七五六、五六四	一三、九九四、六六三	三、五三八、二四五	一九、一五八、四二五
民國廿年	六八二、一九八	五、六七〇、五二〇	一三、八〇〇、六一六	三、六七六、六八二	一八、〇五二、八〇三

戰後的民國八年的機器的輸入數量與戰前之民國二年一相比較，則增加約在三倍以上；民國十年則增至十倍以上了。其中佔着主要的部份的，為織造機，這是隨紡織業之發達而增加其需要的。十二年以後輸入量之所以減少，是因為紡織工場之發達迂緩起來了的原故。但我們也須留意，這類的機器之中是包含有不少的外人的工場部份在內的。

第二為工業原料輸入之增加。中國的工業原料中，由外國輸入的決不在少數。這種原料輸入的增加，也為工業進步之一部份的表現。例如，火柴為歐戰後發展起來的工業之一，而其製造原料的大部份是仰給於外國的。其輸入額，民國十年為二百二十八萬兩，十一年為二百八十五萬兩。各種輸入原料之中，最顯著的為化學工業原料之增加。一九〇三年化學工業原料之輸入為六十八萬兩，一九〇五年則為九十二萬兩，一九一二年為一百二十萬兩，一九一四年因受戰爭的影響，略見減少，但戰後之一九二〇年則又增加到二百二十九萬兩，一九二四年增至三百六十萬兩，一九二五年增至一千六百四十七萬兩，這是表明了中國近年來化學工業之生產之急速地增加了的。

第三爲機器製品的輸出之增加。中國從來是輸入製品，而輸出原料的，但近年以來，雖爲數甚少，却也有機器製品輸出，這足以說明中國的製造工業之一端。民國元年以來，對於機器製的外國貨之倣造品，極爲獎勵，這種製造品只須繳納正稅，厘金可以一概免除。中國最近的製造品之輸出數量如左表：

民國二十年粗製肥皂輸出國外數値表

地名	數量	價値
香港	二九、一二六擔	三八五、五一九兩
暹羅	六六	九七七
荷屬東印度	一四、二七一	一一八、七二五
蘇聯	三四	五七八
臺灣	一	二五
澳門	一一四	一、三〇七
新加坡等處	一、一五八	一〇、五六三
印度	一	二〇

日本	九	一〇二
其他	一八	二一八
共計	四四、八二五担	五一七、八三六兩

民國二十二年蠟燭運銷國外情形表：

地名	數量	價值
香港	五、五六三担	一〇六、五六一兩
安南	一	一九
澳門	四	八一
暹羅	一、二九三	二四、五六七
新加坡	三	五七
印度	二五	四二三
朝鮮	一三	二八五
菲律賓	七〇五	一三、三八五
荷屬東印度	一	一九
蘇聯	五	八五
日本	五	一一二

共計	七・六八一	一四五・六〇四

最近十年來中國棉紡織品出口表：

年次	疋頭	紗線	其他（單位海關兩）
一九二〇	四、九四九、七三四	二、九〇一、八七六	三五八、一二二
一九二一	五、八七二、六一七	一、一七五、七九六	九七九、五二九
一九二二	五、七五六、八六九	一、六六八、七九四	一、一一六、九四八
一九二三	九、一五三、五五六	四、三六九、八六〇	二、〇四七、三七一
一九二四	一二、〇八一、一九八	七、五二三、五一一	二、六五一、九六五
一九二五	一〇、八九四、九五一	三、七七四、四七七	二、七四六、三三三
一九二六	一二、〇六二、八九四	一〇、八一六、二五二	二、二三八、二一五
一九二七	一六、〇九四、八五八	一九、七七〇、四六九	二、六二二、二六一
一九二八	一四、七〇六、二六一	二一、五九一、六九九	二、五一〇、二〇三
一九二九	一五、六三九、九五七	一八、三四八、一三一	二、八五九、七〇三
一九二〇	九、七八三、九一〇	一八、九六八、四一九	三、二〇六、三〇〇

由這個表看來，也可知道中國製造品的輸出，是在增加着的。

第四爲外國製品輸入之減少。這也可看作表現中國工業發達之一資料。這就中國新興工業中最主要的棉業的狀況來看，則有如下之情況：

中國棉紡織品之淨入口（一九一六——一九三〇）

年份	棉紡織品之輸入額（單位海關兩）
一九一六	一三六、六七九、三八六
一九一七	一五八、九五〇、二六七
一九一八	一五一、三八〇、四二三
一九一九	二〇九、七八六、三三七
一九二〇	二四六、八一三、四二九
一九二一	二〇八、六六二、四二六
一九二二	二一八、五二三、一七〇
一九二三	一七三、五二〇、一一一
一九二四	一八八、五〇〇、九九八
一九二五	一九六、一〇一、五四六
一九二六	二〇五、四六六、五三七
一九二七	一五四、五九〇、四一〇
一九二八	一九〇、〇二九、九三八

一九二九	一八八、三八九、二五三
一九三〇	一四九、八三八、八〇八

隨着中國紡織業之發達，棉紗及棉布中之粗製品的輸入也減少起來，尤其是粗線棉紗減少得更厲害。

第五為中國工場數之增加。全國到處設有紡織工場及火柴工場。又乘排斥日貨之機會，雜貨工場也顯著地增加起來。茲將歷年紡織業及火柴業之發達之狀況列表如次：

最近七年來紡織業概況表（紗線錠之比較）

年次	華商（單位千錠）	日商（單位千錠）	全國總計（單位千錠）
民國十六年	二、〇九九	一、三八三	三、六八五
十七年	二、一八二	一、五一五	三、八五〇
十八年	二、三八六	一、六五二	四、二〇一
十九年	二、四九九	一、八二一	四、四九八
二十年	二、七三〇	二、〇〇三	四、九〇四
二十一年	二、九一〇	二、〇九六	五、一八九
二十二年	二、七七三		五、〇二〇

近七年來中國火柴工廠進展表

年次	廠數	資本額（元）
民國十五年	四三	五、八〇八、九八三
民國十六年	四六	六、〇六八、九八三
民國十七年	五二	六、八五七、三一六
民國十八年	五八	七、一九二、三一六
民國十九年	六二	七、三三九、三一六
民國二十年	六七	七、八四三、二〇〇
民國二十一年	六八	七、八七三、二〇〇

由這各點看來，我們可以知道中國近一二十年來的工業是漸漸發展起來了。

以下我想從地域上來看一看中國工業之發展。從工業方面來看中國大體上可將其分為四個地域，即：滿洲，華北，華中，華南。其中可看作近代工業之中心地的，為華中，尤其是上海附近。其次為最近顯然發展起來之滿洲及華北，華南最近工業最為不振。華南與外國發生關係最早而其近代工業之所以不振，是因為原料缺乏，必須求之於他處，以及銷路不廣而工銀又高的原故。勞動工銀最低的為華北，其次為華中，華南則最高了。所以紡織及其他大規模的工業不發生於華南，在華南者多為手工的工業。華北工銀低廉原料亦相當豐富，銷路也有，所以發生了紡織，製粉，火柴等工業；爲其中心地的，爲天津與青島。東三省因日俄兩國的開發，工業發達起來，尤其是大豆與小麥特多，所以以此爲原料之製油及製粉工業極盛。下爲東三省工場一覽表：

種類	工場數	資本額
製油	一四九	一〇、四〇〇、〇〇〇元 一四、七二〇、〇〇〇元
製粉（機器工場）	七二	二一、六一五、〇〇〇元 一一、二七〇、〇〇〇元 六〇〇、〇〇〇元
紡織	四	八、二五〇、〇〇〇元 四、五〇〇、〇〇〇奉洋
製麻	二	二、五〇〇、〇〇〇元
製絨	一	一〇、〇〇〇、〇〇〇元
製革　新式工場	四	四四五、九八〇元
製革　舊式工場	七八	
火柴	一八	二、九一五、〇〇〇元
製糖	二	一、〇〇〇、〇〇〇元

玻璃	五	三、一〇〇、〇〇〇元
磚瓦	一五	七、八五〇、〇〇〇元
士敏土	六	五二、〇〇〇、〇〇〇元
製紙	一	五、〇〇〇、〇〇〇元
肥皂	一一	不詳
香煙	六	不詳

但是，工業最發達的地域，無論怎樣總要算長江下游，爲其中心的，是上海。工業最發達的爲江蘇南部，安徽南部，浙江的北部；全國的工場大半數便在這些地方。這些地方工業之所以如此發達，其原因似爲下列各點：

一、這個區域，地質豐饒，物產豐富，文化發達，有長江的航路，爲華中之大動脈，又有滬寧，滬杭甬諸鐵路，交通便利，人口稠密，生活程度高，購買力大。

二、接近上海這樣的大商港，國內外之交通均極便利，原料購入甚易，且有廣大之銷路，金融機關完備，而因外人勢力的庇護，較爲安全。

三、這些地方爲生絲，米，棉花，茶等之主要生產地，所以原料之供給頗易。

四、工銀雖較華北爲高，但較華南爲低，且易於獲得勞動者。

這些地域，以上海爲中心，無錫，杭州，常州，蘇州，常熟，太倉，蕪湖等小都市環繞在它的周圍，形成一工業地帶。這些小都市的工業，是以上海爲中心發達起來的，所以是應該包含在一個大上海的區域之中的。這裏必須將上海之經濟上的地位略加說明。

上海開闢爲通商口岸已八十餘年，跟着中外貿易的頻繁，而有今日這樣的大發展。一九二六年的上海貿易的總額，達十二萬萬兩以上，其中由外國輸入的佔三分之一，國內各地的移入佔三分之一，輸出佔三分之一。然而一九二五年以前之上海貿易的總額，不過二萬五千萬兩，五十年前，不過一萬萬兩而已。航運的噸數，在二十五年以前，每年平均約三百萬噸，但現在則達三千萬噸。都市的面積，全市約二千二百公頃，街長約四百公里，人口達三百萬。上海的地位，在下列的中國貿易的地位上，也可看得出來。

最近三年來各埠貿易總值百分比較表（單位千）

埠別	二十年	二十一年	二十二年（上半期）
上海	四七・一二	四二・九九	五四・六三
天津	八・四〇	一〇・七六	九・八五
大連	一三・六五	九・〇九	—

廣州	五·〇一	五·六七	五·八二
漢口	二·四五	二·九〇	二·二三
廈門	一·一九	一·七〇	一·七八

目前上海的地位，因爲種種關係更形重要，大有蒸蒸日上之勢。

上海是中國的新興工業之中心地，上海的新式工場之總數超過二百五十餘所，使用的職工約三十萬人。投資資本達三萬萬元。一八九六年開始設立製粉工場，一八九〇年設立紡織工場，其後新工業相繼發生，上海工業中之最大者爲紡織工業。除製絲工場而外職之工數也頗不少。紡織工場之設立於上海乃始於一八九〇年至一九一七年，其發達是很遲緩的，錘數不過七十萬，但在歐戰的時候及歐戰以後的數年之中，却有顯著的發展。現在工場有五十八家，錘數達二百萬。

製絲業也是上海的主要產業之一。一八九〇年時，上海全市的製絲工場不過只有四五家，後來則超過八十以上，職工的數目也達十二萬有餘，其中婦女兒童佔十分之八九。各工場所備之製絲機，由百架至四百架。但此類工場一年以來因受世界恐慌的影響，幾已倒閉殆盡了。

近年吸香煙的人增加得非常的多，所以香煙的製造也爲上海的主要工業之一。五卅以後一時香烟工場繼續設立，但均資本薄弱。上海的香煙工場之最大者，爲英美煙公司的工場，其次爲中國之南洋兄弟煙草公司，但南洋煙草公司因一九三〇年之財界之不景氣，終告倒閉了。

上海的製粉業近來也漸發達起來了。最初設立製粉工場的爲日人，是在一八九六年的時候。現在上海的工場數目有十九家，規模最大的，爲福新第七工場，資本一百五十萬元，工人達三百人。其製品，多銷售於東三省及新加坡各地。製粉業殆爲華人所經營，外人的工場只有日本的一個而已。

製粉工業之旺盛，是歐戰後受外國麥粉輸入減少的刺激的結果，十九個工場之中，有十三個是一九一九年所創設的。

其他上海的工業，尙有製紙，玻璃工業，鋼鐵業，火柴，水泥，襪子，及其他雜工業等，不勝枚舉，且留在以後再說罷。

以上的工場之中，外人佔有勢力的，是紡織與煙草工場。這類工場是以大資本經營的，所以中國不能與之競爭，處於不利的地位，而且又因華人不善管理經營，所以大有爲外人壓倒之勢。

其次，關於上海所處之工業界之地位，略加探討。上海所有的優點爲：

一、上海在地理上處於原料生產地之中心，並且在其鄰近有着市場。上海附近爲人口最稠密的地方，而且上海自身不但擁有三百萬的人口，而各地有產者受戰亂影響逃居上海，成爲一大消費的社會層。在交通上又有水運的方便，中國之南北航路，均以上海爲基點；歐美航路，也多與上海相連結。上海爲長江航路之基點，有着遠至四川重慶上流的二千餘公里的航路。在最近鐵路受戰爭影響漸趨荒廢的時候，以鐵路爲其主要交通線的各商港，漸呈衰頹之象，而上海則因有長江航路的關係，並沒受到那樣的打擊。

二、上海爲全國金融的中心，銀行的數目及資本之雄厚甲於全國，除銀行之外，尚有錢莊，容易得到資金。

三、原料低廉而易購買，工場所需要之必要的機器亦易購買。工銀低廉，勞動力豐富，所以生產費不高，而出品的銷路又大，工場甚多，故競爭亦烈，經營的技術上也有進步。

然而上海也有下列各種的缺點：

一、地價高昂。上海的地價最近頗爲騰貴，租界之適宜於設立工場的地方，地價太高，不易設立新的工場。設有許多工場的楊樹浦及蘇州河一帶的地價，每畝約三千至六千兩。如果要設立稍大之紡織工場或製粉工場，至少需要一百畝的地方，所以單是工場的基地也得五十萬元了。

二、地價的騰貴，使房租亦趨騰貴，而且因爲上海有着許多的人口的關係，需要大批的食糧，於是糧食也暴漲。又因時有勞動者的紛爭，近年來的工銀也漲高了。

所以倘要使將來的上海的工業發達，就有擴大上海的地域的必要，因而有人喊着大上海的建設了。

隨着上海工業之發達，上海附近各都市也逐漸工業化起來。尤其是在京滬鐵路開通以來，無錫即露頭角，目前工場林立，有小上海之稱。現在無錫之主要工場，有新式製粉工場五，紡織工場六，製絲工場七。上海對面之浦東，從前是裝卸貨物的碼頭，現在則有紡織工場二，香煙工場三。

以上作了一番工業之地域的說明。其次我想略述中國之工業化，究竟達到了什麼程度。關於這一點，因爲中國沒有完全的統計，所以不能得到正確的狀態，但却也能推知其一般。

第一爲中國產業中之工業人員之增加。但這也沒有確實的統計，農商部的統計又不正確，一九一五以後，因戰亂的關係統計無法做成，不得已這裏且舉出這以前的統計罷。這個統計表中含有使用七人以上之職工的工場的，所以包含有多數的手工業。

職業別	一九一二年	一九一三年	一九一四年	一九一五年
織染	二三八、四九七人	二四九、三二四	二八八、二一二	二九四、九三五
機器器具製造	三三、二六七	三六、三九七	三七、五一五	二五、一八三
化學工業	一五四、六二一	九四、七四五	一一八、〇六六	一一三、一一五
食品製造	二〇八、九〇〇	一八一、七三二	一四一、五六六	一三九、一一七
雜工業	三〇、九二六	六四、三五二	三〇、〇〇四	三四、三二八
特殊工業	五、七七三	四、〇四〇	九、一六一	一三、〇五一
總計	六六一、七八四	六三〇、八九〇	六二四、五二四	六一九、七二九

以上之統計不甚確實，而且一九一九年以後中國工場突然增加，故工業人員亦必大有增加，其統計不得其詳，但一九三〇年之紡織工場職工之數目則如下表：

工場	工人數
中國工廠	一四六、五四九人
英國工廠	一六、七二四
日本工廠	八〇、〇六九
共計	二四三、三四二

單是紡織工人已達二十四萬人，而製絲工場之職工，僅上海之八十家工場，亦有十二萬。但由中國的四萬萬的人口說來，則還算少的。中國共產黨認為可組織於工會中之勞動者，大約有百萬人。

第二為工業都市之發達。這裏且根據一九三三年的統計，以示中國主要商工業都市的人口。然而這個統計並不正確，而且下列各都市，與其說是商工業的都市，毋寧說是商業色彩更重的商工業都市。

地名	人口
上海市	一、七六九、八三八
北平市	一、四八七、二八九
南京市	六八四、六九五

漢口市	七四二、五三六
青島市	四四〇、一三五
廣州市	九五四、六四二
濟南市	四二一、五八四

第三為工業資本之增加。中國的資產之大部為土地，工業資本究有若干，因無可參攷之統計，無從得知，但就中國最主要的工業的紡織業看來，則其一九二七年之資本總額為：

中國七十三家紡織工場之資本總額：　七〇、九九〇、〇〇〇元

四六、一一二、三九〇兩

每兩以元計算則其總數為：　一四〇、一五八、五八五元

其他主要工場之資本如次：

種類	工場數	資本總額
火柴	七〇	一一、八六一、〇〇〇元
水泥	六	一一、八五〇、〇〇〇元
電氣事業	二一九	五三、九七一、〇〇〇元

紡織業之一萬四千萬元為最大之資本，其他則很少。工場數多而資本額少，是因為中國小資本家多，

尚未達到爲大資本所結合的境地之故。這類新工業亦不過如是情形，其他小工場的資本則更薄弱了。下爲天津工廠的調查之結果。（一九二九年調查）

織布工業

一、針織工場

工場資本額	工場數	資本總額
五〇元以下	二	九〇元
五一——一〇〇	二〇	一、九四〇
一〇一——二〇〇	二一	四、〇六〇
二〇一——三〇〇	二一	六、二五〇
三〇一——四〇〇	六	二、四〇〇
四〇一——五〇〇	三三	一六、五〇〇
五〇一——六〇〇	二	一、二〇〇
六〇一——七〇〇	—	—
七〇一——八〇〇	—	—
八〇一——九〇〇	—	—

九〇一——一、〇〇〇	一八	一八、〇〇〇
一、〇〇一——一、五〇〇	四	五、七〇〇
一、五〇一——二、〇〇〇	九	一八、〇〇〇
二、〇〇〇以上	一四	一〇六、〇〇〇
合計	一五〇	一八〇、一四〇

二、提花工場

工場資本額	工場數	資本總額
五〇元以下	五	二三〇元
五一——一〇〇元	一三	一、三〇〇
一〇一——二〇〇	二五	四、八〇〇
二〇一——三〇〇	二七	七、九〇〇
三〇一——四〇〇	一一	四、四〇〇
四〇一——五〇〇	五六	二七、九五〇
五〇一——六〇〇	三	一、八〇〇
六〇一——七〇〇	—	—
七〇一——八〇〇	六	四、八〇〇

八〇一——九〇〇	一	九〇〇
九〇一——一、〇〇〇	四四	四四、〇〇〇
一、〇〇一——一、五〇〇	二三	三四、五〇〇
一、五〇一——二、〇〇〇	二七	五四、〇〇〇
二、〇〇〇以上	三九	二〇〇、〇〇〇
合共	二八〇	四五六、五八〇

三、絨氈工場

工場資本額	工場數	資本總額
一〇〇元以下	七七	六、一三六元
一〇一——二〇〇	七三	一三、〇六八
二〇一——三〇〇	四三	一二、六〇四
三〇一——四〇〇	一九	七、二〇〇
四〇一——五〇〇	三九	一九、四〇〇
五〇一——六〇〇	四	二、三八〇
六〇一——七〇〇	二	一、四〇〇
七〇一——八〇〇	一	八〇〇

八〇一——九〇〇	二	一、八〇〇
九〇一——一、〇〇〇	一〇	一〇、〇〇〇
一、〇〇一——二、〇〇〇	一〇	一七、四〇〇
二、〇〇一——一五、〇〇〇	一〇	一六一、五〇〇
一五、〇〇〇以上	三	一、六〇〇、〇〇〇
共計	二九三	二、〇五三、六八八

由上所述我們可以知道大部分的工場，多未脫家庭工業之領域，是以極小的資本從事經營着的。但我們也可知道中國也有較大的工場組織在產生着的這一事實。

質言之，中國的工業化，目前尙在幼稚的狀態之中，大體上可以看得出是極徐緩地前進着的。以下我想略述各種工業的發達之現況。

B　各種新興工業的現狀

中國的工業，從地域上看來雖然像上面所說是以上海爲中心的，但因各地域之不同，工業的種類也略有不同。上海附近的工業，以紡織製絲爲主，華北則除紡織外，尙有製粉製革等工業，東三省則製油工業特別發達。又火柴工業遍於全國。主要工場，大部均在各商港，這大概是因爲經營上的便利與生命財產有安全的保障的原故。以下僅將各工業中採用新式工場者加以敘述，其他尚未脫離手工業的狀況者從略。

紡織業　中國新式工業中其發達最快而爲中國近代工業之中心的，爲紡織業。中國人民大部均着棉衣，棉的需要很廣，所以棉業的前途是很遠大的。中國的棉織品原爲一種手工業在家庭中紡織而成的，自外國棉布的輸入，逐年增加，卒爲輸入品之大宗，於是中國發生收回權利運動設立紡織工場。中國之開始設立新式紡織工場，爲一八九〇年李鴻章之在上海創設機器織布局。織布局後爲火災所毀，乃由盛宣懷募股，次年改組爲三新紗廠。其後一八九五年張之洞在武昌設織布局，又在上海設立裕源紗廠。一八九五年中日戰爭結束，訂立馬關條約的結果，日本獲得在通商口岸設立工場之權，其他各國亦均沾此種利益。於是中國的棉業界便出現了外人的工場了。由一八九七年至一九〇五年之間，南通設有大生，上海設有裕通，杭州設有通益公，蘇州設有蘇綸等紡織工場，但都經營困難，很少能維持下去的。一九〇二年，上海的紡織界組織上海紗業公會，其後二年又織組了包含棉業者的全體的上海紗業公所。於是基礎慢慢的穩固起來，漸趨發展了。一九〇五年日俄戰爭終結，戰爭的結果刺激了中國，使中國紡織工場之設立增加起來。其後直至歐戰終了爲止，紡織工場是得以平靜發展的。但一九一七年以後，紡織業之所以有急速的發展，乃因歐戰時英國棉製品的供給力減退，以及排斥日貨，使日本棉製品的輸入受了阻礙的原故。由一九一六年至一九二二年的五年之間，中國的棉業頗有發展，紡織的錘數由七十餘萬增至二百餘萬，紡織工場之資產由二三千萬兩增至一萬萬兩。但歐戰後各國的經濟狀況漸次恢復了，而且日本人在中國設立的工場也多起來，於是中國的紡織業受了妨害，一時陷於停頓狀態；然而中國紡織業之前途，仍是有望的。講到紡織品的銷路，單是本國國內已擁有四萬萬的人口，而其大部份是着棉布的，而且隨着文化之進展，人們也漸漸的不用手織品而用廠紗與廠布了。原料棉花之生產也略見增加，而其品質亦加以改良。將來棉產地擴大起來更易於生產。下表表明中國棉紗之生產與由外國輸入的輸入量及國內需要額之狀況（單位千擔）：

年次	中國紡織生產額	輸入棉紗額	需要總額
一九一二	八〇〇	二、三〇〇	三、一〇〇
一九一三	一、二〇〇	二、七〇〇	三、九〇〇
一九一五	一、六〇〇	二、六〇〇	四、二〇〇
一九一七	二、六〇〇	二、〇〇〇	四、六〇〇
一九一九	三、三〇〇	一、四〇〇	四、七〇〇
一九二一	四、五〇〇	一、二〇〇	五、七〇〇

需要總額增加而棉紗之輸入額減少，這就因爲國內生產額增加了的原故。更從中國的人口看來，中

國棉紗需要量，將來大有發展之可能。試看各國的人口與錘數的關係，英國在一九二〇年時平均每人有一二錘；美國二人一錘；法國六人一錘；日本十六人一錘；印度四十人一錘；而中國則為百二十人一錘，所以將來的發展，是很可能的。

左表為近十餘年來中國紗廠發展之狀態：

年次	工場數	錘數	織機數
一八九七	七	二五九、〇〇〇	一、七五〇
一九一五	二二	五四四、〇一〇	二、二五四
一九一九	二九	六五九、七三二	二、六五〇
一九二〇	三七	八五六、八九四	四、五四〇
一九二一	五一	一、二三八、九〇二	六、六五〇
一九二二	六四	一、五九三、〇三四	七、八一七
一九二三	五五	一、四九三、六七二	八、五八一
一九二四	五八	一、六五〇、〇〇四	一〇、四六一
一九二五	六五	一、八三二、三五二	一〇、六二一
一九二六	六七	一、九八二、二七二	一一、一二一

一九二七	六四	一、八七八、〇二三	一二、二八三
一九二八	六七	一、八四八、一三二	一一、三五〇
一九三一	八四	二、五八九、〇四〇	二〇、五九九

加入外人之紡織，全紡織界之發展狀態如下：

國名	一九一三年 錘	一九二五年	一九二八年
中國	四三七、一七二	一、八九七、八二八	二、〇七八、〇四八
日本	九五、八七二	一、二一三、八八八	一、二九三、〇九六
英國	六七、九〇二	二一三、八六〇	一五三、三二〇
德國	四〇、〇〇〇	無	無
其他國	九一、〇〇〇	無	無
合計	八三一、九四六	三、三二五、五七六	三、五二三、六六四

由此可知，紡織業在歐戰後急速地增加起來了，而且目前也在增加着。其中最發達者爲中國與日本。其他各國均極不振。歐戰後德國的瑞記爲英國所合併，成爲中英日鼎立的狀況一九二四年英國之老公茂賣與日本，其他工場多爲華人買辦所經營，結果成爲中日兩國工場對立的形勢。日本工場在大戰前所有的錘數不過九萬五千，弱於英國，但到戰後，它的勢力突然增大一九二五年時則增至戰前十倍，其原因

有下列數種：

一、在中國設立工場，可以減免入口稅。尤其是在入口稅有增高的傾向的時候更是如此。又因能利用中國的原料，所以可省減運費與其他手續。

二、中國棉布之需要增加。

三、工銀低廉。

四、日本之對華輸出，最感苦痛者爲銀價之變動，在中國設立工場可免除此種苦痛。

五、歐戰開始後日本的資本膨脹的結果，以其餘力在華從事企業的人多。

六、日人辦事認眞，加之以不斷的活動，並有優秀之技藝。

所以日本在華的紡織工場，在歐戰後有了顯著的發達，尤其是在一九二一至一九二三年爲更甚。

中國紡織業發達之現狀如次（一九三三年）

全國各地紡織工業之現狀

地名	廠數	工人數	資本數（元）
上海	五三七	一二八、一五〇	五三、三四六、二八五
廣州	—	—	一〇一、二〇〇

漢口	—	—	三三四、〇九〇
天津	八五〇	—	二一、八三七、三六三
杭州	三、四七六	二六、〇〇六	五、六四一、六四〇
北平	二三〇	五、〇二二	九四、九三六
南京	三	—	八六、〇〇〇
無錫	一一三	五六、三八五	約一〇、六五二、三〇〇

下表爲根據最近之統計顯示各國在華紗廠之產布額：

全國中外紗廠出布額之統計

（一）華商工廠

省別	出布額
江蘇	六、五二七、五二三
河北	一、二一〇、三四七
湖北	一、四八四、一九四
其他各省	三二六、〇一一
合計	九、五四八、〇七五

（二）英商工廠

上海	一、八五〇、〇〇〇

（三）日商工廠

上海	五、八四三、六一二
其他各埠	二、八八〇、〇〇〇
共計	八、七二三、八二五

中國紡織業發展的現狀是如上所述的，然而要明白紡織發展之狀況，還須注意下列各點：

第一，紗廠不僅是製造棉紗，近年來也着手於棉布之製造，這是中國棉業界之一大進步，這只須一看最近紡織公司的織機數之顯著的增加就可明白。中國最近兩年的紗廠情況如下：

年次	紡錘	織機
一九二八	一、八四八、一三四	一一、三五〇
一九三〇	二、四三四、二八〇	一七、〇五八

過去十年間紗廠的錘數約增三倍，而織機的架數則約增至四倍半。紗廠的增加，使鐵路附近的紡車滅跡，同樣自紗廠開始織布後，各地之家庭工業式的織布工場也受了不少的壓迫，在農村方面可以顯然的看到其影響。這樣，中國的資本主義化已踏進第一步了。

第二，製品由粗品進化為精製品。中國的紡織，起初多紡二十號以下之粗紗，後來也改紡三十號以上之細線，終至紡製四十號紗了；到了最近，則有紡六十號細紗的了。從前只紡棉紗的，現在則着手織布，這已如上所述了；而棉布也由粗布進爲細布，最近則計畫着加工品之製造。這樣，中國的紗廠在量與質兩方面均有發達，但中國紗廠之逐漸進步，有賴於日人紗廠之處不少，因爲日本工場常進步於中國工場之先，中國工場常追步日本工場之後。

其次關於中國紗廠之特色，必須略述一二。

其一爲中國紗廠事業中有不少爲外人所經營者。其結果，一面助長中國紗廠之發展，在另一方面則與中國工場競爭壓迫中國工場。如果是小規模的工業，以小資本與簡單之技術即可舉辦的話，則外人之設立工場適足爲華人作先導，如果要大規模的技術與大批的的資本者，則爲華人所望塵莫及。

其一爲中國的紡織工場，大抵設於通商口岸。外人工場固設立於通商口岸，但華人工場也大半設立於通商口岸的。中國工場集中於三四大通商口岸可見於下表：

上海	工廠數	錘數
華商工廠	二八	八二〇、七四七
英商工廠	三	一五二、三〇一
日商工廠	三〇	九六四，九八〇

天津	商華工廠	六	二〇五、五一二
武漢	華商工廠	六	二六八、一〇〇
	日商工廠	一	二四、八一六
青島	華商工廠	一	三二、〇〇〇
	日商工廠	六	二四五、四一六
四處總共		八一	二、七一三、三七二
全國總共		一〇四	三、五四一、五八四

即，四大商港之工場，在錘數上，約佔全國總數的百分之七十四，其中僅上海一隅約佔全國總數之半，如果再加上江蘇省內之上海附近的小都市，則有二百二十九萬九千五百()六錘佔全數的百分之六十五。上海的工業地位，由此也可明瞭。

大體上看來，中國紡織業是在逐漸進步的，然其發達之狀況，似須視中國政局之將來，外人工場之命運，原料棉花之改良，以及耕地之擴大之如何等而決定的。

紡織工業之外，將來很可注目的織品業，爲毛織品業。這種工業，是在中國開始得最早的一種工業，在四十七八年前，卽已設立大規模的工場。甘肅之織呢股份公司卽是。這是一八七八年左宗棠所設之工場，爲官辦的，於一八八五年倒閉，一九二〇年乃由民間實業家改組爲甘肅織呢公司。甘肅織呢公司創設後約三十年，上海乃有日暉織呢場之設立。此工場爲商辦，資本二十六萬兩，後爲國有；一九一九年商人租借經營之，卽爲現在的上海中國第一毛絨線場。在日暉廠之後，一九〇七年創設了溥利呢華公司，這卽現在北平之清河陸軍織呢廠。一九一五由陸軍部經理後，逐漸發達。一九〇八年張之洞設湖北氈廠，此廠爲官商合辦，但在民國初年倒閉了。此外尙有北平之興華呢服公司，北京工藝局，開源呢絨工廠，仁立地氈號，天津之北洋實習工廠等，也有資本多至三四十萬，備有織機數十架而呈家庭工業式者。毛織業之創始甚早，然其所以不發達者，第一是因爲沒有原料。中國的羊，大抵只用作皮裘，所以羊毛用得很少，使用羊毛，是到了歐戰以後才開始的。自後雖曾着手於羊種之改良，然爲數甚少，效果不大，因戰亂連年，無暇顧及產業。第二是因爲中國人多着棉布或綢緞，毛織品的需要還不甚多。不過將來或者能夠改良羊種，毛織品的需要也許能夠增加。目前中國無所謂毛織品，上述的工場，除一部份製造軍裝呢或粗惡的毛線外，多織絨毯，所以外國輸入之毛織物，每年達下列之巨額：

最近三年毛織品之輸入狀況

年次	輸入額
一九二九	四四、四三一、〇〇〇海關兩
一九三〇	二四、六一六、〇〇〇
一九三一	三二、五六四、〇〇〇

需要既如此增加，那麼將來羊毛或能改良，而次第發達起來。毛織品工業，因爲原料的供給關係，多創辦於北方，但最近上海亦設有此種工場。中國現在的羊毛不適於毛織品之用，但頗適於絨毯之製造。製毯業只需小量的資本與簡單的設備，即可舉辦，所以毛織工業中絨毯業最爲發達。這類製品多輸往外國，現爲中國重要輸出品之一，其輸出額一九一三年達十萬兩，一九二五年則增至六百三十六萬餘兩。絨毯業在北平天津一帶特別發達，據一九二〇年實業促進會之調查，北平有毛毯場三百五十四家，天津約有二百家，但大抵都是取着小規模的家庭工業的徒弟制的，最近則有稍大之股份組織及廢止徒弟制之新式工場出現。甘肅的織呢公司及湖北的氈呢廠，由歐洲購入機器，已從手工業進展爲機器工業。

製絲業　中國自古以來即已從事於養蠶，海通以來，生絲爲中國之主要輸出品，其在輸出貿易上所佔的地位，有着如下的優勢（據一九三三年海關統計）。

民國二十二年上半期重要輸出品數值表：

品目	輸出額（國幣）	與出口總值之百分比
生絲	二二、一六二、三四〇	七・四八
茶	一二、四七二、九七二	四・二一
棉花	一一、九八二、〇三四	四・〇四
豆類	二、一六九、〇〇四	〇・七五
桐油	一四、〇三〇、六二一	四・七三
綢緞	一四、一八六、〇一六	四・七八
豆餅	九三、九九三	〇・〇三
棉布	一三、四六八、九四四	四・五四
豬鬃	四、七一二、三六八	一・五九
煤	二、一九〇、七四五	〇・七四

養蠶地域亦廣遍及華南華北，因而材料的供給也很豐富，於是養蠶業極盛的華中各省，便設立了許多的製絲工場。製絲業以上海與廣東爲中心，近年顯著地發達起來。

各省生絲之生產額及工場數如左表：

省名	工場數	鍋數	一年中之生產量

江蘇		一三八	三四、八一一個	四八、七三七擔
浙江		二〇	四、五二二	六、三三一
四川	鐵車	一八	四、四三二	三、〇〇〇
	木車	不詳	八、〇〇〇	三、五〇〇
山東	機器	一〇	二、一〇〇	二、二〇〇
	脚踏	一五〇	五、四〇〇	一、五〇〇
湖北		三	六〇〇	七九〇
廣東		一四二	六九、三一五	六四、三三三
合共		四八一	一二九、一八〇	一三〇、三九一

上表所揭，僅爲機器工場，手工業不含在內，而一年中之生產量是推定的數目。

其次，製絲工場之中心地的廣東與上海之工場的發達狀況可見於左表。其中廣東在一九〇一年以後特見發達，其每年工場增加之狀況如下：

設立時期	增加工場之數
一八七二——一八八〇	一
一八八一——一八九〇	一一
一八九一——一九〇〇	三六

一九〇一——一九一〇	一八七
一九一一——一九一八	三一
時期不明者	三三
合共	二九九

上海在一八九〇年的時候，全市的工場只有五個，但到後來，則有如下之增加：

年份	廠數	車數
光緒十六年	五	—
民國六年	七〇	一八、三八六
七年	六八	一八、八〇〇
八年	六五	一八、三〇六
九年	六三	一八、一四六
十年	五八	一五、七七〇
十一年	六五	一七、二六〇
十二年	七四	一八、五四六
十三年	七二	一七、五五四
十四年	七五	一八、二八九

十五年	八一	一八、六六四
十六年	九三	二二、一六八
十七年	九五	二三、五三四
十八年	一〇四	二三、五八二
十九年	一〇五	二五、〇六六
二十年	一〇五	二五、三九四
二十一年	一一二（上半期）	二五、三〇〇
二十一年	六三（年底）	一四、七七〇
二十二年	一〇	二、三〇〇

約二十餘年來，上海製絲工場是有如上的發達的但自民十九以來，一面因受恐慌巨浪之打擊，一面又受人造絲及日本絲之傾銷的影響，故至二十一二年乃突見衰落。

上海製絲工場的職工人數，向在六萬以上，其十分之九為婦女與兒童。工場所用之機器多為意大利式，各工場所裝設之製絲機器由六百架至四百架。各工場之資本如下表所列之小額者甚多。（一九三三年）

上海絲廠資本比較表

資本數（兩）	廠數

五、〇〇〇以下	
五、〇〇〇——一〇、〇〇〇	八
一〇、〇〇〇——一五、〇〇〇	一三
一五、〇〇〇——二〇、〇〇〇	四〇
二〇、〇〇〇——二五、〇〇〇	一一
二五、〇〇〇——三〇、〇〇〇	一七
三〇、〇〇〇——三五、〇〇〇	三
三五、〇〇〇——四〇、〇〇〇	五
四〇、〇〇〇——四五、〇〇〇	
四五、〇〇〇——五〇、〇〇〇	一
五〇、〇〇〇——五五、〇〇〇	
五五、〇〇〇——六〇、〇〇〇	一
六〇、〇〇〇——七〇、〇〇〇	
七〇、〇〇〇——八〇、〇〇〇	一
八〇、〇〇〇——九〇、〇〇〇	
共計	一〇〇

註：總數一百〇七家，因有七家調查不詳，從略。

上爲中國經濟年鑑之統計數字。上海之所以爲製絲工塲之中心，是因爲江蘇浙江兩省爲主要養蠶地而生絲貿易又以上海爲中樞之故。每年集聚於上海的乾繭數量達三十五萬擔，其生絲生產額約有三四萬擔。

上海之外製絲業最繁盛的，要算無錫。無錫現有工場四十五家，達上海之半，倘有七八家工場在籌設之中。其資本總額約爲二百四十萬元。工塲的組織多爲舊式的個人資本或合資經營者，股份組織極少。工塲資本三四萬兩者甚多，其中也有上十萬的。無錫因爲是著名的產繭地，所以將來的發展是很有望的，但因交通與治安的關係，其發展頗受障礙。

據說廣東一年能養蠶七次，所以廣東的繭產額每年有八萬至九萬擔之多，廣東之多製絲工廠乃是自然的。廣東的製絲工場在市面很好的時候有二百數十家，但至一九二七年則僅剩有百七十五家，一九二八年春只有一百家，一九二九年則又增至百七十八家。一九二九年九月的工場數爲百七十八，繅絲車有八萬三千七百四十八架，鍋有七萬二千五百口。其製絲方法仍係舊式，很少改良。

中國的製絲工業開始得很早，但反落日本之後，其原因因爲有着如下的缺點：

一、在與日本生絲的競爭上受着壓迫　日本之生絲輸出較中國遲十三年，但卒駕乎中國之上，在美國市場方面佔有如下之優勢：

一九三三年中日生絲之輸入美國額

品目	
日本絲	三〇、九五七、二五〇
中國絲	八、六九七、五二九

中國絲不過日本絲之四分之一

二、人造絲之壓迫　人造絲之輸入中國，影響了中國絲之輸出，且影響其國內消費。人造絲之輸入中國，最近更爲激增。一九二三年僅不過八千餘擔，但在一九二七年時則增至八萬餘擔。

三、金融梗塞　原料生產者的農民貧乏無資，而製絲工場亦多係小資本經營者，所以資本之通融不易，一旦銷路停滯，金融即告閉塞。

四、交通運輸不便　中國之產絲區域北自關外，南迄福建廣東，西至湖北四川，但因交通不便，運輸上有種種困難，而稅金又重，需時又久，故不能與日絲競爭。

五、生產方法不良　養蠶農民墨守舊習，在蠶種的選擇與養蠶的設備上有着極多的缺點，製絲亦係使用舊法，設備不全，而製品又不好，所以在與外國競爭上，是處於不利的地位的。

六、改良的困難　中國爲改良蠶業起見，在各省設有很多的農業試驗場，蠶桑局，蠶桑講習所，紡織學校等改良研究機關，但實際上爲用極少，農民依然墨守舊習不稍改良，因而毫無進步可言。

七、製絲者投機　一般投機者設立工場，所以經營之基礎不甚穩固，改良進步原屬無望，一旦市場不振，卽相率倒閉。

八、小量生產原價甚高　日本製絲工場，從事大量生產，而中國的製絲工場尚未脫家庭工業的領域，所以只是增加生產費而品質不良，處於不利的地位。

九、製品的不統一　中國的製絲工場各各有其各自的商標，其數達數百種之多，因爲缺乏等級之規定，所以外商購買困難。

因爲有了上述的各種原因，中國的製絲業雖然漸次發達，然其發達並不急速，但因下述各種理由，中國的製絲業是很有發達的可能的。

一、原料供給豐富　中國之養蠶區域，遍及全國各地，繭的產額甚大。繭的產額，我們雖無正確的統計，但據美人契巴蒙的估計，中國鮮繭產額有二百八十三萬三千擔；日本農商部臨時調查局技師明石氏則謂有二百九十九萬三千八百十一擔。大體上我們可以看作三百萬擔。這種繭的產額，隨着需要的增大，頗有增加之可能。

二、中國的蠶絲區域極爲廣大　中國蠶絲區域遍及全國，其主要者如次：

江蘇省	三十九縣
浙江省	三十四縣
安徽省	二十縣
廣東省	十二縣
四川省	二十縣
山東省	六十四縣

其他尚有河南各縣，及福建，湖南，江西，山西，雲南，奉天等省，家蠶絲以江蘇，浙江，四川，廣東等省爲最多，其次爲廣西，湖北，安徽，山東，河南等省；野蠶絲則產於山東，河南，奉天，貴州諸省。

五、最近中國官民頗熱心於生絲之改良，設有種種計畫，其主要者如次：

(A)設立生絲檢查所，以求生絲製品之統一。工商部設有商品檢驗局檢查生絲。

(B)生絲輸出稅之減輕與廢止。

(C)農村中有養蠶者之生產組織及信用合作社，又設立養蠶學校，並採用新式機器。

因爲上述的關係，中國的生絲業逐漸發達起來，將來工場是否從事大量生產作資本主義的集中，小工場倒閉漸成大工場組織則是一疑問，也許由各工場的組合組織以達到集中的目的罷。

製粉　中國新興工業之中發達最快的，除棉業而外其次爲製粉業。正如棉業供給中國人以棉布而爲服用之原料，製粉業則供給中國人民之主要食料品，所以製粉工業的前途是很有希望的。自一八九六年日人開始設立工場以後，逐漸發達，及至歐戰爆發，外國的小麥輸入缺乏的時候，製粉工場乃突見增加。其設立時期如左，由此可知製粉工場發達之時期。

成立時期	這期間所設立之工場數
一八九六——一九〇〇	三
一九〇一——一九〇五	一一
一九〇六——一九〇一	一七
一九一一——一九一五	五二
一九一六——一九二〇	五八
一九二一——一九二五	三五

目前之機器製粉狀況如左。

省縣別	廠數	資本總額	生產量
浙江鄞縣	三	一五五、〇〇〇元	——

紹興	一	五、〇〇〇	——
河北天津	一二	六、三二〇、〇〇〇	四四、〇〇〇袋
山東濟南	一二	五、四〇〇、〇〇〇	四〇、〇〇〇
芝罘	一	一〇〇、〇〇〇	一、〇〇〇
青島	三	五〇〇、〇〇〇	四、二〇〇
山西太原	二	一、〇〇〇、〇〇〇	一、五〇〇
大同	一	五〇、〇〇〇	四〇〇
上海市	一四	七、三三八、〇〇〇	一七、七九三、〇〇〇
江蘇無錫	四	一、八八〇、〇〇〇	二、七六〇、〇〇〇
南京	三	一、四二〇、〇〇〇	三、三八〇、〇〇〇
鎮江	一	七〇〇、〇〇〇	六〇〇、〇〇〇
常州	一	二〇〇、〇〇〇	四二五、〇〇〇
南通	一	六二五、〇〇〇	一、五〇〇、〇〇〇
泰州	一	二二四、〇〇〇	九〇〇、〇〇〇
淮陰	一	一〇〇、〇〇〇	四〇〇、〇〇〇
徐州	一	二〇〇、〇〇〇	四七〇、〇〇〇

東海	一	二〇〇、〇〇〇	六〇〇、〇〇〇
吉林	一	三〇〇、〇〇〇	——
黑龍江	二三	三五〇、〇〇〇（金元） 一〇、九九八、〇〇〇 一〇、〇〇〇、〇〇〇江帖	二三五、二八六、〇〇〇斤
遼甯	三	一、三〇〇、〇〇〇	二六、八四二、一六三
中東沿線	八	一、五〇〇、〇〇〇 一〇、〇〇〇、〇〇〇江帖	五五、四三七、〇〇〇斤
其他東三省北部	九	六五〇、〇〇〇	九三、三〇七、〇〇〇斤

註：

1. 江浙兩省數字根據中國實業誌.
2. 東三省據滿洲統計.
3. 山西太原兩廠，資本一廠未明.

由上表看來，可知中國的製粉業在上海附近華北及東三省等地較盛。華北爲麥粉需要地，尤其是華北（山東以北）麥粉更爲需要，但其生產力却不能供給這種需要，其原因是因爲原料小麥的生產比較的少，而經營上亦有不少的困難，工場不多，所以每年有二千七百萬袋的麥粉輸入，其供給地爲日美諸國及上海附近的工場。

中國的製粉業，將來所以有發達的希望，是因爲中國的製粉不但感到不足，而且生活向上，機製粉的需要漸次增加的原故。麵粉的輸入，每年竟達如下之巨額：

近三年來麵粉入口數量表：

年次	數量（擔）
民國廿年	四、八八九、二七五
民國廿一年	六、六三六、六五八
民國廿二年	二、五六六、七一八（上半期）

中國栽種小麥區域之廣，不下於稻作，黃河流域種麥尤多。茲據國府主計處所調查之平常年份麥作面積及產量如下：

省別	面積（千畝）	產量（千斤）
江蘇	四二、一二七	五、五五一、四一六
安徽	二一、二九五	二、六五五、八五七
河南	五九、五二八	六、二一六、四四二
湖北	一八、七四八	二、八七〇、〇一七

四川	一八、四三七	二、六四六、二五六
雲南	四、四四三	六一六、二九九
貴州	二、六四五	四五七、二六九
湖南	三、四四四	五一二、五五二
江西	四、三八九	四九七、九三一
浙江	八、九九六	一、一七四、一八一
福建	四、〇二七	五三七、二五〇
廣東	一、一九九	二六一、五八七
廣西	—	—
山東	四九、六八八	六、一〇〇、一九七
河北	三一、三二六	三、〇六三、一四七
山西	一六、五二〇	一、七二七、四二八
陝西	一四、八二九	一、八七五、四四七
甘肅	八、六五九	一、二四七、五六二
新疆	四、七一〇	七六二、〇六六
青海	—	—

甯夏	五〇三	一〇五、二六七
綏遠	二、六七九	二三〇、八八九
察哈爾	一、六四〇	一二四、六六七
熱河	八五〇	一二六、二三五
遼甯	二、七五五	三四八、二四五
吉林	九、三三二	一、三八四、二三九
黑龍江	九、六〇二	一、二四五、〇一五
總計	三四二、三七一	四二、三三七、四六一

小麥的生產量，大有隨着社會的需要而增加的可能。所以從原料與銷路方面看來，製粉工場的將來之發達，是很有希望的。

中國的製粉工場，大抵由華人經營，雖有外人工場十二個，以及中外合辦的工場五個，但這個數目不過占全工場的十分之一罷了。中外合辦的工場都在東三省，外人工場在東三省的有九個，在山東鐵路沿線的有三個，在上海有一個，其他地方則很少看見。

製油　製油工業也是中國主要工業之一，如同製粉由舊式磨坊改爲新式的機器製造一樣，製油也由舊式油坊變爲新式的機器工場。據一九一五年的調查，全國有舊式油坊二十四萬七千七百七十四個，但自後則設立新式製油工場，逐漸發達，現有約三百餘處。這種新式油場，大部均在滿洲，因爲滿洲爲原料大豆的主要生產地。

就東三省製油工業中心地的大連，來看製油工業之發達狀況，則我們可以看到最初設立油場是在一九〇六年，及至滿鐵藉運費政策採取大連集中主義的時候，大連的製油工業乃突見發展，至一九二五年時工場之設立乃有如下之狀況：

成立年	設立工場數
一九〇六——一九一〇	二五
一九一一——一九一五	二五
一九一六——一九二〇	一〇
一九二一——一九二五	二三
年份不詳者	一
共	八四

二十年間，有了這樣的發達，亦着實可觀了。

全國製油工場之分布如左：

所在地	工場數（據The Chinese Economic Journal（一九二八至現在））

天津	一一
芝罘	二
泰安	四
青島	二〇
濰縣	一
漢口、漢陽、武昌	二六
上海	二四
南通	一
海州	一
鎮江	二
南京	三
無錫	九
甯波	一
阜陽	一
河南	二
汕頭	二

福州	一
共計	一一一
南滿	七九
北滿	七〇
共計	一四九
總共	二六〇

製油種類，包含各種植物油，如大豆油，菜子油，亞麻仁油，胡麻油，棉子油等，豆油多在東三省製造，其他植物則在中國本部製造。上海附近之各種植物油之製造量如次：（一九二八年）

地名	油種	工場數	一年之產量
上海	棉油	六	一五〇、〇〇〇担
南通	同	一	一二、〇〇〇
寧波	同	一	一七、〇〇〇
常熟	茶油	六	三二、〇〇〇
蘇州	同	六	二〇、〇〇〇
嘉興	同	四	四二、〇〇〇
平湖	同	二	一三、〇〇〇

同里	同	四	三二、〇〇〇
角里	同	三	三二、〇〇〇
其他	同	三	二六、〇〇〇

東三省豆油工場之概況如下；

地名	工場數	資本金	生產額（一年）豆餅	豆油
大連	六五	一〇、四〇〇、〇〇〇元 一一、一〇〇、〇〇〇元	三二、六八九、〇三九	一三八、八六七、九八三
安東	一	三〇〇、〇〇〇元	四二二、六三九	二、二一二、四七六
開原	七	一、〇七〇、〇〇〇元	不詳	不詳
長春	五	二、一五〇、〇〇〇元	七八七、五五〇	四、〇二五、六九八
公主嶺	一	一〇〇、〇〇〇元	一一七、九〇八	五〇七、三四二
共計	七九	一〇、四〇〇、〇〇〇元 一四、七二〇、〇〇〇元	三四、〇三七、一三六	一四五、六一三、四九九
			（每日）	
哈爾濱	四七	七六、八三五	七六、八三五	一三、四三三
安達	八		一六、六六五	二、八一〇
滿滿站	二		二、〇五〇	二六〇

昂昂溪	八	六、六〇〇	一、〇〇〇
富拉爾基	一	二、二五〇	三九〇
一面坡	三	一、八七五	二三〇
馬橋河	一	八〇〇	一四〇
共計	七〇	一〇七、〇七五	一八、三六三

植物油不僅用作食料，亦用作化學工業原料，或作防擦之用，其用途極廣，菜油及花生油大抵消費於國內，但輸往外國者亦頗不少。下表爲一九三〇及三一年的植物油之輸出數量：

最近兩年植物油之輸出額：

種類	一九三〇年	一九三一年
豆油	一、八八九、三一六担	一、四六三、四三五
蓖麻子油	三、二二七	一四、二九八
花生油	八三一、六〇三	八一四、四三二
麻油	二、四八一	二、五八一
菜油	一〇、四六二	二一、九二三
桐油	一、一六七、二五五	八六四、八六四

其他植物油	一〇三、四三五	三六、二一二
合計	四、〇〇七、七九九	二、二一七、七四七

上表含有舊式油坊製品甚多，如桐油之類，均係油坊製品。其他製油之副產品如豆餅之類，亦為中國主要輸出品，其輸出額在一九二七年時達六千零七十七萬海關兩。

除這種輸往外國者外，植物油在國內消費極多，這由華南三省的植物油之生產消費量看來，也可明白。這種生產量包含工場生產品以外之全部生產品。（據一九二七年廣東省建設廳之調查）

	生產量	省內消費量
廣東	一二二、五六〇擔	四八二、七六八
廣西	四八、八一八	五〇、一二五
雲南	一六、二七五	一八、五二〇

中國植物油之需要與生產，達到極大的數量，其中由機器生產者，則以東三省的豆油為大宗，中國本部不過出產少量之棉油，花生油，麻油等而已，其他均由油坊製造，所以今後製油業之發展範圍是很大的。

次之就原料而言，滿洲之大豆生產，地方消費及輸出品之數量如左表：（據滿鐵調查）

年次	生產額（推定額）	輸出額（南滿三港）
一九二五	二五、七二七、〇〇〇	二二、九三五、三二三

一九二六	二六、五四七、〇〇〇	二二、四二六、〇〇三
一九二七	三一、八七六、二〇〇	二八、四八八、一八二

大豆之地方消費額推定如下:

食料	三、〇七五、〇〇〇担
飼料	一、三八〇、〇〇〇
種子	六〇〇、〇〇〇
共計	五、〇五五、〇〇〇

由上表看來，可知地方消費極少，大部是用作工場原料或輸往外國的。隨着開墾地之擴大，生產額也漸增加，原料極爲豐富。

其他植物油原料，如菜子之類，其產額不多，產地以江蘇，浙江，安徽，山西北部，河北東部爲主。菜子由各地輸往各口岸的，一九二六年蕪湖有七十四萬二千擔，漢口有四十八萬九千擔，所以原料的供給是相當豐富的。芝麻產生於內蒙，河南，山東，山西北部及河北一帶，多集於天津。一九二七年中國芝麻之輸出量爲九萬二千六百二十二擔，以芝麻之產地論，中國是少有的產區。中國各地多產芝麻，但以長江流域爲最多，河北及南滿次之。長江流域以湖北，湖南、河南等省爲最多，其集散地爲漢口。此外江西，江蘇，浙江亦產芝麻。

芝麻之產額，雖無正確之統計，但我們可以推定中國本部之產額約爲二百五十萬擔，東三省十五萬擔，合共三百萬擔，其中輸出爲五十萬擔或百萬擔。中國有着相當豐富的原料供給力。棉子是隨棉之產額的大小而定多寡的，中國之棉產額約有二千二百萬擔，以棉子爲棉花的十分之七計算，則其產額爲一千五百萬擔。其集散市場爲上海，漢口，天津三大商埠。出入上海的棉子有七十五萬擔，輸出量亦達五十萬擔，隨着將來的需要之增大，原料之供給也易於增加，這由其生產額也可看得出來。蓖麻子多產於東三省，此外山東直隸之一部也有產生。最近之輸出量爲十五萬擔至八萬五千擔。花生的產額雖不得知，但僅山東一省亦有七百萬擔，其他合共約有一千數百萬擔，輸出量總在二三百萬擔，由此可知中國之原料供給力是很充分的。

由上述之需要與原料的關係看來，中國之製油工業，是有充分發達之可能性的。

火柴　中國之有火柴工業，還不過十五六年，但目前則全國各處均設有火柴工場，工場之數，實達一百以上。火柴工業，是中國化學工業中之最發達的工業。在中國設立火柴工場以前，火柴是仰給於外國的。但後來雖然設立了火柴工場，其發達却極遲滯。

最近五年中國火柴工場發達之速度如下：

年　次	廠數

一九二八年	五二
一九二九年	五八
一九三〇年	六三
一九三一年	七六
一九三二年	六八

但至一九一九年五四運動發生時，因排斥日貨之結果，中國火柴之需要增高，於是中國的火柴工場突然發展起來，其全國之工場狀況如左：

全國火柴工廠之分布狀況：

地名	工廠數	資本總額
江蘇	一七	二、三八二、八〇〇
浙江	八	九五〇、〇〇〇
安徽	二	三〇〇、〇〇〇
河北	九	一、七六〇、〇〇〇
山東	二四	一、三九〇、〇〇〇
山西	六	三〇三、〇〇〇

河南	八	二八〇、〇〇〇
陝西	二	五〇、〇〇〇
四川	二三	四、九八一、〇〇〇
江西	一	一〇、〇〇〇
雲南	一四	一五五、〇〇〇
貴州	四	九〇、〇〇〇
福建	—	七五、〇〇〇
廣東	二一	六七四、〇〇〇
廣西	一	四〇、〇〇〇
遼甯	一〇	一、〇〇〇、〇〇〇
吉林	六	三八〇、〇〇〇
黑龍江	三	一六〇、〇〇〇
甘肅	二	一五、〇〇〇
湖南	一	一〇〇、〇〇〇
湖北	二	五〇〇、〇〇〇
合計	一六四	一五、五九五、八〇〇

中國之火柴工場與其他工場不同．是廣布於各地的。外人工場均爲華人工場所壓倒，僅有日本在山東及滿洲設有十數個工場而已。因爲中國火柴業發達之結果，由日本輸入之火柴額也顯然的減少。一九一二年爲二千三百六十一萬五千哥【(Gross)爲十二打卽240個】，至一九二〇年則減爲三百七十三萬六千哥，在另一方面火柴原料的輸入則有增加，一九二二年其輸入額竟達二百八十五萬兩。

歐戰後火柴工場急速地發達起來，但多係資本薄弱，設備簡單。中國本部之火柴工場，依其資本之大小分類起來，則如下表：

資本額	工場數
一、〇〇〇——五、〇〇〇元	九
五、〇〇〇——一〇、〇〇〇	一
一〇、〇〇〇——五〇、〇〇〇	三〇
五〇、〇〇〇——一〇〇、〇〇〇	一二
一〇〇、〇〇〇——二〇〇、〇〇〇	五
二〇〇、〇〇〇——三〇〇、〇〇〇	八
三〇〇、〇〇〇——四〇〇、〇〇〇	一
四〇〇、〇〇〇——五〇〇、〇〇〇	五

五五〇、〇〇〇	二
七〇〇、〇〇〇	一
二、〇〇〇、〇〇〇	一

資本金頗爲薄弱，一萬至十萬元者居多，百萬元以上者只有一家。中國的火柴工業，目前尙在小工場林立時代，此後或將走進整理期罷。中國火柴公司之最大者爲北平之丹華公司，其資本有二百萬元，設備亦頗完全，附設有機器製造場，鋸木場，製膠場，製造黃燐及保險匣至於火柴製造工場，則有上海之新民製梗廠，華昌製梗廠，久猿製桿廠等，濟南之振業火柴公司，亦從事木桿與木匣之製造。

這樣，中國的火柴工場也踏進了發展之道。

煙草　中國之煙草消費，達到了一個極大的數量，近年來吸香煙的人增加得非常之多，所以製煙業便以上海爲中心而發達起來。五卅事件以後，一時工場顯然的增加，但均資本薄弱，只有南洋兄弟煙草公司，能與英美煙草公司相對抗，爲華人工場吐一口氣。然因一九三〇年之不景氣，卒致倒閉。中國煙草製造業之一特色，爲外人資本勢力強大而華人處於被壓迫之地位的一點。外人在工場方面保有穩固之勢力的，爲紡織與煙草工場。

以上海爲中心的煙草工場之數目及其生產能率如下表：

地名	工場數	生產率（一個月）
上海	二〇	一、六〇〇斤
甯波	三〇	七、五〇〇
蘇州	一〇	一、〇〇〇
鎮江	七	三、五〇〇
杭州	一二	一二、〇〇〇
南京	七	三、五〇〇
揚州	六	三、五〇〇
江陰	二	二、〇〇〇
無錫	四	二、〇〇〇
丹陽	四	二、〇〇〇
蕪湖	四	三、二〇〇
徐州	三	八五〇
明光	二	一、三五〇
新城	一七	七、〇〇〇
共	一二八	五一、〇〇〇

主要工場及其生產額如下：

工場名	機器數	一年之生產量
上海		
英美煙草	一八〇架	二〇〇、〇〇〇箱——五〇〇、〇〇〇箱
南洋煙草	一四〇	一七〇、〇〇〇——四五〇、〇〇〇
華商煙公司	一五	三〇、〇〇〇
華成煙公司	二〇	五〇、〇〇〇
昌興公司	五	七、〇〇〇
中南	五	七、〇〇〇
和興	一〇	二〇、〇〇〇
瑞倫	六	一二、〇〇〇
華達	一二	三〇、〇〇〇
福昌	三	五、〇〇〇
華昌	一〇	二〇、〇〇〇
德隆	三	五、〇〇〇
協成	三	六、〇〇〇

民生	三	四、〇〇〇
天津		
東亞煙草		三〇、〇〇〇箱——一〇、〇〇〇箱
英美煙草		八〇、〇〇〇
協和煙草		二、〇〇〇
大美煙草		四、〇〇〇
其他中國小場		一、〇〇〇
漢口		
英美煙草		一〇〇、〇〇〇
英國煙公司		二、〇〇〇
大美煙公司		三、〇〇〇
其他中國小場		一、〇〇〇
香港廣州		
英美煙草		不詳
南洋煙草		不詳
東方煙廠		不詳

大美煙公司　不詳

一箱裝有五萬枝。上海尙有華人小工場二十餘家，各備機器一架或二架。又有日人經營之聯華煙草公司，資本二萬元，備有機器二架，每日出烟二十五萬枝。

由上面看來，中國之煙草製造工業，除英美煙公司之上海，天津，香港等處之工場及南洋煙草公司之上海香港的工場而外，其他的工場都是很貧弱的。英美與南洋兩公司有對立之觀，外國資本與中國之競爭，可由這兩工場看得出來。這裏且略述南洋煙草公司之發達經過。

中國創設香煙工場，約在三十年以前，在這以前是使用外國貨的。最初在天津設有北洋煙草公司，其製品不佳，不能與外貨競爭，乃告停業。其次設立的，便是南洋煙草公司。南洋煙草公司於一九〇六年正式成立，在香港設立工場，資本十萬元，但因出品不良，銷路不大，約一年後便停業了。但至一九〇九年由簡氏弟兄出資，合資重開，改名南洋兄弟煙草公司。一九一五年該公司之出品頗受廣東廣西等省之歡迎，因而營業漸有起色，基礎亦漸穩固，於是便在各重要都市設立分店，以圖擴大銷路，資本爲一百萬元，在上海設立大規模的工場，又由海外聘請專門家，改良製法，至大戰時營業狀況仍然良好，資本增至五百萬元，與英美煙草公司相頡頏。於是爲與英美煙公司競爭起見，又增加資本擴充設備，乃有改爲股份組織之議，至一九一八年遂成爲一個一千五百萬元之股份組織，而逐漸發展起來。南洋兄弟公司之工場，在上海有兩個，香港一個，漢口的工場設立於一九二六年，但因營業不振，未曾開場，其後因財界之困難及不堪於英美煙公司之競爭，卒於一九三〇年停歇。上海的工場在煙草製造業上，中國有爲英美煙公司所壓倒之勢。

不過煙草的製造將來是很有希望的，需要日益增加，國內生產不足，最近數年每年有如下之輸入：

最近三年來煙草之輸入額：（金單位）

年次	輸入額
一九三一	五二、七四七、二二七
一九三二	二三、七〇六、九〇五
一九三三（第一季）	三、五〇九、五六九
一九三三（第二季）	二、四五〇、三一六

即，每年之輸入額約在二千三百萬金單位至五千二百萬金單位之間，爲重要輸入品之一。但自中國獲得關稅自主權，實施國定稅率後，煙酒被當作奢侈品，課以重稅，因爲有了此種保護，國內之煙草工場乃有設立之可能。

其次我們要看一看原料的狀況。中國全國的煙草生產額，據搜集了各種材料而作的統計看來，則有如下之狀況：

地名	生產額	地名	生產額
河北	一五、〇〇〇担	湖北	三〇〇、〇〇〇
山東	七〇、〇〇〇	湖南	三〇、〇〇〇
河南	一〇〇、〇〇〇	四川	一〇〇、〇〇〇
山西	二五、〇〇〇	福建	八〇、〇〇〇
陝西	二五〇、〇〇〇	廣東	一五〇、〇〇〇
江蘇	八五、〇〇〇	廣西	四〇、〇〇〇
安徽	六〇、〇〇〇	雲南	六五、〇〇〇
浙江	一一〇、〇〇〇	貴州	五〇、〇〇〇
江西	一三五、〇〇〇	新疆	一、五〇〇
熱河	二、〇〇〇	察哈爾	一〇〇
東三省	八三八、〇〇〇	共	二、五〇七、五九三

最近在湖北，廣東，浙江，江西各地，栽有美國種之煙草，各工場所用之煙葉中亦攙有英美煙葉，對於煙之品質逐加改良，生產量也隨需要之增大而更增加，但因戰亂關係，負有重稅，且有外人工場之競爭，所以想破除這種種障礙而得到煙草工場之發達，很不容易。

水泥　因爲中國各都市的近代建築之勃興與交通網之發達，中國之水泥的需要也漸漸增加這由下面的供給與需要的狀態看來，也是可以明瞭的。

中國之水泥的輸入狀態：

年次	輸入數量
一九二二	一九〇、七二八
一九二三	一五九、三一六
一九二四	一二四、四四〇
一九二五	一〇五、八四六
一九二六	一四五、五七四

中國之水泥的生產狀態：

水泥工場概況

工場名	廠址	設立年	資本
啓新洋灰公司	唐山	一八九〇	一四、〇〇〇（單位千元）
華記湖北水泥公司	大冶	一九〇七	—
廣州士敏土廠	廣州	一九〇四	一、五〇〇

上海華商水泥公司	上海	一九一八	一、六〇〇
中國水泥公司	龍潭	一九二二	二、〇〇〇
廣州西村士敏土廠	廣州	一九〇七	一、九〇〇
致敬水泥公司	濟南	—	二〇〇
衆志洋灰公司	吉林	一九三〇	一、五〇〇

上述各廠之預定生產量。

廠名	預定產量
啓新洋灰公司	年產一、七〇〇、〇〇〇噸
華記湖北水泥公司	日產　六〇〇
廣州士敏土廠	日產　五五〇
上海華商水泥公司	日產　一、六〇〇
中國水泥公司	日產　二、五〇〇
廣州西村士敏土廠	日產　二、八〇〇
致敬水泥公司	日產　二五〇
衆志洋灰公司	年產一、五〇〇、〇〇〇

由這種生產能力推測起來，實際的製造額，約爲五〇〇、〇〇〇公噸。再加上一年之中所輸入的一

四五、〇〇〇公鐵，則需要量便是六四五、〇〇〇公鐵了。

中國之水泥的需要額，將來有增加之希望，同時由原料及其他關係看來，中國的水泥工業將來是大有發達之可能的。

中國之水泥需要量是在下述的貧弱狀態之中的：

國名	需要量	人口中之每一人	面積每一方公里
美國	二一九、〇六〇、〇〇〇	二四五公鐵	三、七七四公鐵
日本	三、三七〇、〇〇〇	四〇	五、〇〇二
中國	六五〇、〇〇〇	一、五	五九

由這看來，也可以知道目前中國水泥的需要尚極微弱，而將來是大有增加的希望的。中國處於混亂狀態之中，產業不能發達，這是水泥需要量之所以微弱的原因，將來時局一經安定，產業發達起來，則水泥之需要量將增加到一個很大的數目罷。

至於原料方面，長江沿岸到處都產石灰，華北之河北方面及華南各地亦產石灰，出產是很豐富的。中國工銀低廉，將來需要範圍擴大，則工場之增加，是很可能的。

製紙　中國印刷品之增加，使印刷用紙的需要更爲提高。近年紙類的輸入有如下之巨額。

近三年來紙類之輸入表

年次	輸入額（金單位）
一九三一	三八、五七五、五三六
一九三二	二九、一〇〇、九七三
一九三三（第一季）	五、四八二、六二七
一九三三（第二季）	六、六八五、八三一

卽，紙類的輸入額約達三千萬金單位之多，因此國內乃有製紙工廠之設立。最近全國製紙業概況如下：

全國造紙工廠概況表

省別	廠數	資本總額
江蘇	一九	二、五一一、〇〇〇元
浙江	七	八〇〇、〇〇〇
安徽	一	——
河北	三	五二〇、〇〇〇
山東	一	一、〇〇〇、〇〇〇

四川	二	八三九、一六〇
江西	一	四〇〇、〇〇〇
湖北	二	四、四九六、五〇〇
廣東	二	二五、〇〇〇
福建	一	七〇三、〇〇〇
遼甯	二	一、〇〇〇、〇〇〇
吉林	一	四〇〇、〇〇〇
貴州	一	三〇〇、〇〇〇

上表所列爲全國機器造紙廠。中國造紙工業除一部份以機器製造者外，餘皆爲手工製造。中國手工造紙，以江西，浙江，福建，四川等省爲最發達，湖南，廣東，安徽三省次之，其他各省又次之，山東甘肅廣西爲最少。據實業部調查全國紙槽最近約有五萬六千戶，男工二十七萬五千，女工二萬三千五百每年出品總值約爲五千四百八十六萬餘元。

製鐵業　在中國的工業化的時候，製鐵業也是將來可以發達起來的工業之一。中國製鐵業之現狀如下：

中國各大煉廠之設備概況

廠名	地點	爐數	能率
龍煙公司	石景山	一座二五〇噸	二五〇噸
漢冶萍公司	漢陽	二座二五〇噸 二座七五噸	六五〇噸
漢冶萍公司	大冶	二座四五〇噸	九〇〇噸
六河溝煤鐵公司	楊子廠	一座一〇〇噸	一〇〇噸
本溪湖煤鐵公司	本溪湖	二座二〇噸 二座一四〇噸	三二〇噸
南滿鐵道會社	鞍山	二座三〇〇噸 一座五〇〇噸	一、一〇〇噸
保晉公司	陽泉	一座二〇噸	二〇噸
宏豫公司	新鄉	一座二五噸	二五噸
和興鋼鐵廠	上海	一座一二噸 一座三三噸	四五噸
合計		十九座	三、四一〇噸

上列各場近三年來之產量

廠名	一九二九年	一九三〇年	一九三一年

龍煙公司	停	停	停
漢冶萍公司	停	停	停
漢冶萍公司	停	停	停
六河溝煤鐵公司	一一、〇九四噸	——	四、〇七二
本溪湖煤鐵公司	七六、三〇〇	八五、〇六〇	六五、六二〇
南滿鐵道會社	二一七、八五八	二六二、九九四	二七六、六五〇
保晉公司	二、八三八	二、五八七	五、五六三
宏豫公司	停	停	停
和興公司	停	停	停
合計	三〇八、〇九〇	三五〇、五四一	三五一、九〇五

近三年來中國土法冶煉生鐵產量表

省別	一九二九年	一九三〇年	一九三一年
山西	六五、八四七噸	五九、八九二	六二、三三〇噸
河南	一〇、〇〇〇	一〇、〇〇〇	一〇、〇〇〇
湖南	七、九六一	三、四八四	三〇、〇〇〇
陝西	五、〇〇〇	五、〇〇〇	五、〇〇〇

甘肅	一、〇〇〇	一、〇〇〇	一、〇〇〇
湖北	—	—	—
江西	八〇〇	—	—
安徽	一、六〇〇	一、六〇〇	一、六〇〇
浙江	一〇〇	一〇〇	一〇〇
福建	二、〇〇〇	二、〇〇〇	二、〇〇〇
廣東	九、七〇〇	九、六五〇	九、六〇〇
廣西	四〇〇	四〇〇	四〇〇
四川	二〇、〇〇〇	二〇、〇〇〇	二〇、〇〇〇
雲南	五、〇〇〇	四、〇〇〇	五、〇〇〇
貴州	五、六六〇	五、八〇〇	五、八〇〇
吉林	一〇〇	一〇〇	一〇〇
新疆	二〇〇	二〇〇	二〇〇
合計	一三五、三六八	一二二、二二六	一二六、一三〇

因爲戰亂的關係，中國之製鐵業大受影響，但中國鐵的需要極廣，據海關的統計，最近三年鋼鐵之輸入狀況如下：

年次	輸入之價額
一九三一	五五、六二二、五九七
一九三二	三〇、四〇八、七八八
一九三三（第一季）	六、六八四、〇〇六
一九三三（第二季）	九、一七六、〇二七

如果中國之產業與交通大爲發達起來的話，則所需要的鐵之數量將達相當的巨額罷。

至於原料之狀況如何呢？湖北有大冶鐵山，長江沿岸有許多的鐵鑛，華北方面除山西之鐵尚未採掘外，還有河北之龍關，山東之金嶺鎮鐵鑛，其埋藏決不少。據最近外人所調查的中國鐵的埋藏量如次：

中國鐵鑛之儲量表：

省別	儲量
遼甯	三八七、五八〇、〇〇〇噸
察哈爾	九一、六四五、〇〇〇
湖北	五六、八六二、〇〇〇
安徽	五〇、〇〇〇、〇〇〇
江西	三五、〇〇〇、〇〇〇

河北	三二、〇〇〇、〇〇〇
山東	二九、〇〇〇、〇〇〇
熱河	二二、六八〇、〇〇〇
江西	一八、〇六〇、〇〇〇
福建	七、五〇〇、〇〇〇
河南	四、四〇〇、〇〇〇
浙江	二、三〇〇、〇〇〇
廣東	一〇〇、〇〇〇、〇〇〇
綏遠	八五、〇〇〇、〇〇〇

此外山西亦有不少的鐵鑛，鐵鑛之未經查驗者甚多，所以鐵之埋藏量或遠較上表所列者爲多。其中在採掘着的只有一部份，其產量如左：

年份	大鑛產額	土鑛產額	合計
一九三〇年	一、七七三、五三六	四七八、九五〇	二、二五二、四八六
一九三一年	一、九五〇、九二〇	四九六、一〇〇	二、四四七、〇二〇
一九三二年	一、八〇〇、〇〇〇	四八〇、〇〇〇	二、 八〇、〇〇〇

隨着需要之增大，鐵之採掘量是極易增高的，而且製鐵的原料之供給又頗豐富，所以製鐵業將來頗

有發達之可能。

雜工業　由以上的工業看來，中國工業的所以不甚發達，是因資本過小，經營不善，以及政局不定與戰爭之影響。然而以小資本及簡單之設備，即能興辦的工業，華人是很能與外人競爭的，因此近年受排斥日貨運動之刺激，中國的雜工業便以上海為中心而發生起來了。這裏就其主要者略加敘述。

（一）肥皂　中國肥皂的需要年年增加，中國的製皂工業亦漸趨發達，然其製品多係中等以下者，而華人又愛用舶來品，所以每年總有不少之肥皂輸入。最近數年中肥皂輸入的統計如下：

年次	化粧用	洗濯用	共計
一九二四	一、四二三、五五七海關兩	一、八七七、三五五海關兩	三、三〇〇、九一二海關兩
一九二五	一、四七七、九三三	七五三、八四八	二、二三一、七八一
一九二六	一、八一四、四八五	三八三、六九六	二、一九八、一八一
一九二七	一、七八七、六三一	三一〇、二一〇	二、〇七九、八四一

中國的肥皂業，大抵是製造洗濯用的肥皂，所以洗濯用的肥皂雖能減少了輸入，但化粧用的肥皂則有逐漸增加輸入之趨勢。

中國的肥皂工業開始於二十四年以前，起初是日人在上海設立工場，製造洗濯及化粧用的肥皂，其後中國也設立工場，至一九三三年時，工場有如下之狀況：

中國各省肥皂廠統計表：

省別	廠數
江蘇	七三
浙江	二八
福建	八
廣東	一三
江西	一〇
安徽	八
湖北	七
河南	四
河北	二五
山東	一〇
遼甯	一二

自後工廠之數目又有增加，上海現在有工場二十餘家，但其中規模稍大的不過數家而已，餘則均未

脫離手工業之領域，資本則由數千元至萬餘元，每天的生產額五百打內外，中國洗濯用的肥皂需要頗廣，而原料豐富，製造簡單，所以雖是小規模的工場、也很能有利的經營下去，但化粧用之肥皂則因香料須購自外國，包裝又費錢，資本薄弱，故多受舶來品之壓迫而不能製造。目前上海之主要工場如下：

工場名	設立年	資本	製品種類	每日之生產額
五洲固本皂藥房	一九〇九	一、〇〇〇、〇〇〇	洗濯、化粧	一、〇〇〇箱
化學工業社	一九一二	五〇〇、〇〇〇	化粧	一、〇〇〇打
南陽燭皂廠	一九一四	八〇、〇〇〇	洗濯	一〇〇箱
愛華瑞記香皂廠	一九一五	八〇、〇〇〇	化粧	一、〇〇〇打
華豐香皂廠	一九一五	三〇、〇〇〇	化粧	四〇〇打
鼎豐皂廠	一九一六	一〇〇、〇〇〇	洗濯	三〇〇箱
享利燭皂廠	一九二一	五〇、〇〇〇	同	二〇〇箱

此外尚有以洗濯用的肥皂之製造爲主的小工場二十餘家。

要而言之，肥皂之需要逐漸增大，而且易於設立工場，所以今後之工場數量是會增加的。

（二）「莫大小」業（如汗衫織襪等）　在棉製品中莫大小業是最近所發生的重要雜工業之一。莫大小工業發生之主要動機，爲一九一八年以來之排斥日貨。此種工業就上海的情形來看，則在民國五六年的時候還不過只有四五家製造的工場，但到民國十五年的時候，則增至五十餘家，民國十八年又增至一百三十餘家。各工場之資本，最大者二十萬元，最小者三四百元，由八萬至十萬元者甚多。小資本的工場，係一種家庭工業式的工場，這裏且置不談。織機最多的工場，約備有織機七八百架。機器之最進步者爲電織機。手搖機每日每架僅能生產一打，而電織機每日每架都能出七打。不過在上海的百三十家工場中，設有電織機的工場，只有三十九家，其所有的架數不過全工場數之三分之一，但公會獎勵電織機之使用，所以電織機將來也許會增加起來的。民國十八年四月間電織機有四千三百六十六架。除上海而外，裝置電織機的工場頗少，其概況如下：

地名	裝置工場數	架數
江陰	一	三一
武昌	一	一〇八
天津	一	一六
營口	四	一一七
瀋陽	一	四〇
無錫	一	一八
青島	一	三五

重慶	一	三三
共計	二	三九七

製品多爲線襪。

在各地方莫大小業最近也很流行地發生起來。例如杭州設有襯衫工場一，製襪廠十三，毛巾廠二。但大都製品粗雜，資本金多則一二萬元，普通數千元，少者數百元，簡直不具工廠之規模。備有電織機的僅僅只有一家工場。

然而以上海爲中心的棉織業的發達，很是顯著，資本小而利益多，所以下等製品大有駕乎外貨之上之勢。

(三)洋傘　洋傘工場也是最近所設立的。以前洋傘大抵由外國輸入，其輸入額每年達百萬餘兩。但最近上海則設立有洋傘工場，工場約有十九家，日產七百打以上。此外尚有日產二三打之小工場。中國洋傘業發達之結果，雖使外國之洋傘輸入減少，但洋傘之原料，除一部份外，中國仍不能自給，如傘骨等大抵仍然是由外國輸入的。

(四)搪瓷業　搪瓷器，如碗，面盆等，爲中國人之日用品，其需要很廣，但這類東西多由外國輸入，一九二八年時，其輸入額爲一百六十八萬九千兩。其中由日本輸入者，佔一百二十萬八千兩。中國之搪瓷工場，只有上海，天津漢口等處設立，而天津漢口的工場，規模既小，產額亦不多，這裏姑置不論。但上海則有鑄豐，益豐中華兆豐等比較設備完全之工場，其製品優良，足與舶來品對抗。茲略述上海之搪瓷工場。

上海之開始設立搪瓷工場，是在一九一七年；稱爲鑄豐搪磁公司。但其出產甚少，殆爲輸入品所壓倒。一九二〇年設立中華琺瑯廠，次年又設立豐塘兆塘二廠，始漸改其面目。這些工場，是乘着歐戰時外貨輸入減少及抵制日貨時日貨不能運華的機會設立起來的。自後工場漸次增加，由上海輸往中國各港的售賣額，一九二五年達二十七萬五千五十四海關兩，一九二六年爲二十九萬五千三百六十海關兩，一九二七年受時局影響，雖略見低減，爲二十五萬五千一百六十一海關兩，但至一九二八年則又增至五十三萬三千三百海關兩。上海現有之搪瓷工場列表如次：

工廠名	窯爐數	工人數	資本數
鑄豐搪瓷廠	八	一四〇	二五〇（千元）
華豐搪瓷廠	一八	二一〇	三〇〇
益豐搪瓷廠	一六	一六〇	三〇〇
兆豐搪瓷廠	四	三六	二〇
中華琺瑯廠	一二	一九八	六〇

協豐搪瓷廠	一	二〇	二〇
徵徵琺瑯社	一	二〇	二〇
聯營瓷牌廠	二	二〇	二〇
鎔豐搪瓷廠	一	三〇	一〇
中南實業法瑯廠	一	三〇	五
久新琺瑯廠	四	八〇	一〇〇
上海搪瓷廠	三	九〇	五〇
恒豐搪瓷廠	一	二五	五
大陸搪瓷廠	一	二四	五
日新和記搪瓷廠	一	二〇	三

這樣，中國製品漸漸的代替了外國貨了。

以上爲雜工業之一部，其他如橡皮製品，也是最近所發生的主要工業之一，尤其是橡皮鞋之製造，更爲主要。玻璃工場最近亦漸發達。到了中國實行國定稅率及中國關稅協定所定之雜貨互惠年限完滿，中國採取保護關稅政策的時候，因此而第一興起的工業其爲以小量資本與簡單之技術即可成功之雜貨工業是無疑的，這只消看抵制日貨時，這類工廠即繼續設立起來也可明白，於是先在中國發達起來的，爲中小工業家，中國之中小資本家的數目，將亦增加起來罷。

中國電氣事業，因各工廠逐漸改用電氣爲原動力及各城市人口較前更見集中之故，近年來有顯著的發展。茲將全國電廠就二十一年建設委員會調查所得作表如次：

全國電廠統計表

省別	廠數	發電容量
江蘇	一五四	三一三、二九四瓩
浙江	一一九	三三、四九八
安徽	三五	四、六六二
江西	一三	六、四一八
湖北	三二	四七、一九六
湖南	一七	九、〇九九
四川	一三	三、三四九
綏遠	二	五〇〇
福建	二四	九、七五〇
廣東	五八	四九、四二四

廣西	一〇	四、九五一
貴州	一	一五〇
雲南	四	一、八七九
河北	四六	一一三、一七九
河南	一二	九、二四八
山東	三八	四三、六〇九
山西	一一	三、四二〇
新疆	二	七〇
甘肅	三	八〇
熱河	二	一、六二〇
察哈爾	三	四七三
遼甯	三七	二〇九、五二四
黑龍江	一〇	一、五三二
吉林	一九	二六、七二〇
全國總共	六六五	八九三、六四五

全國電廠之分佈，就數目言，以江蘇之一五四廠為最多，次為浙江，廣東，河北等省。由此可知江蘇之電

氣事業最爲發達。江蘇省內電氣事業最發達者爲上海，茲將上海主要電廠列表如次：

公司名	公司之種類	設立年	資本額	發電容量
上海電力公司	各國共管	一八九三	三〇、四七六、三二九兩	一三一、〇〇〇啟羅
上海法商電車電燈公司	法國有限公司	一九〇六	一〇、〇〇〇、〇〇〇法郎	一二、五〇〇
上海華商電氣公司	中國有限公司	一九一七	一、〇〇〇、〇〇〇元	四、八〇〇
閘北水電公司	同	一九一九	四、〇〇〇、〇〇〇	一、二〇〇
浦東電氣公司	同	一九一九	五〇〇、〇〇〇	一、〇〇〇
蘇州電氣廠（蘇州）	同	一九二四	一、五〇〇、〇〇〇	三、六〇〇
震華製造電機廠（無錫）	同	一九二三	二、五〇〇、〇〇〇	六、四〇〇
津浦鐵路電燈廠	中國官營	——	九〇〇、〇〇〇	一、五五〇

除上述者外，尚有江蘇各都市之電燈公司，其資本都是由三四萬元至三四十萬元者。總數有六十二，而其資本之總額不過四百六十九萬元。這些電燈廠之設立大抵都是在歐戰以後。由這看來，也可知道電氣事業是逐漸普及於各地小都市之中的。其次，中國電氣事業沒有像外國那樣爲大公司所統制，而是小工廠林立的，這裏也可看出中國電氣事業之特質來。

廣東除廣州市之官民合辦的廣州電力公司（設於一九〇九年）有着資本百五十萬元及發電容

量七千五百瓩外，都是各地方之小電燈公司，資本多在五六萬元之間，且多係歐戰後所設立者。除上述之廣州電力公司外，其他公司約有十八家，其資本共爲一百五十二萬元。

香港的電氣事業，爲英人經營，計有下列二公司：

公司名	設立年	資本額	發電容量
香港電氣公司	一八九〇	六〇〇、〇〇〇元	一五、〇〇〇瓩
中國電燈電力公司	一九〇二	一、〇〇〇、〇〇〇	三、五〇〇

湖北的電氣事業以武漢爲主，遍及於各縣。武漢之主要電氣公司如左：

公司名	所在地	公司種類	設立年	資本額	發電容量
既濟水電公司	漢口	中國股份	一九〇六	五、〇〇〇、〇〇〇元	一五、〇〇〇瓩
漢口電氣電力公司	漢口	英國股份	一九〇六	五〇〇、〇〇〇兩	一、〇七五
麥爾查電氣部	同	德國股份公司	一九〇七	——	二五〇
大正電氣公司	同	日本股份	一九一四	二〇〇、〇〇〇日金	三〇〇
武昌竟成電燈公司	武昌	中國股份	一九一五	資本二〇〇、〇〇〇元 資金九五〇、〇〇〇	二、六〇〇

其他在各縣的電燈公司共有九個，資本合共爲三十萬元。大抵都是在歐戰後設立的。

河北方面，除北平天津而外，只有散在各地之小規模的工廠。北平及天津之主要電氣公司如左：

公司名	所在地	公司種類	設立年	資本額	發電容量
京師華商電燈公司	北平	中國股份	一九〇四	六、〇〇〇、〇〇〇元	一〇、六五〇瓩
東安市場電燈房	北平	同	一九二三	一〇〇、〇〇〇	一二〇
大森里電燈廠	同	同	一九二三	五〇、〇〇〇	九五
使館界發電所	同	英國股份	一九〇三	二六〇、〇〇〇	二六〇
天津電車電燈公司	天津		一九〇二	一六·二五〇、〇〇〇	六、〇〇〇
天津瓦斯電氣公司	天津	比利時股份	一九〇四	二五〇、〇〇〇兩	一、〇〇〇
英工部局電燈部	同	英國官營	一九〇六	——	二、〇〇〇
日本居民團電燈部	同	日人經營	一九〇八	——	五六〇
特別區電燈廠	同	中國官辦	一九〇六		二〇〇
法國工部局	同	法國官辦	一九〇五		一、二五〇

其他在各地者尚有十三個，其資本總共爲一百二十一萬二千元。都是在一九一八以後設立的，其他除青島中日合辦之膠澳電氣公司（資本二百萬元，發電容量爲五千〇一十瓩）而外，都是小規模的電燈公司，其設立都在民國以後，尤其是在歐戰後設立的佔着大多數。除以上所述的各省外，其餘

各省的電氣公司之數目及其資本之總額如左：

省名	工廠數	資本總額
浙江	三九	二、一七一、〇〇〇元
福建	一四	二、一五三、〇〇〇
廣西	四	不詳
雲南	二	一、三〇〇、〇〇〇
安徽	一〇	八一〇、〇〇〇
江西	七	六一五、〇〇〇
湖南	八	一、六四〇、〇〇〇
四川	四	八六〇、〇〇〇
山東	一四	四、五六五、〇〇〇
山西	八	五〇八、〇〇〇
察哈爾	一	三五〇、〇〇〇
熱河	一	八〇、〇〇〇
綏遠	二	三〇〇、〇〇〇
河南	七	九〇〇、〇〇〇

甘肅	—	不詳
新疆	—	不詳

其次爲東三省，東三省之電氣事業，可見於左表：

公司名	公司種類	設立年	資本額	發電容量
南滿電氣公司（大連 瀋陽 長春）	日本股份	一九二六	二二、〇〇〇、〇〇〇日金	一九、二五〇瓩
營口水電公司	中日合辦	一九〇六	二、〇〇〇、〇〇〇	一、五〇〇
關東廳（旅順）	日本官營			二、〇〇〇
遼寧省立電燈廠	中國股份	一九〇八	一、二〇〇、〇〇〇元	五、〇〇〇
永衡電燈公司（吉林）	同	一九〇七	一、〇〇〇、〇〇〇吉林幣	一、〇〇〇
北滿電氣公司	日俄合辦	一九一八	一、二五〇、〇〇〇日金	三、三二〇
耀濱慶記電燈公司	中國股份	一九一八	一、二五〇、〇〇〇吉林幣	一、二〇〇

其他則爲各地的小電燈公司，其資本在三四萬元至二三十萬元之間，資本之總數爲二百八十六萬一千元。這類公司之設立也同樣是在民國以後，在歐戰後設立者更多。由這看來，也可知道電氣事業逐漸在中國內地發展了。妨害電氣業的，爲中國之戰亂，如果中國一旦平靖，則電氣事業是會很快地發達起來的罷。

中國電氣事業之一特質，爲各個小工廠各各分立的一點。這或者有種種原因，然第一是因爲中國還在資本主義萌芽期，不能以大資本創辦事業，所以形成一種小資本林立的形勢；第二是因爲受中國一切的組織均爲分立式的影響；第三是因爲電氣業的性質是地方的，並且中國的電氣事業不是水力電氣，而是火力電氣，所以能夠極小規模地由各地方從事經營的原故。然而將來中國是否發生水力電氣，這是與電氣事業之大資本化有着極大的影響的。約在十年前的時候，曾有利用揚子江上流的水力，設立供給長江流域之電力的大發電所的計畫，這種計畫成功與否，須俟專門家之評定，然而却是將來的大可注目的問題。

中國之電車事業狀況可見於下表

公司名	經營者	營業開始年	資本金	路長
上海製造電車公司	英	一九〇八	三二〇、〇〇〇鎊	四一、三二〇公里
上海法商電車公司	法	一九〇六	四、二〇〇、〇〇〇法郎	二八、八〇〇公里
上海華商電氣股份有限公司	中	一九一三	四〇〇、〇〇〇元	—
大連電氣鐵路公司	滿鐵	一九〇九	—	五八、四〇〇
撫順電車公司	同	—	—	二二一、三三八

香港電車公司	英	一九〇四	八一、三五〇鎊	二三、二〇〇
香港高地電車公司	英	一八八八	七二〇、〇〇〇	一、六〇〇
天津電車公司	比利時	一九〇六	六、二五〇、〇〇〇法郎	一三、二八〇
北平電車公司	中法合辦	一九二五	四、〇〇〇、〇〇〇元	—
瀋陽電車公司	中	一九二五	—	—

由上表看來，可知電車大部份是由外人修築的。電車事業不像電燈那樣簡單，是不能以小量資本簡單地可以修築的，而且這種事業有着種種的困難，所以在最近的將來，恐怕是不易發達的。

上面已將中國之主要工業大略的說明了。此外將來很有前途的，為製革業。中國目前有着不少的新式製革工場，由外人資本設立的工廠也很多，但中國的皮革之需要，年年增加，所以由外國輸入的皮革也就不少。中國之皮革原料，如：牛皮，羊皮等，產生得很豐富，輸往外國的也很多，所以皮革工業將來是很有利的一種事業。目前華北方面，尤其是天津一帶，有着不少的華人製革工廠，不過大都是規模很小而設備簡單的。又如製糖工業，中國目前所用之砂糖，大都是由外國輸入的，但中國之砂糖原料，如甘蔗等之栽種很多，原料的供給頗為豐富。目前中國之砂糖消費量還很低弱，將來是很容易提高的，所以砂糖業也是今後行將發達起來的可注目的工業之一。在香港現在已有製糖工廠，上海亦有日人設立之明治製糖有限公司。此外如製麻，磚瓦，鋼鐵等工場，亦在逐漸發達的狀態之中。

由上述的狀態看來，中國目前所發生的工業，大抵是能夠以小資本與簡單的技術營經的工業；需要大資本與高級的技術的工業，還不能發生。尤其是容易與國際大資本發生競爭的工業，是往往受着壓迫的。中國工業之發達在歐戰後極爲顯著。但中國之工場，多爲小資本工場，基礎不甚穩固，所以一有小小恐慌，便多趨破產，工場的數目也是增減無常。關於中國的工業將來怎樣發達的問題，且留在另一章中討論罷。

C　工業發達之將來

中國的工業將來如何發達，這問題對於世界，對於日本，都是一個重大的問題。中國有着特殊的情況，所以中國之工業或將取着與別國不同的發達的方向而發達。我們要解答這個問題，必須從各種方面來加以觀察。第一是工業發達之諸要素的檢點。下面我想將這分爲各項來加以說明。

資本　在工業的發達上，資本之必要是無待言的了。中國目前的工業資本狀況如下。

中國沒有大資本家，這是因爲中國在目前的狀況之下，工商業者受軍閥官僚之剝削不能成長的原故。中國有錢的，大抵都是軍閥官僚，他們因恐政局變動危及自身的財產，所以多將其財產存於外國銀行之中，又投資於安全的租界與租借地的也很多。因此中國的資本便告缺乏了。只有使軍閥官僚階級拿出錢來，才能經營工場。現在的工場之中，也有這種由軍閥官僚出資經營的。一般人之募集股本，因爲缺乏對於股份組織的知識，所以應募者少而不易成功。中國的資本有所謂官利與紅利。不問營業成績如何，普通的利息必須照付，這叫做官利；在這以外，獲得實際利潤而分配其利益時，這才叫做紅利。不論公司營業如何，卽在虧本的時候，也得支付官利，所以儘有虧本而仍分紅者。至于以折舊（depreciation）之法而使公司基礎穩固的辦法，素非所知，所以一遇小風險，公司往往倒閉。其次一般利息太高，通常總是八九厘，所以獲得資本極爲不易。又每當戰事發生的時候，現金集中起來，金融梗塞，使資金流通不易。所以目前中國的工場，有由股份組成者，也有由親戚朋友集資設立者，也有名義爲股份而股份之範圍很小者。

這樣看起來，中國目前是苦於資金的困難的，爲解除此種困難起見，或仰資金于外人，或由南洋華僑募集資本，不過在目前的混亂狀況之下，就連這種來源也斷絕了。中國資金的困難，給與外人工場以發展的機會，中國工場受外人工場資本之壓迫，多偏居於中小工業的圍欄之中。不過中國的缺乏資本也有不少是一時的現象，例如因受戰爭影響而發生資金困難，又如軍閥官僚之集中現金亦使民間發生資金的困難等。如果將來中國平靖起來，資本的集募大概是很容易的，這時的資本的來源爲人民所貯藏的資本，華僑的投資，及外國資本之投資等，關於這，有一一加以探討之必要。

第一爲人民所貯藏之資本。向來中國對於貨幣的觀念，是按貨幣之實際價値，將其當作商品的。現銀因其品質與重量之不同而異其價値。貨幣不是以政府的信用流通而是當作銀塊使用的，所以代替銀幣的紙幣，往往不能十足通用，而其流通範圍只限於一地，不能遍及全國。其次，中國的金融機關不發達，新式銀行只有大都市中才有，而其信用又不甚可靠，所以中國的資本家都將錢存於外國銀行，地方的人民則將錢埋藏在地下。中國民間所藏的現銀，是很多的，如果拿來用作資本，則在振興中國的產業時，不致苦於資本之困難；但這却是不易辦到的。不過在目前橫征暴斂的時候，民間資本已漸由軍閥官僚之手集中於都市，化爲資本而都市商工業者手中之現金，也可化爲資本。

其次爲華僑的資本。如上所述，中國因有軍閥官僚之苛征暴歛，不能發生純然的資本家，但南洋的華僑之中，積有數十萬財產的資本家却是很多，所以如果他們投資於本國的產業，便能開發若干供給資本之路，不過他們在中國未脫離動搖不安的狀況之前，是不肯投資的罷。

其次爲外國之投資。孫中山在建國方略中，對於中國產業之開發，也很歡迎外國資本之輸入，但外國是否願意投資中國却是問題。在清末民初的時候，各國雖很願意對於中國政府與民間投資，但至混亂期間，各國的投資不可能，而且從前所投的資本，現在動搖起來，正忙着整理舊債，新的投資是沒有希望的。在中國的混亂期中，各國將停止對華投資，而專從事貿易罷。

綜合上述的關係看起來，我們可以知道解除中國之缺乏資本的困難，在中國的混亂期間是很不容易，而與將來的政局是有着密切的關係的。

技術　中國的工業的發達上之必要的要素之一，爲技術。在技術方面，中國還是很幼稚的，這大抵是因爲下述的幾種原因。

第一、是中國的國民教育不發達，一般的國民多無學識，所以工人的知識與技術較爲薄弱。

第二、是中國人長於耐勞，短於應用之才。然而中國的教育，現在尚無普及之望。中國的紡織業勞動者與日本的勞動者比較起來，中國人的能率，據說還只有日人之七八成。但中國人的頭腦比較的靈敏，只要施以教育，則日本人所做的事，他們也都能做得來。由這點看來，中國工人並不是在本質上不行的。所以只要加以訓練，中國的工人，是能使用於各種工業方面的。

其次爲高級工業的技術。中國雖有各種的大學，但大多均爲研究政治法律或醫學的，工業大學便很少，即關于工業的學校也不多。不過民間一部分却認清了這種學校之必要，政府也頗有努力工業教育的意向。如同在上面所舉出的，中國留學生之研究工業者日見其多，他們在外國研究工業，再加以實地的實習之後，回國來從事工業，他們的技能有着不可忽視的處所。如永安紡織廠聘有數名留學美國並在美國工廠實習多年的青年技師經營，其成績不在日本工場之下。中國人雖比較的缺乏管理經營之才，然而這並非絕對的，如果這方面的教育充分的發達起來，當然能夠養成許多的管理經營的人才的。

勞力　勞力也是工業的主要要素之一。中國有四萬萬的人口，而且產業不甚發達，所以隨處都有過剩的勞力。據河北省的調查在平靖的時候，農村裏有十分之七八的純勞動者（即短工）目前失業的人數日見增加。據一個中國人的推算中國全國約有千萬左右的失業者。因爲這種情形，所以由各地到都會裏來求職的人便極多，如果要招募職工，簡直容易之至。不過，不熟練的工人雖很易獲得但要獲得熟練的工人或創辦新的工業，可就不大容易了。

女工在上海方面使用得很多，製絲工廠及紡織工廠的工人大抵都是女工。在華北方面，紡織工人女工不過佔全工人數中之一二成，女工的招募是很不容易的。這原因是因爲華南方面的青年女子多離開鄉井到都會裏去做工，都會中設有寄宿舍收容她們，而華北的女子不大獨自離開鄉里，所以工場招募女工，也只能募集住在工廠附近的女子，而爲數也很有限了。

其次且看看勞動者之移動狀況。工廠勞動者很多是由遠地招募來的，上海尤其是如此。上海的工人多半是由江蘇，浙江，安徽等省來的，由長江上流或華南來的也頗不少。南方人比較的能夠從事較爲複雜的工業，北方人只適於需要體力的勞動，所以上海的苦力多爲山東人。又如北方的紡織工場普通的工人雖然也用北方人，但管理機器的特殊的工人則多用南方人。

要而言之，在勞動的量上，可以說是無限的，所以在興辦簡單而不需要熟練的技術的工業的時候，是很容易獲得勞力的，但在舉辦需要熟練的技術的工業的時候就很難獲得熟練的工人了。這有賴於國民教育之發達，然而教育的發達，不是一朝一夕所能做到的。

原料　在工業的發達上本國有着充分的原料是很有利的。從原料方面看來，中國現在的原料，決不能說算充足。爲什麽呢？因爲中國雖在能充分生產原料的狀況之中，但一切的資源目前却尚未開發。例如棉花，中國有爲世界第二的生產國的可能，而氣候風土又大抵與美國相同，種棉的面積也容易擴大。至於小麥，其耕種的面積也是很容易擴大的。在鑛產物方面，尤其是如此，鑛山只有在鐵路沿線的在從事開採着，其他的地方的鑛山則依然埋藏未動。

其次，中國的原料品雖然相當的多，但品質不佳，不能用作工業原料。例如棉花，數量雖然相當的多，但能用於紡織的，只有一部份，其他則用於別的用途。近來棉的品質漸漸改良，可用作紡織粗紗的原料，但細紗的原料則仍須由外國輸入。就毛織物的原料的羊毛來看也是如此的。中國綿羊很多，但很少使用其毛，這是因爲中國的養羊，其目的原不在取用其毛，而在使用其皮與肉，所以對於羊毛的使用，簡直不大注意。羊毛的使用，是從歐洲大戰時開始的。因而現在的中國的羊毛，既不能用於毛織物，在國內便用作製毯的原料，輸往外國的，便用於棉毛交織的製品。中國的綿羊如能改良，則毛織物的原料是相當豐富的。其他如生絲原料的繭，也是如此。要而言之，中國許多的原料都未開發或未加改良，目前是不能作原料之用的，但將來如能加以改良或開發，則原料的供給是很豐富的。這一點，與日本那樣缺乏原料的國家便不能相提並論了。

與原料同爲必要的，是工業的原動力。原動力所必需的是燃料與電力。關於電力，如前所述，電氣事業大部爲電燈，用作動力的只有大都市的發電所之一部。不過將來如有利用長江水力發電的大事業出現的時候，則電氣將多用作發動力的罷。目前的中國的電氣事業，不是水電而是使用火力的，煤炭對於目前的中國的工業是不可缺的燃料。茲舉出中國工業中心的上海之用煤狀況，以資參考。

上海之煤炭之主要用途的統計：

用途	使用的噸數
輪船燃料	七五〇、〇〇〇
紡織工廠	二八〇、〇〇〇
生絲工廠	一八〇、〇〇〇
電氣公司	五五〇、〇〇〇
瓦斯公司	四〇、〇〇〇

自來水公司	四〇、〇〇〇
鐵路	一七〇、〇〇〇
水泥廠	三〇、〇〇〇
製紙	四〇、〇〇〇
煙草	三〇、〇〇〇
雜工業	三〇〇、〇〇〇
茶酒館	四〇、〇〇〇
家用	三〇〇、〇〇〇
共計	二、七五〇、〇〇〇

此外加上上海附近之蘇州，杭州，無錫，蕪湖以下各地之約百二十五萬噸，則以上海爲中心的各地的煤之消費量約爲四百萬噸。中國之採煤能力是很充分的，而且這種能力也能大大的提高，但因上海附近沒有煤礦，必須由別處運來，所以在交通不便的現在，煤炭多仰給於外國之輸入。最近的煤炭輸入額，達如下之巨額：

最近五年來煤之輸入額：

年次	輸入額
一九二九	一九、四六〇、五九五關兩
一九三〇	二五、四六七、〇一四
一九三一	二一、七八二、一九一
一九三二	——
一九三三（上半期）	七、五四三、三一四

即，在煤炭輸入多的時候，有時輸入額竟達二千萬兩之多。但中國有無盡的煤藏，將來交通發達加以開採的時候，則中國的工業無論發展到什麼程度，也不愁煤的不足的。

煤炭不僅在數量上有着極大的供給能力，而其價格也極低廉。在鑛區附近，即在河北省附近，一噸的煤，也不過值一元錢，是很低廉的，但運到大都市的工業地帶去，就貴得多了，這原因大抵是因爲運費昂貴的原故。例如運到天津去的山西的煤，數年前每一噸爲十三四元，但其生產費不過一元而運費却要十元了。現在運費與稅金更爲增多。所以如果交通方便起來，苛捐雜稅得以免除的話，則煤炭的價格將減得非常的低廉罷。質言之，中國的煤炭有着生產費低廉的優點，同時也有運費高昂的缺點。

煤油對於近代工業之重要也是不待言的。但中國的煤油，目前簡直沒有採掘，所用的煤油完全由外國輸入，其輸入額亦達下表之巨額：

最近五年煤油輸入額：

年次	輸入額
一九二九	五五、一七七、四九八（關兩）
一九三〇	五四、八六四、三七一
一九三一	六四、五四九、三七一
一九三二	五一、三四二、一四七
一九三三	二七、五四七、一〇五

一方面就中國國內看來，煤油簡直沒有開採，不能靠國內的生產以供給需要，但中國煤油產地甚多，將來是很有希望的。例如新疆的煤油礦，據說礦幅很大，油量也多，又如美國獲得開採之權而未開採的陝西的延長油礦，以及四川熱河等處之煤油礦，均無詳細的調查，無從知其究有多大的生產量，但在將來煤油礦開掘起來時，中國的煤油是相當能夠自給，那是很顯然的事。

銷路　在資本主義的發達上，最重要的是銷路。沒有廣大的銷路，就不能發生大量的生產。中國工業的銷路，可分爲國內與國外來講。中國在國內有四萬萬的人口，是一個在世界各國中人口最多的國家。不過目前這四萬萬人的購買力却很薄弱，這就貿易額來看，也是可以明白的。

中國每一人之平均貿易額與外國每一人平均貿易額之比較：

國名	平均每一人之貿易額
英國	五五六、一〇元
法國	三七一、一〇
美國	一九八、〇〇
丹麥	六一二、五〇
比利時	三九三、二〇
意大利	二七一、〇〇
日本	七六、三〇
印度	九、一三
中國	七、七六

即，中國每一人的貿易額約爲日本人每一人的貿易額之十分之一，日本一人之購買力略與中國十人之購買力相同，所以中國四萬萬人口的購買力與日本在同樣生活程度中之四千萬人的購買力是相同的。這雖然是單就外國貿易而言，但就中國工業銷路來看大體上也是可以這樣說的。現在的購買力雖

然很低，但從中國有着四萬萬人口的事實看來，將來是大有增加的可能的。不過在購買力的提高上是有着種種的困難，所以銷路之擴大是要隨其排除障礙之程度而開展的罷。

第一爲交通的發達。現在需要新式工場的製品的，大抵爲通商口岸與鐵路沿線，如麥粉之類，便是先在鐵路沿線發見了最初的需要地的。紡織品也是這樣，香煙也是如此。隨着鐵路之延長，銷路也漸擴大。這不但是因爲鐵路沿線之文化較高，生活向上，而且因爲隨着鐵路之修築產業發達起來，生產力增加而購買力也提高了的原故。不僅是鐵路如此，航路之延長，汽車路之發達等也有同樣的影響。所以將來交通發達之如何，是頗有關於銷路之擴大的。

第二爲除去妨害通商之課稅與交通之障礙。如前所述，厘金及其他雜稅，土匪，戰爭之阻礙交通等，使工業原料及製品之輸送困難，工場不易獲得原料，如由外國輸入原料則生產費又太高。又銷路顯著的受了限制，費了不少的工夫得到的銷路，有時又不中用，所以不容易興辦以全國爲銷路的大規模的工場。要解決這個問題，必須先要時局安定，然而中國之混亂的局面，不是一天兩天所能平靖的。

第三爲中國的生產之增加。生產力不增加，購買力就不能發生，銷路就不能擴大。但中國目前尙在混亂的過渡期間，生產不但不能增加，反受摧殘。例如農村因受軍閥官僚之苛征暴歛，土匪之掠奪，農民離開農村的更多，農村遂呈崩壞，生產減少的狀態。鑛山的開採，也多因受戰亂的影響而中止。即使生產也無法銷售。地方不僅不能從事新的生產，而且就連現在所生產的也全荒廢了。所以在中國的混亂未告平息的時候，生產之增加及購買力之提高，是沒有希望的。

要而言之，阻礙中國國內銷路之擴大的，大抵爲政治的原因與中國之戰亂。如果這些障礙能夠免除的話，則中國國內的銷路是很廣大的。卽單以中國國內爲市場，也能興辦任何大規模的工業。

其次，南洋爲中國貨物之最大的市場。南洋之所以爲中國之有利的市場，有着兩個理由。第一是南洋有許多的華僑；第二是在南洋經理輸入品的商人多爲華人。因爲南洋有許多的華僑，所以這些人需要很多的本國的貨品；中國的貨物因此就能向該地的僑民銷售。在南洋的中國的人數，雖無正確的統計，但大體上爲六百萬人。茲據最近調查作表如次：

南洋華僑總計表（據一九三四年申報年鑑）

地名	人數
暹羅	二、五〇〇、〇〇〇人
越南	三六〇、〇〇〇
英屬馬來半島	一、八〇〇、〇〇〇
英屬婆羅洲	八八、〇〇〇

緬甸	三〇〇、〇〇〇
斐律賓	一二〇、〇〇〇
荷屬東印度	一、二三三、九〇〇

華僑數目，中國向無統計，而居留政府之人口調查除荷屬地之數目爲可靠外，概爲推算，不能謂爲統計。

在南洋除了這許多的華人消費者外，尙有南洋土人所需要的物品也是由中國商人供給的。南洋的小商人大抵都是中國人，躉賣商也大半是中國人，商權多半操於華人之手，所以中國人盡力的保護本國的貨品乃是當然的。目前因爲中國的產業不發達，所以有時不得已仍購買外國的貨品，將來中國的產業發達起來，則南洋很有爲中國之有利的市場的可能。在目前中國輸出貿易上南洋所佔的地位如下。

如由下表所看到的，目前南洋的貿易，在其數額上，雖不怎樣的大，但在與華南的貿易上，却佔着優越的地位，輸往他國的雖多爲原料品，但對於南洋的輸出則多爲工業品，這是很值得注意的。

中國各地之對外輸出表（一九二六年度）（單位千海關兩）

國名	東三省	華北	華中	華南
日本	一一〇、四四七	四三、一四一	四九、八七七	八、二六五

英國	一一、五三八	五、四一三	三五、八九三	五五七
美國	一〇、七〇七	二六、四六〇	一一一、七〇八	一、二三一
印度	—	三〇	一三、九一八	一、九七〇
南洋各國	六、八二六	九八	二七、三五二	三七、五九二
蘇聯	五五、九三三	五二五	六、六六二	四一六
德國	一、五〇七	五、七〇九	一〇、一一二	四三八
法國	三九四	二、七八七	六四、七五八	二〇三
意大利	五、七二三	一、三三一	六、〇七五	一三四
荷蘭	八、四七五	三、九〇五	四、八四八	五七三
加拿大	三五	六〇二	一、〇〇八	八
香港	三、六三五	一一、一三四	三七、八九五	四一、一二八
澳洲	一五	三九四	四三二	一〇〇
共計	二六四、六五二	一〇八、五一八	三九五、一三六	一四二、八八一

如上所述中國的工業，在國內外均頗穩固，有着廣大的銷路，將來如能努力，其市場是更能擴大的。

D 工業發展之障礙及其排除

以上對於工業發達之諸要素，已大體的加以叙述了。中國在勞力，原料，銷路各方面，均有着發展爲大工業國的條件，在資本及技術方面雖很缺乏，但這並非絕對的問題。要而言之，中國的工業目前是被種種的障礙，妨害其發達的，將來的發展則視其能否排除這種種的障礙而定。目前爲中國工業發達之第一個障礙的，爲政治的原因，卽，軍閥官僚之橫征暴歛，受戰亂影響的交通之阻滯，金融之梗塞等，均爲阻礙中國工業發達之障礙，這種障礙，在中國未脫出混亂期間，是不能剪除的，所以這種障礙之剪除，將需要一個悠長的歲月。然而在另一方面，戰爭的結果促進了軍事工業之發達，同時對於一般的工業也有所裨益，例如軍閥努力製造軍器的結果，各地的軍器廠便漸漸的完備地起來了。像上海，漢陽，廣東，河南鞏縣，山東德州，山西太原各地之兵工廠，其設備之齊全，都是軍閥努力製造軍器之結果，此外軍用飛機與無線電也很發達，軍事必需品之製造，推進了一般工業之進步。第二障礙爲由中國的社會組織及由經濟財政金融等之特性所生的弊害，這也妨礙了中國資本主義之發達的。質言之，中國一方面充分的有着工業化的可能性，一方面也有妨礙其發達之因素。中國的工業之發達，恐怕不能像其他國家的工業之發達那樣的快，而其形式也略有不同罷。

第二節　農業

從中國資本主義之發達的立場來看農業，便有着兩個方向。一爲中國農業之資本主義化；一爲工業原料品之農產物之改良與發達。農業之資本主義化，必須從土地制度來探究。農產物爲中國目前之工業原料品的主要部份，例如棉花與生絲以及植物油原料之豆類，小麥，獸毛等均爲工業原料之主要品。下面我想將這各項加以敍述。

A 農業之資本主義化

要想知道農業是否在資本主義化，我們必須一述土地所有權的問題及土地所有權之變動以及由其結果所生之土地兼併的問題。

土地資本化之第一過程，是『土地所有權被承認至何種程度？』的問題。中國的人民多從事農業，農業是中國的主要產業，所以農民的生產工具的土地，其所有權達到如何程度，是中國人民的生活上之極重要的問題。中國的農地起初是未被私有的，這事實由歷史上也可看得出來。由夏，商，周的土地制度看來，我們也可看到土地是國家公有，是按着人民之生活程度及其耕作之能力分以田地，到必要時便使其歸還的。但到周末的時候，這個制度崩壞，至秦時卒廢周之井田法，承認土地私有制，以迄於今日。然而古代的土地所有權，好像沒有現在這樣的發達，土地雖然當作私有物買賣，但個人對於土地的所有權似乎是有着相當的限制的。例如在南北朝的時候，魏之授田法，予男子以普通的耕地四十畝，女子二十畝之外，又予男子桑田二十畝作爲永業田，使其栽種桑樹五十株，楡三株，棗五株。這樣的規定耕地的作物，使土地之使用與耕作物之種類不得隨意變更。隋之永業田亦有同樣的規定然而到了現在，土地的使用毫無限制，可以隨意變更。耕種物的變更尤爲厲害，中國農民極喜變更耕作物，凡略有利益的作物，便爭相栽種。其次爲土地的所有權是僅止於地上還是及於地下的問題。在目前，對於地下的所有權，似乎毫無規定，尙未將這當作問題。耕作權與所有權常是分開了的。地主有着所有權，徵收地租，佃人則有着耕種權，不受地主之更變的任何影響，而且佃人能自由地處分耕作權。地主所能干涉的，只在佃人不納田租的時候。這是因爲自作農在不得已賣去自己的田地的時候，保留其耕作權，僅賣去其所有權的原故。僅賣所有權而保留耕種權，較之所有權與耕種權一起出賣，其價格更爲低廉，所以在買者方面，單從利殖的目的說來，僅買所有權是比較有利的。耕種權中國稱爲地面權，所有權稱爲地底權。這種方法在山西方面也有，而在長江下游尤爲發達。採用這種方法的佃人，當然是永佃。地面權與地底權各各有其價格，可以分別的售賣。又佃人繳納押金與地主的也很多。在採用押金制度的時候，如果佃租欠至與押金相抵的時候，地主即能收回佃權。永佃很多是有地面權與地底權的。下表列舉江蘇滬海道各縣市之租佃期限的百分比，以資參考。

縣名	三年期限	五年期限	永佃
上海洋涇			一〇〇

楊思			一〇〇
陸行			一〇〇
閔行			一〇〇
漕河涇			一〇〇
法華			一〇〇
蒲松			一〇〇
松江華莊	二〇		八〇
新橋			一〇〇
拓林		一〇〇（六年期限）	
亭林			一〇〇
楓涇			一〇〇
集五		八〇（五年期限）	二〇
張澤			一〇〇
南匯五團	一年一〇〇		一〇〇
大團	一〇〇		一〇〇
新場			一〇〇

西聯	一〇〇
周浦	一〇〇
遠北	一〇〇
橫沔	一〇〇
青浦七寶	一〇〇
陳廣辰	一〇〇
章練塘	一〇〇
金澤	一〇〇
白鶴、青村	一〇〇
奉賢縣	一〇〇
城	一〇〇
東二	一〇〇
東三	一〇〇（三年限）
西二	一〇〇
西三	一〇〇
金山東二	五〇（三年限）

金山衛	六（一年限）	八五（六年限）	九
西			一〇〇
張堰			一〇〇
千巷			一〇〇
川沙八團			一〇〇
九團			一〇〇
長人			一〇〇
高昌			一〇〇
太倉劉河			一〇〇
浮陸			一〇〇
太倉			一〇〇
沙溪			一〇〇
璜徑			一〇〇
岳王			一〇〇
嘉定第一			一〇〇
嘉定第二			一〇〇

第四	一〇〇
第七	一〇〇
第八	一〇〇
第九	一〇〇
第十四	一〇〇
第十八	一〇〇
寶山江灣	一〇〇
眞茹	一〇〇
羅店	一〇〇
劉行	一〇〇
城	一〇〇
崇明城	一〇〇
新河	一〇〇
箔沙	一〇〇
廟鎮	一〇〇
協平	一〇〇

北義	一〇〇
進德	一〇〇
樂同	一〇〇
强明	一〇〇
海門東一區	一〇〇
東二區	一〇〇
東四區	一〇〇
東五區	一〇〇
東七區	一〇〇
西一區	一〇〇

江蘇之崑山南通二縣及安徽之宿縣也可看到同樣的狀況。

地面權與地底權之分離，是有限制土地所有權的效果的。這種方法如果廣遍全國，而且行之徹底的話，則佃農的地位或能安全罷。

其次為土地所有權移轉之難易。土地所有權之移轉，大抵是經着下述的路徑的。

一、繼承；

二、由抵押而至發生所有權之移轉；

三、買賣。

這種比例達到如何程度，因無正確的統計不得而知，但下列金陵大學農林科之崑山南通及安徽的宿縣之調查多少是可作參考的。

	自購者	繼承遺產者
崑山	一四·八	八五·二
南通	一三·五	八六·五
宿縣	七·〇	九三·〇

即，所有權由購買而變動者，因地方之不同而有若干之差異。在大都市的附近，商人投資於土地，那些地方，由購買而變更所有權者很多。又在地價比較低廉，農民易於購地的地方，所有權的變動更多，反之地價較高而佃農之境況不佳的地方，所有權的變動便很少。一般的說起來，中國農民對於土地的愛着心是很強的，土地之售賣往往有親戚出而勸阻，故非出於不得已是不肯把土地售賣的。但到最近，土匪之掠奪與軍閥官僚之蹂躪日益加深，他們對於土地的執着心自然冷淡起來，而售賣土地的事情也就多起來了。

除出售賣以外，成爲土地所有權之移動的有力的動機者，是爲押地，即土地之典押。中國農村缺乏金融，所以在需要錢的時候，便典押土地，但到後來不能歸還押款的時候，於是押主就取得其所有權，這種情形是常有的。中國的農地很多是在典押中的，這可由山東及其他地之調査看得出來。尤其是在最近社會不安，小農之生活困難，他們更不得不賣去其田地了。中國的土地所有權本來是固定的，沒有什麽流動的性質，但在這種混亂期間，却大爲變動起來，一般農民疲弊，土地悉入軍閥官僚之手，軍閥官僚地主之數增加，但至混亂更趨激化的時候，地主因受土匪與軍隊之搾取便逃出了農村，農村裏只剩下了耕種的人，於是單以營利爲目的之土地投資減少起來，卒至土地所有權混亂而歸耕者所有了。所以中國的土地所有權也不能說是安定的。土地資本化之一表現，爲土地兼併之增進。土地兼併於地主之手，一般農民淪於佃農的地位。關於佃農與自作農之比例，沒有正確的統計，這裏且按農商部的統計作一百分比，並按地區之分別來加以比較。

各省農民種類百分比表

省別	自耕農	半自耕農	佃農
黑龍江	五四	一八	二八
吉林	四六	一七	三七

遼寧	五〇	一九	三一
熱河	八〇	一三	七
察哈爾	五五	一八	二七
綏遠	四五	三五	二〇
陝西	五八	一三	二九
山西	七二	一五	三一
河北	六六	二一	一三
山東	七二	一九	九
江蘇	三八	三〇	三二
安徽	二八	一七	五五
河南	六二	一六	二二
湖北	二二	二七	五一
四川	二二	二一	五七
雲南	四六	二六	一八
貴州	四六	一九	三五
湖南	三四	三二	三四

江西	二七	三四	三九
浙江	二七	三一	四二
福建	九	二二	六九
廣東	三〇	二四	四六
廣西	五四	一五	三一
合計	五一・七〇	二二・一〇	二六・二

觀上表華中及華南比了華北，佃農比較的多，此因華中，華南水田甚多所以耕作比較的集約而勞力也需要得多些，一家所能耕種的面積頗狹，其餘的田地必須由佃戶耕種；而華北就與這情形不同，因爲是旱地農法，所以佃農的數比較的少。南滿一帶多朝鮮佃農，這又是使佃農比例增多的一原因。但從全般看起來，佃農人數仍是甚少，其主要原因是因爲地主之中很多傭雇農人自行耕作的原故。雇傭的農人，在江蘇海門方面約佔百分之八；湖南湘潭及長沙一帶佃農（包含兼自耕農）約佔十分之六，傭農約佔十分之三，自作農約佔十分之二。

土地的兼併並不激烈；即大地主很少而小農比較的多，這由下表也可看得出來。

地名	不滿十畝	十畝至三十畝	三十畝至五十畝	五十畝至百畝	百畝以上

北平	一六〇、〇四二	一四一、一一一	一五一、九〇三	一二一、九二一	六九、七四七
河北	一、三五四、五二二	一、〇九三、六三八	八〇二、一六三	五〇八、五〇七	二二二、五六七
遼寧	三四五、八九〇	三七一、〇三八	四一二、七四四	三四八、三六七	二五八、二六四
吉林	一三七、六九三	一二二、四二五	一九四、二九五	一七一、二四六	一七四、八四三
黑龍江	一九、五一九	三二、七四〇	五四、六五三	七六、九九八	一五一、六一七
山東	二、三九〇、四二三	一、五〇二、六七三	八八四、一七一	四三九、二六〇	一五一、三四三
河南	二、五五九、六七九	一、六五二、二五四	一、〇八六、三八五	六五四、三三一	三五九、二六七
山西	二八二、八一二	三五九、六八三	三九七、七五〇	三三七、五三〇	一五一、七四三
江蘇	二、二八八、四〇五	一、三三二、一四二	五〇〇、三八八	二五三、三三八	八六、五五四
安徽	一、一二四、五三三	九四一、六〇六	三八七、〇四九	二二二、二〇一	六五、八三四
江西	三、〇一一、一二三	六七八、六五七	二九一、〇四二	七〇、九四一	一三、一九三
福建	八一五、七五五	四七八、四一四	一八一、一八七	四八、五九六	六、七四三
浙江	一、七七〇、〇六四	一、〇三二、九八七	三六六、一八八	一三七、三一三	三三、〇〇四
湖北	一、四四三、二三二	一、〇二三、四〇三	六五二、五八六	三九一、一四六	一二六、一八七
湖南	三五四、八六二	三四六、三二一	三八五、九八七	三四四、九二〇	一〇五、七〇七
陝西	二九七、八九七	四五一、六一〇	二五一、五一〇	一四六、七八六	五七、五三三

甘肅	二八八、七四八	二一二、八七一	一六一、〇一三	一二二、八四四	六八、六五三
新疆	一六一、五四〇	一五五、七六五	六九、二一〇	五三、五三七	二〇、〇七二
廣東	二、〇八三、二五二	九六二、一〇七	五五三、二二二	二四三、〇四〇	八三、五八六
熱河	一九三、四九一	一九二、九三一	一一〇、五三九	一〇〇、二三一	七四、四二二
綏遠	八、四二二	九、七九九	一三、七一一	一六、四八三	一八、〇八〇
察哈爾	一二三、八七一	一二、七〇〇	一一、五五九	一八、一五三	三五、六二三
共計	一一、八二九、一二三	八、二八一、一八七	四、九五九、八九九	三、〇二二、一〇一	一、四五六、二一九

如上表所示，中國的小農是很多的。華北之二十畝以下的農戶及華中華南之十畝以下之農戶，因其生活困難，均可看作小農，這類的農人是極其多的。

在中國，土地兼併之所以並不激烈，其主要原因有二。一爲中國混亂期間之土地之自然的均分。中國每當改換朝代的時候，總要經過一個長久的混亂時期。混亂的期間，短則數十年，長則亦達數百年，這時農民離開鄉井，流浪四方，土地荒蕪，化爲無人之境，土地爲誰所有這時也弄不清楚；亂後土地再行分配，于是土地自然平均。在五胡十六國的混亂期，那晉魏的均田法，即其顯著的例子。一爲中國之遺產繼承法。中國的習慣，遺產不是由長子一人繼承，而是由諸子分配的，所以即使產生了大地主，一到下一代，就分裂爲數個了。尤其是因爲大地主階級多蓄小妾，因而參與分配的子孫也就自然的多。其結果雖然能防制土地之兼併，但在另一方面卻也產生了很多的小農。

這樣，土地兼併的趨勢大爲減殺，然而在一方面卻也有促進土地兼併的原因，那便是官僚軍閥地主。據貨殖傳看來，在秦時似已發生了大地主，但到漢以後產生了官僚階級，嗣後，官吏之中便生產了大地主。在中國未發生近代工業以前，官吏在位時所儲的錢，除投資於土地外，別無他用。所以他們在辭官退隱的時候，便購買土地而成爲地主，又與官憲相結託，利用其勢力以擴大其土地，或利用官職以佔據廣大的土地，這由各朝對於官吏之購置土地曾加以限制的事實看來，也是可以明白的。不過這類的制令，實際上是完全不曾實行。即在今日，具有數千百畝田地的大地主，也是這類的官僚地主。與這種官僚地主同一性質的，有軍閥地主。現在這種軍閥地主的數目是很多的。這種軍閥官僚在全地主之中佔若何之地位，雖不得而知，但據江蘇附近的調查看來，則可知道這種地主決非少數。中國的混亂一日不止，則軍閥官僚地主，也將日益增加的。

綜合上述各種事實看來，中國之農業資本主義化，在目前是不怎樣顯然的，然而妨害資本化之主要原因在於目前之混亂，所以如果到了中國政局平靖起來的時候，則土地之資本化將大有增進罷。

其次爲農業經營之資本主義化。中國土地廣大，適於大農式之經營，但在中國這樣人口稠密的國度裏，農業經營之資本主義化，是會產生大批的失業者的。所以以目前之既耕地看來，除一部而外，是不能實行的。但中國各省有許多的未墾地及荒地，如果將這類土地開墾出來，則耕地就能有現在的耕地的二倍之多，所以在開墾這些土地時是不難以大資本從事大農式的經營的。平綏沿線之開墾，是以公司組織從事的。今後其他各地之開墾，也將以這種公司組織從事的罷。

B 農業之改良與發達

農業之改良發達，在中國之工業發展上是有着重大的關係的，這是中國進步爲一個商工業國之必要的條件。中國從來之農產物多爲食糧品之供給，華北多產高粱，粟，玉蜀黍，而華中及華南則以米及雜糧爲大宗。然而工業之發達，使社會明白工業所需要之原料有由國內供給之必要，於是便增加了棉花，小麥，大豆等之生產，並且着手於羊毛之改良。這裏我想就這類生產品之主要者一述其實況。

棉花　中國新興工業之主要者爲棉業，所以棉業原料之棉花的生產，頗爲人所重視而努力其改良與擴充。從中國之風土氣候看來，從中國農地之廣大的一點看來，中國是充分地具備了世界之棉產國的可能性，當可與美國相伯仲。中國之紡織業之發達，增大了棉花之需要，最近棉花的生產有如下之增加。

最近三年各省之棉產額

省別	一九三一年	一九三二年	一九三三年
遼甯	一七七、六八〇擔	——	——

河北	八四四、〇〇〇	一、二八二、九二九	一、四四四、八九九
山東	二、一五四、八八二	一、七六九、三九四	一、三七〇、九三二
山西	八一、七二八	五三、九二一	五〇二、四一二
河南	六四四、五四四	五九六、七三五	八一六、一五〇
陝西	三四六、三一九	一五七、八一三	五一四、九三〇
湖北	一、〇三七、〇〇一	一、六三四、三五〇	二、一七七、五九四
湖南	四五、二九二	一九九、七六四	一七八、〇九二
江西	八、九二〇	四五、八二二	五九、一三三
安徽	四三、〇五〇	一六九、四七八	一一九、四八〇
江蘇	六二六、四八〇	一、七七八、二四七	二、〇四五、二六〇
浙江	三八八、八八三	四一七、一六四	三九一、八五八
合計	六、三九九、七八〇	八、一〇五、六三七	九、六二一、二四〇

棉花的生產量雖如上述，但中國的棉花，在品質上有很多是不適於紡織用的，而生產又不能與紡織的發達一同增高，所以一方面輸出不適於紡織用的粗棉，而一面又輸入紡織用之印度棉及一部之美國

棉其輸出入之狀況如下。

近十年來及最近兩年來棉花之輸出入表：

（A） 近十年來棉花出口數值表

年別	輸入額
一九二四	四〇、四二〇、四一四
一九二五	二九、八四五、二三四
一九二六	二九、三九九、三八一
一九二七	四七、三〇六、六〇〇
一九二八	三四、一五八、七六五
一九二九	二九、六〇三、七九一
一九三〇	二六、四九九、二〇七
一九三一	二六、九六〇、九四九
一九三二	二〇、六五四、七五三
一九三三（上半期）	一一、九八二、〇三四

（B） 最近兩年來棉花輸入之數值表

年別	輸入額
一九三二	一〇一、八三九、〇八四（金單位）
一九三三（上半期）	二八、七一二、七〇八

中國原爲棉之輸出國，但自中國設立紡織工場以後，便開始輸入外棉。歐戰後之一九二〇年的時候，紡織工場顯著地發展起來，於是棉花之輸入亦急激的增加。近七年來之紡織棉之使用量如左：

近七年紡織工廠使用棉花之統計

年次	使用量
一九二六	六、五八一、〇〇〇擔
一九二七	七、二〇〇、〇〇〇
一九二八	七、五六〇、〇〇〇
一九二九	七、三三八、〇〇〇
一九三〇	八、九三九、〇〇〇
一九三一	八、八六九、〇〇〇
一九三二	八、八六六、〇〇〇

美棉及印度棉的輸入之增加，是因爲中國的原料棉花不足之故，一方面這也表明着中國的紡織已

漸由粗紗的紡造進爲細紗的紡造。其次日人工場多使用美棉及印度棉，這也是使這類棉花輸入增加之一原因。

這裏所發生的問題，是棉花栽培地之擴大與品質之改良。爲使棉花產量增加起見，便獎勵棉花之栽種，幷有治理淮河流域之水道開闢棉花栽種區之計畫，及在長蘆鹽地之荒地種棉的企圖。如山西省，其省內所使用的棉花，向來是由別省輸入的，但自獎勵產業後不但山西棉能夠自給，而且還有剩餘的輸往別省。在華北地方栽種棉花，可以得到較栽種普通雜糧兩倍以上的利益，但種棉須要灌溉方便，所以北方總是由雨量的多寡以定種植之數量，因此每年的種棉區域常有增益或減少的變化。爲擴大種棉區域起見，有充分整理灌溉的設備之必要。又如上所述，中國是有着莫大的未墾地及荒地的，所以耕種的面積並不難增加。

其次爲中國棉花的品種之改良。品種的改良，本來很早就爲人所注意，自移種美棉後，美棉對於華棉之栽種的比率，逐漸增加。民國十年頃，直隸之西河棉中約有一成之美棉；陝西也很早就栽種美棉。對於棉種的改良，中國也加以不少的注意，南京的東南大學對於這種事業曾作了極大的努力。該校于民國十年接辦紗廠聯合會在各省之棉花栽種試驗場，以後更設立棉作改良推廣委員會，在江蘇，湖北，河南三省設棉作分場，以求改良擴張，又出版刊物，大事宣傳，開展覽會數次，以爲宣傳之助，選取優良種子，傳播於各地，又指導農民使其了然於栽培方法之改良，更將外棉種子分配於各地之農民。自後又增設棉作試驗場，從事新式農具之製造與驅除害虫之研究，又由各地招集青年開講習會，努力於實地的指導。民國十五年的優良種子之分配量，為五萬一千九百二十八斤，被分配棉種之戶數有八百五零家，耕種的面積有九千七百六十九畝。這從中國全體上看來，雖不過是一個極微的數量，但其努力仍在繼續，其結果使中國之原料棉花漸見改良，這却是一個不可忽視的事實。中國的棉花從來只能紡二十號以下的粗紗，但到最近也能紡三十號至四十號的細紗了。然而為改良之障礙者，仍為中國之不安的時局，所以將來這種障礙如能破除，則隨着中國紡織業之發展，原料棉花的改良擴張也是能夠增進的。

養蠶　棉花之外，主要的工業原料，要算繭。中國很古的時候便已養蠶，但其方法依然墨守舊法，所以逐漸為外國奪去其地位，而製絲工業也處於不振之境地。因此之故，生絲之改良，實為當務之急。中國之絲繭產額約有三百餘萬擔。茲將各省絲繭產量按日人原重美氏所估計者列表如次：

省別	繭產量
浙江	一、一四〇、〇〇〇
江蘇	五四五、〇〇〇
安徽	九七、一〇〇

湖北	一二二、九〇〇
湖南	—
河南	四二、九〇〇
山東	一一〇、〇〇〇
山西	六、五〇〇
四川	四六八、〇〇〇
福建	三、九〇〇
廣東	一、〇五七、四〇〇
廣西	五五、六〇〇
其他	一三、〇〇〇
合計	三、六六二、三〇〇

（按原書原表本為數年前日人所估計者，時隔數年情形已大有不同，且幾經運用，數字亦有錯誤，惟國內尚無更新之統計，故照一九三四年申報年鑑中所載者重錄如上。）

如果中國的繭的產額為三百七十萬擔，則由這所能製出的絲的產額約為二十六萬擔。中國絲之輸出數量，舊車製者約二萬四千包，機器製者約十二萬三千包，約佔日本輸出量之四分之一。繭之輸出極少，大抵消費於國內。

中國的養蠶，約十分之八爲春蠶，十分之一·五爲夏蠶，秋蠶至最近才見發達，約爲十分之〇·五。中國繭之品質，在浙江紹興一帶所產者，比較的大，江蘇無錫一帶所產者較小，因地方之不同，品質亦有差異，但均纖細易繅，不過因爲對於有毒蠶種及飼蠶尙少科學的研究，所以繭中常混有薄繭（卽莕繭）在繅絲的時候，有雜屑過多，使絲質不純的缺點。又因急于收成，特意提前上簇，這也是產生薄繭的一個原因。

除江浙及廣東之一部外，多用自選的蠶種，所以病毒的蠶種甚多，因此各處均有蠶種改良之要求。尤其是浙江江蘇，因爲有上海之製絲工場，所以對於蠶種之改良，更爲熱心。浙江之蠶種改良，在政府的指導之下有組織地進行。江蘇方面，蘇州之女子蠶業學校及民間製絲業者，爲從事改良蠶種之中心，但因民間製絲者不斷的增多，以致不能統一而改良，殊屬非易。江蘇，浙江，安徽等地所產的蠶種之略數約爲一千二百萬枚，現在改良種之產額則達六十萬枚，卽相當於前者的二十分之一，改良種飼育之結果，絲之產量約增十分之四，單是江浙地方，生絲的產額也有增加到二十萬擔的希望，所以改良種之普及極爲迅速，而從事改良種之製造者日益增多，江蘇一省之內，也有三十餘處。秋蠶種之生產，至一九二六年才開始，自後逐漸增加。又國民政府爲統一蠶絲之品質起見，在上海設立生絲檢查所，這是已如上面所說過的了。中國之養蠶製絲業之逐漸改良進步的現象，是不可忽視的。關於養蠶改良之學校及試驗場也頗不少，其概況如下：

大學：南京金陵大學，廣東嶺南大學，南京中央大學。

農業專門學校：北平國立農業專門學校河北山東各省之公立農業專門學校蠶科。

其他各省之蠶絲學校及農業學校之有蠶絲科者其數如下：（一九一八年北平教育部調查）

省名	甲種蠶絲學校及甲種農業學校蠶科	同乙種	女子蠶絲科
直隸	一	一	一
奉天	一	一	
山東	二	四七	
河南	九	四〇	
山西	二	四	
江蘇	一		一
安徽	一	二	
福建	一		
浙江	一	五	
湖北	一	八	一

湖南	三	五	一
陝西	一	四	
廣西	一		
雲南	一	三二	
貴州	一	二	
四川	一	三	
江西	一		一

其他農業試驗場，有北平之中央農業試驗場及各省之農事試驗場，又以蠶桑爲專門的試驗場也頗不少。各省又設立縣農業試驗場，如河南省，這種試驗場竟有八十六處之多，但在實際上，因經費困難，成績不佳。

其次，是最近製絲業之發達。這雖然屬於工業的範圍，但與養蠶業相關連，所以必須加以若干之敘述。

中國向來的製絲方法，是用脚踏機，卽中國式的繅車。自一八六六年廣東輸入機製絲以後，機製絲之使用範圍日見擴大，而絲場亦日漸增多，在民十二年間廣東之絲廠達二百家，但近年因受世界經濟恐慌之影響及人造絲日本絲之壓迫，絲業一落千丈，各絲廠相繼倒閉，茲將最近三年來之絲廠狀況列表如下：

最近三年來廣東絲廠之變遷狀況

年次	絲廠	絲車
一九三〇	一二一	六二、二九二架
一九三一	一一一	五七、二七五
一九三二	五八	三〇、二四三

廣東地方之繅絲，多並用法國式及中國式的方法，上海及其他地方則多採用意大利式之繅法。到了日本在中國各地設立工場的時候，日本式之繅絲法又爲中國所採用，最近這種繅法頗爲蠶絲業者所注重。這樣一來，中國舊有之繅絲漸趨衰頹，其製品僅用於國內絹織品之原料。

中國之絲綢業，自輸入機器後，乃由家庭工業一變而爲工廠工業，所製之絲綢，除自用外，且大批輸往外國，惟近年以來，因受外絲之侵迫及經濟恐慌之影響，各地絲廠，諸多賠累不堪，相繼倒閉，製絲業之前途極爲暗淡。茲將製絲業最發達之江蘇省近十年來之狀況作表如次。

十年來江蘇省之絲廠概況

年次	廠數	車數
一九二四	七二	一七、五五四
一九二五	七五	一八、二九八
一九二六	八一	一八、六六四

一九二七	九三	二二、一六八
一九二八	一三九	三五、五〇八
一九二九	一〇四	二三、五八二
一九三〇	一六一	四七、七九〇
一九三一	一五九	四二、一一〇
一九三二（上半期）	一六八	三九、七三二
一九三二（年底）	八九	二二、七二八
一九三三	二三	六、三〇〇

小麥　麥粉爲華北中國人之常食品，製粉工業將來是大有希望的，但從原料的供給方面看來，麥粉之主要的消費地的華北能否供給足供華北消費之各工場以必要的原料小麥，却是一個疑問。目前華北的麥粉除土產者外，多由美國，日本，上海各處供給。中國之製粉工業，最近雖然顯著的發達起來，但仍由外國輸入多量之麥粉，對於將來中國的製粉業之發達，原料小麥之改良擴張是極爲必要的。

黃豆　在植物油工業中，最發達的工業爲用黃豆製造的豆油工業。豆油工業因爲原料的關係，豆油工場多設立於東三省。

黃豆的栽種甚廣，尤以東三省爲最盛。茲據國民政府主計處二十一年所調查的各省平常年之黃豆之產量列表如次：

省別	產量（單位千斤）
江蘇	二、二九五、二五五
安徽	一、一八五、六八〇
河南	一、四七四、一三一
湖北	七八七、〇三一
四川	九五八、九九二
雲南	三四六、二〇四
貴州	三九二、〇八〇
湖南	四五一、二五一
江西	五〇八、二九一
浙江	三四八、三一五
福建	一九〇、二九四
廣東	一九八、七二七
廣西	—
山東	三、四八三、六五二

河北	一、一一八、五五六
山西	二六六、五二六
陝西	二三八、五二二
甘肅	一四九、一九一
新疆	一九、九七六
青海	—
寧夏	一二、五九七
察哈爾	一〇九、三六七
熱河	一七七、九三二
遼寧	二、四八七、九三二
吉林	三、五一二、七九四
黑龍江	二、三七〇、七四九
總計	二三、〇八四、〇三六

黃豆之生產，隨着東北之日漸開墾，而逐有增加，這從上表看來也很明白，又滿鐵農業試驗場研究的結果也對黃豆之品質與收穫上予以良好的效果。對於工業原料目前也能充分地供給，這由最近兩年來

中國豆類出口之巨額看來也可明白。

最近兩年中國豆類輸出表

年次	輸出額
一九三二	五一、二二四、九二九（關兩）
一九三三（上半期）	二、一六九、〇〇四（國幣）

這樣看來，豆油原料之黄豆的生産，在目前是頗充分的。

畜産物　畜産物之改良，也是中國近代工業的進步上所不可少的。羊毛及駱駝毛，在將來毛織物工業發達起來時是很必要的，但如前所述，中國之飼羊是以取用其皮與肉爲目的的，所以羊毛很不適用，毛粗而直，不能用作毛織物之原料，只能用作棉毛交織及絨氈之原料。因此羊種之改良早就爲人所注意。北平之西山設有畜産試驗場，從事羊種之改良，頗收成效，但求改良之普及，則因人民之不甚關心與目前的政情之不容許，不易實現。山西方面閻錫山曾由美國購入麥利路種，大大的從事羊種之改良，然而畜産尚沒有植棉養蠶那樣的重大性，所以對於畜産之改良也沒有對於棉蠶的改良那樣的熱心，不過現在已有改良之趨向，此後或能漸有改良罷。中國現在之羊毛産額雖不得其詳，但歷年羊毛出口之數値却達如下之巨額：

年次	擔數	價值
一九二二	五二二、八五五	一三、三八九、三〇七
一九二五	二一九、九六八	七、七四二、四〇九
一九三一	二五四、九七六	八、三二四、六一五

如果中國的羊種能夠改良，則羊毛之產量卽能增加，而毛織品工業之發達也能促進能。

獸皮的生產也相當的豐富。最近十年之中一年之生牛皮之輸出亦有二三十萬擔之多，所以對於牛種如能加以改良，則皮革工業之原料也是很能增多的。

河南的牛皮品質良好，蒙古的牛皮多生虫害品質壞得多。

目前在畜產方面，尚未採用有效之改良的方法，僅有這種改良之趨向而已。

C　農業發達之障礙及其排除

阻礙中國農業之發展的主要原因有兩個，一爲政治的障礙；一爲技術的障礙。

政治的障礙，如前所述，是在各種方面以各種形式表現着的。然其主要形式則爲下列兩種：

第一爲混亂期間之苛征暴斂，人民被課以重稅，又被徵發糧食，就連農作用之車馬也被徵發沒收，所以生活上沒有一點餘裕，農事的改良自然全不可能。耕地也多荒廢，生產減少。又戰亂的結果，國家的收入悉作軍費，無暇顧及產業之發達。所以農產物之改良雖認爲必要，但卒未實行。民間之努力其力量究竟很薄，無補於大事。

第二爲隨戰亂而起之交通之阻礙，每當戰爭發生的時候，不但水陸交通發生阻礙，而土匪之禍患亦隨之而起，因而原料不能由遠地運到工場。中國的新式工場大部份都在上海，這些工場，要是仰給原料於上海附近，倒也無甚困難，但如果是在遠處購取原料，則因交通之阻礙與重稅的關係，頗不合算，所以在內地方面即使生產了原料，也不能將其應用。結果在農產方面可作工業原料的產品，其生產不多，而改良亦不可能，就是與辦工場，也都是取原料於附近或仰給原料於外國的。中國的煤在鑛區雖只一元一噸，但加上運費合算起來，多較外國輸入之煤爲貴，由此我們可推知其一般了。

其次爲農業技術方面的進步。中國的農業技術很早即已相當進步，但其後之發達却極迂緩。周時即以人糞爲肥料，大部的田都是連年耕作的，這事由井田法看來也很可明白。農具也相當發達，據說在周時已有犂鋤。又在漢時耕種上即用家畜。然而現在農具依然是舊日的樣子，一時雖然也很努力於農具之改良，但中國農民保守性重，很少採用新農具的。肥料也是這樣，目前農家的肥料，依然是以畜糞與乾土混用，只有一部的種棉地及高級農作物的栽種，才用豆餅，至於化學肥料則很少有人使用了。這是因爲中國農民經濟困難，只想減少成本無暇想到用高貴之肥料以增加其收入的原故。另一原因，是因爲中國穀價低廉，如果使用高價之肥料就很不合算。耕地的形式，參差不齊，未加整理，一般的人都不願意變更舊形，所以整理也不容易。種子的改良，在棉種方面雖略有成績，但其他種子之改良仍極困難。其次爲最緊要的排水灌溉。中國農夫視旱魃水害爲命運所定，不思有所補濟，因此每年到處均有水災與旱荒，人民多有飢餓以死者。如果中國能設法改良排水灌溉，則不但從前被人棄而不顧之土地均可變爲良田，耕作的面積與收穫的數量得以增加，卽旱災水患亦能在某種程度上得以減少。近年來各地均注意灌溉方法之改良，如河北省因受旱災之痛創，乃於各地穿鑿水井，至民國十二三年，水井的數目已達百萬以上了。最近河南方面似亦在從事開鑿水井。溝渠亦有開鑿，但大規模之排水灌溉，需費至大，苟非政府之力卽難舉辦。例如河北之永定河之修築，江蘇之淮河之治水工事等卽其一例。虫害之驅除，也必須由政府詳加調查，取一根本之方策。預防水患有種植樹林之必要，故種樹頗爲熱心人士所倡導，唯時日尙淺，尙無成績可觀。

要之，中國之農業改良在短期中是不易收到效果的。

第三節　鑛業

中國新興的近代工業之一，爲鑛業，但鑛業之發達，還很幼稚，鑛山之在採掘中者不過只有一部份，而大資本之經營還不過一小部份而已。例如以煤炭爲例：中國各地埋藏有大量的煤炭，然而現在在採掘者，僅有鐵道交通較便的山東，河北，河南山西及江西等處。至其採掘法，如山西之煤脈雖有二三百里長，而用的仍是中國的土法，在各地任意開採用新法採掘的只有小規模的一兩處。河北省之煤鑛，除中日合辦之楊家坨煤鑛及中英合辦之門頭溝煤鑛是用新法採掘外，其餘都是用土法採掘的。至於土法的煤坑，多爲斜坑，因無排水的設備，一至出水即行放棄另闢新鑛，所以一斜坑之壽命不過一兩年，因此中國隨處都有廢坑。從事開採工作者由數人至數十人，經營者也有自兼爲坑夫的。這樣看來，中國的炭坑經營尚未走入資本主義時代。其他的地方 是在同樣的狀態之中，大規模的煤鑛不過只有幾個。總之，中國之鑛業還是極幼稚的。以下且列示其概況。

中國有煤鑛及其他多種之鑛物，而目下之採掘量不過是如下表所列之少數，煤炭之產額其所以比較的多，是因爲包含着許多外人經營的鑛產之故。

一九三二年中國鑛產價值約計表

註：東三省在特別情形之下，故未計入。

鑛別	數量	價值
煤	一八、六六五、〇〇〇噸	一八六、六五〇、〇〇〇元

石油（桶）	二、四〇〇	二四、〇〇〇
鐵鑛	一、四〇〇、〇〇〇	五、六〇〇、〇〇〇
錳鑛	二一、五一一	二五八、〇〇〇
金（兩）	七五、〇〇〇	七、五〇〇、〇〇〇
銀（兩）	一五〇、〇〇〇	一九五、〇〇〇
銅	二四〇	一四四、〇〇〇
鎢鑛	二、一八〇	一、三〇八、〇〇〇
鋁鑛	四、九六五	四四六、八五〇
鋅鑛	一〇、八七〇	二〇一、七四〇
錫	七、八九〇	一五、七八〇、〇〇〇
汞	二〇	一〇〇、〇〇〇
純銻	一〇、五三〇	三、一五九、〇〇〇
生銻	一、九四五	三八九、〇〇〇
銻養	一、二〇〇	三六〇、〇〇〇
砒鑛	一、二〇〇	四八〇、〇〇〇
鉍鑛	五〇	七〇、〇〇〇

石膏	五三、二〇〇	七九八、〇〇〇
明礬	一一、〇七〇	五五三、〇〇〇
自然鹼	一七、〇〇〇	五一〇、〇〇〇
硫磺	六、〇〇〇	四八〇、〇〇〇
食鹽	三、〇〇〇、〇〇〇	三〇、〇〇〇、〇〇〇
硝	六、〇〇〇	二四〇、〇〇〇
玻璃砂	一〇〇、〇〇〇	三、〇〇〇、〇〇〇
石綿	五〇〇	七五、〇〇〇
瑩石	七、〇〇〇	一一九、〇〇〇
水泥（桶）	四、〇〇〇、〇〇〇	一八、〇〇〇、〇〇〇
總計		二五八、四四一、〇九〇

由上表可知除煤，鹽，鐵，及水泥而外，其餘各鑛物的產量是很少的。但中國之鑛物的埋藏量極大，現在在採掘着的，不過是其一小部份，這由主要鑛物的實例表明如下。

第一爲煤炭。中國之煤之儲藏量極爲豐富，茲就一九三四年中國經濟年鑑所載者，移錄如下：

中國煤鑛儲量表（單位百萬公噸）

省別	儲量
江蘇	二一七
浙江	一〇一
安徽	三四七
江西	九六四
湖北	四四〇
湖南	四、〇〇〇
四川	九、八七四
貴州	一、五四九
雲南	一、六二七
河北	三、〇七一
山東	一、六三九
河南	六、六二四
山西	一二七、一二七
陝西	七一、九五〇
遼甯	一、八三六

吉林	一、一四三
黑龍江	一、〇一七
熱河	六一四
察哈爾	五〇四
綏遠	四一七
福建	五〇〇
廣東	四二一
廣西	三〇〇
共計	二三六、二八七

以上爲調查較詳省分，以下則爲調查未詳省份。

甘肅	六、〇〇〇
新疆	六、〇〇〇
共計	一二、〇〇〇
合共總計	二四八、二八七

煤炭的埋藏量在二三百萬萬公噸左右，是一個極大的數量，但除以土法採掘供給附近之需要而外，以新法採掘者極少。煤鑛之主要者及其最近之產量如次表，與外人有關係者，除開灤井陘門頭溝撫順本

溪湖，福公司，魯大公司而外其他是很少的。

中國主要之煤鑛及其最近之產量表（一九三二年）

省別		產額（約計）
遼甯	撫順煤鑛	五、七七五、五八八
	煙台煤鑛	一七八、二〇〇
	復州灣煤鑛	二五〇、〇〇〇
	本溪湖煤鐵公司	四五〇、〇〇〇
	西安煤鑛	二〇五、六四六
	八道壕煤鑛	七七、〇三五
河北	開灤鑛務局	五、二〇〇、〇〇〇
	井陘鑛務局	六四三、二四五
	正豐煤鑛公司	二二〇、〇〇〇
	門頭溝中英公司	二四〇、〇〇〇
	柳江煤鑛公司	一五〇、〇〇〇
	長城煤鑛公司	——
	怡立煤鑛公司	一三六、〇〇〇

	中和鑛煤公司	—
	臨城鑛務局	五九、六九〇
山東	魯大公司淄川縣	五四二、一九四
	魯大公司濰縣鑛	—
	中興煤鑛公司	九七三、二一九
	博東公司	六三、〇〇〇
山西	保晉公司	五二一、八五四
	晉北鑛務局	二四二、七五〇
河南	六河溝煤鑛公司	七〇〇、〇〇〇
	中原煤鑛公司	八七一、七〇一
	福公司	—
	民生煤鑛公司	二二、〇〇〇
熱河	北票煤鑛公司	二五〇、〇〇〇
江西	萍鄉煤鑛	一五〇、〇〇〇
	鄱樂煤鑛公司	—
吉林	穆稜煤鑛公司	三〇〇、〇〇〇

黑龍江	鶴岡煤鑛	一八〇、〇〇〇
	札賚煤鑛	三〇、〇〇〇
安徽	淮南煤鑛局	六六、九七三
	烈山煤鑛	八五、〇二一
	大通煤鑛	一〇五、〇六九
浙江	長興煤鑛	三五〇、〇〇〇
江蘇	華東煤鑛公司	一〇九、八六〇

此類煤的用途之百分比如下：

用途	百分比
家庭用	四三・三
製造工業用	三二・六
交通業用	八・四
炭鑛用	八・〇
輸出者	七・七
共計	一〇〇・〇

家庭用煤數量之所以獨多，是因爲中國沒有樹木可以用作燃料，而都會上亦大抵用煤之故。工業及

交通業之用煤量少，正表明着中國還是一個幼稚的產業國。

其次爲鐵。關於鐵之埋藏量在鐵工業之部亦曾論及：長江沿岸及山西等處是埋藏着很多的，即大冶鐵山一處之埋藏量也達一萬萬噸，但目前在開採着的鐵鑛，如下表所列乃爲少數鐵鑛，並且其中之主要的鑛山是與外人有關係的。

中國各大鐵鑛概況

鑛山	儲量	產量（一九三二年）
大冶	一七、三〇〇（千噸）	四二五、〇〇〇（噸）
寶興	六、一七三	一三五、〇〇〇
裕繁	四、六四五	二六五、〇〇〇
龍關	九一、六四五	——
金嶺鎮	一三、七〇〇	——
象鼻山	八、五三八	八三、一六五
鞍山等處	四一二、〇〇〇	一四六、五六〇
本溪湖	七〇、〇〇〇	——
弓長嶺	二七〇、〇〇〇	——

此外以錫，銻等爲主要產物，但在從事大規模的採掘者，亦不過一二處，至於其他鑛物採掘極少。

中國鑛產之所以如此不振，也與農產同樣，大抵是因受中國政局之混亂的影響。但詳細點說來，也還有其他種種原因：第一是因爲交通不發達；鑛產物的重量是很大的，如果不築鐵路則輸運這種鑛物就需大批的運費，交通不發達，運費高昂，遂使鑛物空埋地下而不能發掘了。現在煤鑛之在從事採掘者，僅爲鐵路沿線之煤鑛，多在河北，山東，河南等地，山西，四川，湖南之大煤田只有極小部份已經着手開採，其餘如雲南貴州等處則全未動手。在目前的中國的現狀之下，鐵路不但一時難望修築，且日趨荒廢，所以內地鑛山之開掘在最近的將來是沒有希望的。第二爲鑛山之採掘需要大量的資本，而中國則不易得到必要的資本，而且鑛山的位置是在交通不便之地，所以需要修築運輸鑛物之鐵路，這也是非大批資本不能舉辦的。第三爲中國政局不安的影響；僻地的鑛山，因爲地方不寧，加以軍隊之剝削，運費之昂貴，捐稅之龐雜等，使其開掘毫不可能。在中國政局未告安定以前，中國鑛業之發展是無大希望的。

第四節　商業貿易

產業發展之結果，表現而爲商業貿易，這種商業貿易，隨着資本主義之發生，其內容形態也發生了變化。爲要說明中國的商業貿易發達至如何程度起見，這裏且先就商業之補助機關一加敘述，其次再將海外貿易之一般趨勢一加說明。

商業貿易的補助機關有種種其主要者爲金融機關與鐵路航業及其他交通機關，關於這我想加以概略之說明。

A 商業補助機關

在資本主義之發達上，必不可缺者爲金融資本之發達。中國的金融機關之發達，有着兩個途徑，一爲隨官僚軍閥資本主義之發達而發達的半官的或省立的金融機關之發達；一爲隨民間純資本主義之發達而發達的金融機關之發達。屬於前者的，有中國交通等銀行及其他中央銀行，山西銀行等；屬於後者的有各地之商業銀行。但這兩者是不容易判然區別，而常是相混淆的。中國交通等銀行在清朝時即已設立，後來在各地逐漸設立分行，民國以降即經理官款，同時發行紙幣。其後軍閥得勢，他們各自設有銀行，濫發不兌現之紙幣，如東三省之官銀號的奉票即其顯著之一例。這種不兌現的紙幣之發行，是軍閥之最好的搾取手段。因爲這種方法簡單迅速，不若租稅之煩難而且又能獲得其所需要之實數。

其次爲普通的商業銀行。這類銀行因種種原因，其發達顯著的受了阻礙。其一，是受外人金融機關之壓迫，——這在以前也曾提到了。其二，是受中國內亂的影響不能充分的發展。中央地方政府，常向銀行借款而不歸還，銀行所持之內債券與國庫券，因政府之無信用，其價格大跌，如國庫券之類有的竟一文不值，每當內亂發生的時候，金融便梗塞起來，民脂民膏，都爲軍閥官僚所吸去。其次還有中國人民不信任中國之銀行，而人民之貯款者，喜貯現金，又產業尚未普通發達，凡此等等，也足以使商業銀行不能進步。商業銀行僅於主要都市之中間有設立，地方都市不過僅有舊式銀行錢莊而已。中國之金融機關，除新式銀行而外，尚有錢莊，在大都市中，外國銀行，中國銀行，以及華人錢莊，鼎足而立，錢莊介於洋行與華商之間，在貿易上站着重要的地位。上海的錢莊之中，匯劃錢莊與外國貿易最有關係，此種錢莊自通商以來即已發達，經了不少的興亡起伏，現在計有北市之六十餘家，南市十一家，合共七十餘家，其資本以前有很多是十萬元以上的，現在最少的也有四五萬元，普通則爲十萬元左右，資本三四十萬元的也很多。這類的匯劃莊，都有二百萬乃至四五百萬兩的存款，而且在錢業界組有團體，所以其勢力是不可輕侮的。錢莊之最發達而勢力最大的爲上海，其他商埠亦有錢莊存在。其他在小都市中者，並無怎樣的價值。

其次爲新式銀行。新式銀行也大都是以大都市爲中心而發達，地方都市之中這種新式銀行是絕無僅有的。銀行的發達還很幼稚，其基礎不十分鞏固。在產業不發達的中國，這類銀行多與官廳的關係頗爲密切。所以在北京政府時代，銀行界的中心便在北平，財政部與銀行便有不解之緣，到了南京政府時代，銀行界的中心便移至上海，爲上海銀行界之中心的浙江財閥與政府之一派互相有關係，所以中國的金融界與時局是極有關係的。

下表爲中國之主要的新式銀行

銀行名	總行地點	分行數	已繳資本
中國銀行	上海	八〇	六〇、〇〇〇、〇〇〇元
交通銀行	北平	四八	二〇、〇〇〇、〇〇〇
浙江興業銀行	上海	六	二、〇〇〇、〇〇〇
鹽業銀行	北平	一一	一、〇〇〇、〇〇〇
中孚銀行	天津	四	二、〇〇〇、〇〇〇
聚興誠銀行	重慶	七	一、〇〇〇、〇〇〇
中央銀行	上海	二四	
國華銀行	上海	五	二、三三七、九〇〇
中國農工銀行	上海	五	三、一九〇、〇〇〇
中南	上海	四	二〇、〇〇〇、〇〇〇
中國實業	天津	四	二〇、〇〇〇、〇〇〇
東亞	香港	三	一〇、〇〇〇、〇〇〇
金城	天津	四	一〇、〇〇〇、〇〇〇
大陸	天津	三	五、〇〇〇、〇〇〇

四明	上海		一、五〇〇、〇〇〇
廣東	香港	七	二、〇〇〇、〇〇〇

爲明白中國新式銀行之發展狀況起見，茲列出各年銀行之設立數。

民國以來之新設銀行表

年份	新設數	年份	新設數
民國以前	六	民國十二年	七
民國元年	四	十三年	七
二年	二	十四年	一
三年	一	十五年	三
四年	三	十六年	三
五年	一	十七年	五
六年	四	十八年	七
七年	八	十九年	一一
八年	八	二十年	一二
九年	六	二十一年	一九

十年	八	二十二年	二八
十一年	二	二十三年	三

以上所舉者爲主要的銀行，民國以前所設立者僅有六家，其他均設於民國以後，尤其是在大戰時增加的更多。上表爲至二十三年止之狀況，由此吾人亦可知新式銀行發達之一般狀況。

中國銀行之一特質爲各銀行有發行紙幣權，各銀行均發行紙幣，除中國交通兩行外其發行之紙幣額是不多的。一九三二年之紙幣發行額如次：

一九三二年各銀行之紙幣發行額

銀行名	紙幣發行額	銀行名	紙幣發行額
中央銀行	三九、九九五、三六〇	中國銀行	一八四、四二六、九三六
交通銀行	九四、五〇〇、九二五	中國通商	一一、二七六、八七三
浙江興業	七、〇八八、九一六	四明銀行	一五、〇九四、六〇〇
中國農工	三、七〇九、六〇〇	中國實業	三五、八六〇、四八五
中南銀行	三二、三九七、八五七	中國墾業	五、二二一、〇〇〇

一九三一年六月末上海各銀行發行紙幣額

銀行名	發行額	銀行名	發行額
中央銀行	二八、一九〇、六五一	中國銀行	九九、四五三、五六六
交通銀行	三〇、四八〇、三六九	浙江興業	六、〇二三、八九二
中國實業	一八、〇〇〇、〇〇〇	四明銀行	一五、〇〇〇、〇〇〇
通商銀行	二、〇〇〇、〇〇〇	墾業銀行	一、〇〇〇、〇〇〇
外商銀行	四、〇〇〇、〇〇〇	四行	一八、二三一、六五七
合計			二二二、三八〇、一三五

要而言之，中國之新式銀行，在歐戰後有顯著之發達。從銀行界的全體上看來，新式銀行也只發生於大都市之中，地方都市是很少的，即使有幾家，其範圍狹而資本亦薄，所以勢必爲外國銀行所壓迫，如無援助是不能完成金融界的任務的。

金融機關之外，尙有保險業及其他。中國雖然也有從事這種事業的人，但在這方面佔有地位者，亦大抵爲外人所經營者。

其次爲交通機關之整備。交通機關之整備，在通商貿易的發達以及中國之資本主義化上，是一個重大的問題。關於鐵路與輪船，在前面論及各國資本主義之刺激時已略加說明，這裏且省去其重複部份，對於其他部份略加叙述。

中國之修築鐵路，始於清末中日戰後，鐵路之修築一時極爲繁盛。日俄戰後發生收回權利運動至此乃受打擊，至民國以後雖然締結了許多的新的鐵路契約，但因中國政局不定着手修築者極少；除滿洲爲特殊情形外，鐵道網至民國以後極少發展。因中國地域廣泛，益見鐵路哩數的短少了，這與他國一加比較就可明白。

	對於鐵路一哩之面積	對於鐵路一哩之人口
美國	一二平方哩	三・八〇〇
日本	一六	八・〇〇〇
印度	四〇	八・〇〇〇
中國	三三三	五二・六〇〇

（註）一方哩等於二五九・〇〇公頃

目前中國之鐵路總哩數爲一〇、四〇二公里，再加上外人經營之三千四百三十五公里，總共爲一三、八三七公里，其在各省之分布狀態，已於各國之鐵道投資章中說過了。

這種鐵道網之範圍之擴大，是表明着通商貿易之範圍之擴大的。然而中國之鐵道網是極其短少的，那樣廣大的地面僅築有一萬餘公里的鐵路，所以從生產物之集散，鐵路之擴大等方面來說，也是很不完全的。所以爲振興中國今後實有努力修築鐵路之必要。

鐵路既然不足，於是爲治標之計不能不謀汽車交通之發達。最近各省之汽車之發達，是頗有可觀的，北京天津附近，上海附近，以及山西，浙江，湖南，廣東及其他諸省，都努力於汽車路之修築，及長途汽車之行駛，長途汽車公司也設立了很多。

各省之汽車數目如下：

全國各省汽車之估計

省別	普通汽車	長途汽車	貨車	機器脚踏車	共計
江蘇	四五四	二〇〇	九	二	六六五
浙江	二一五	二六二	八九	一一	五七七
江西	六三	一二〇	一三	五	二〇一
安徽	一〇	四六	一九	—	七五
福建	三一四	四八五	四	一八	八二一
山東	一五一	二八四	—	—	四三五
山西	一四〇	二六七	三六三	一五	七八五
陝西	五五	一三二	—	—	一八七

河南	—	五七	二	—	五九
河北	一〇	一九七	一	—	二〇八
青海	二	—	—	—	二
甘肅	四	一五	—	—	一九
寧夏	一〇	二一	一	二	三四
察哈爾	二七	九三	—	—	一二〇
綏遠	四	二三	—	—	二七
新疆	—	二五〇	—	—	二五〇
貴州	五六	四〇	—	四	一〇〇
熱河外蒙	四八	一三八	—	—	二三一
雲南	一八	一四	二〇	—	五二
廣東	八七七	一、二七八	一五七	一八二	二、四九四
廣西	二五六	一九一	—	三	四五〇
湖北	—	七八	二二	—	一〇〇
湖南	六	一〇〇	三五	—	一四一

四川	二二三	一七九	二五	二〇	四四七
東三省	三、六四四	二八八	二、一六三	一一八	六、二一三

上表爲各省汽車估計，各大都市之汽車尙不包括在內。茲將最近三年來汽車之輸入輛數列表於下，以資參考：

年別	輸入輛數
一九三〇	四、二八〇
一九三一	三、七五〇
一九三二	四、一五七

由這看來也可知中國之汽車是顯著地增加了的。鐵路之荒廢的結果，便促進了汽車交通之發達。航路自允許各國有內河航行權後，外船之在中國沿海及內河航行者極多，尤其是揚子江對於鐵路不發達的中國是佔着重要的地位而爲中國交通之大動脈。中國沿海及內河航路上之輪船狀況如左。

（一九二九末之調查）

揚子江航路

路線名	國籍	總噸數	百分率
上海——漢口	日本	二八、三三二噸	二六・六二

	英國	三九、〇四九	三六・六九
	德國	三、九四五	三・七一
	中國	三五、一〇九	三二・九八
上海—宜昌	日本	一、八九一	一二・〇五
	英國	一二、七一一	八〇・九八
	美國	一、〇九五	六・九七
漢口—宜昌	日本	四、九一二	二五・四〇
	英國	八、九四八	四六・二六
	中國	五、四八〇	二八・三四
漢口—湘潭	日本	二、一七三	三八・六一
	英國	三、四五五	六一・三九
漢口—常德	日本	八八三	
宜昌—重慶	日本	四、三九四	一一・九八
	英國	一〇、一四六	二七・六六
	美國	七、二三四	一九・七一
	德國	五七七	一・五八

法國	一、七六八	四・八二
瑞典	三九二	一・〇七
中國	一二、一七〇	三三・一八

就揚子江全線來看則其狀況如下：

國名	總噸數	百分比
日本	四二、五八五噸	二三・〇七
英國	七四、三〇九	四〇・二四
美國	八、三二九	四・五一
德國	四、五二二	二・四五
法國	一、七六八	〇・九六
瑞典	三九二	〇・二一
中國	五二、七五九	二八・五六
共計	一八四、六六四	

沿海輪船狀況如下：

線名	國籍	公司數	船數	總噸數
上海——廣東	日本	一	二	五、〇六〇

	英國	二	一七	三九、五七一
	中國	一	三	六、七九五
上海——甯波	中國	三	四	一一、五六三
	英國	一	一	二、八六六
上海——溫州	中國	一	二	一、八四九
上海——福州	中國	二	三	五、〇六四
廈門——汕頭——香港	日本	一	二	五、一六七
廈門、汕頭、香港、廣東	日本	一	一	二、一七〇
福州——廈門	日本	一	一	一、五一七
華南各線	英國	一	三	六、四五五
	日本	二	五	一〇、六八六
	中國	三	七	二一、一三一
香港——廣東	英國	四	八	一八、六六一
	中國	一	二	一、一一四
香港——澳門	英國	一	二	三、四九八
	中國	一	一	一、二二三

香港——江門	中國	一	二	二、八五五
廣東——澳門	葡萄牙	一	二	一、九二三
廣東——梧州	英國	一	三	一、八〇五
	中國	三	五	二、三七四
香港——梧州	英國	六	一一	五、五〇〇
上海——天津	日本	一	二	四、一七八
	英國	二	一二	二五、一一二
	中國	二	一〇	一八、五〇〇
上海、青島、天津	日本	一	二	四、〇三五
上海——安東	英國	一	二	四、四六六
上海——天津——牛莊	中國	一	三	約五、〇〇〇
上海——牛莊	中國	一	三	六、〇四八
	英國	一	五	九、六一五
福州——天津	日本	一	三	七、六七一
大連、基隆、高雄	日本	一	二	五、一〇〇
廣東——天津	英國	一	二	四、〇〇二

沿海臨時航船	日本	二	二○	六二、八二七
	英國	二	一一	二二、三二六
	中國	一	一	一、九四○
沿海航路臨時航船	中國	二	二七	三四、八四八
大連——天津	日本	四	九	一六、八一四
大連、登州、龍口	日本	二	二	一、四○四
大連——上海	日本	一	三	一一、○○二
華北諸線	日本	三	八	一二、一二三

以上航路按國別綜合起來則有如下表：

國別	隻數	總噸數	百分比
日本	六二隻	一四九、七五二噸	三六・八九
英國	七七	一四三、八七七	三五・四五
中國	五○	一一○、三三四	二七・一八
葡萄牙	二	一、九三三	○・四八
計	一九一	四○五、八九六	

中國在長江航線中之船隻不過佔總數之二八・五%，沿海航線中之隻數不過爲全數之二七%，至

於外洋航路，則全爲外人之勢力了。中國欲圖航業之發達，實有收回沿海及內河航行權之必要。中國的內戰影響了陸路交通，同樣也影響了水路交通，中國的船艘因內戰的關係，常被扣留或徵發爲軍用，以致航行停止者，屢有所聞。這時外國的輪船沒有被徵發的可能，這也助長了它們的發達。中國對於航業之發達，也很注意，曾作種種計畫，但在目前，尙無成績可言。中國航業之發達，爲時甚早，如招商局雖有很久的歷史，但其後爲各國的航業所壓迫，發展甚難。歐戰後中國的航業界出現了許多的小輪船公司，後又爲了世界的不景氣，此類輪船公司均極難維持了。

關於交通機關之發達，已作概略的敘述。中國的內戰，使中國的交通機關上發生一種變態的狀況。在舊軍閥跋扈的時代，以交通機關爲其生命，各派的大軍閥，各各在鐵路沿線有其地盤，以之爲軍費之來源地，又扣留船隻，濫用電信，所以這種固定的交通機關，漸趨荒廢，反乎此，軍隊所不能抑制的沒有固定的線路的交通通信機關則又發達起來。例如前述之汽車之發達，以及代替有線電之無線電，各省已均有設立，輪船亦有設置。又因戰亂的結果，戰爭上所必要的飛機也發達起來，全國各省現均有大批的飛機。航空路也有在計畫或已開始者。戰爭之所以使中國交通機關向這方面發展，是因爲固定的設備有爲軍隊所破壞之虞，而需費浩大的交通設備，在目前中國的狀況之下是不能設置的原故。中國的交通，將來將向這方面更有發展罷。

B　貿易發達之趨勢

中國的商業很早卽頗發達，在周代已有相當的進步，至秦時商業資本的勢力已侵入農村，這時有巨商出現，至漢時則開始與外國通商了。然而中國商業自後之所以時盛時衰，而不甚發達者，是因爲中國的經濟組織是各地自給自足的，而歷代的政策又是重農輕商，商人受有課稅及其他種種的壓迫。其次，中國之海外交通事業的不發達，以及中國人的仇外思想閉關主義等等，也許是商業不振之一原因罷。到清末的時候，開始與外國通商，通商口岸逐漸增加，貿易才漸次的發展起來。貿易增進的原因，爲通商口岸之增加，增加了與外國接觸的機會，受外國資本主義之刺激，中國的產業發達起來，以及各國對於中國市場漸加重視等，但其發達亦經過許多的過程，目前貿易是顯然地受了阻礙的，其情況可見於下表：

（單位一八六七年以前爲上海規元兩，一八六八年以後爲海關兩）

年次	輸出	輸入	共計	出入超
一八六四	五四、〇〇六、五〇九	五一、二九三、五七八	一〇五、三〇〇、〇八七	（十）二、七一二、九三一
一八六五	六〇、〇五四、六三四	六一、八四四、一五八	一二一、八九八、七九二	一、七八九、五二四
一八六六	五六、一六一、八〇七	七四、五六二、六七四	一三〇、七二五、四八一	一八、四〇一、八六七
一八六七	五七、八九五、七一三	六九、三二九、七四一	一二七、二二五、四五四	一一、四三四、〇二八

一八六八	六一、八二六、二七五	六三、二八一、八〇四	一二五、一〇八、〇七九	一、四五五、五二九
一八六九	六〇、一三九、二三七	六七、一〇八、五三三	一二七、二四七、七七〇	六、九六九、二九六
一八七〇	五五、二九四、八六六	六三、六九三、二六八	一一八、九八八、一三四	八、三九八、四〇二
一八七一	六六、八五三、一六一	七〇、一〇三、〇七七	一三六、九五六、二三八	三、二四九、九一六
一八七二	七五、二八八、一二五	六七、三一七、〇四九	一四二、六〇五、一七四(十)	七、九七一、〇七六
一八七三	六九、四五一、二七七	六六、六三七、二〇九	一三六、〇八八、四八六(十)	二、八一四、〇六八
一八七四	六六、七一二、八六八	六四、三六〇、八六四	一三一、〇七三、二三二(十)	二、三五二、〇〇四
一八七五	六八、九一二、九二九	六七、八〇三、一四七	一三六、七一六、一七六(十)	一、一九〇、六八二
一八七六	八〇、八五〇、五一二	七〇、二六九、五七四	一五一、一二〇、〇八六(十)	一〇、五八〇、九三八
一八七七	六七、四四五、〇二二	七三、二三三、八九六	一四〇、六七八、九一八	五、七八八、八七四
一八七八	六七、一七二、一七九	七〇、八〇四、〇二七	一三七、九七六、二〇六	三、六三一、八七四
一八七九	七二、二八一、二六二	八二、二二七、四二四	一五四、五〇八、六八六	九、九四六、一六二
一八八〇	七七、八八三、九八七	七九、二九三、四五二	一五七、一一七、〇三九	一、四〇九、八六五
一八八一	七一、四五二、九七四	九一、九一〇、八七七	一六三、三六三、八五一	二〇、四五七、九〇三
一八八二	六七、三三六、八四六	七七、七一五、二二八	一四五、〇五二、〇七四	一〇、三七八、三八二
一八八三	七〇、一九七、六九三	七三、五六七、七〇二	一四三、七六五、三九五	三、三七〇、〇〇九

一八八四	六七、一四七、六八〇	七二、七六〇、七五八	一三九、九〇八、四三八	五、六一三、〇七八
一八八五	六五、〇〇五、七一一	八八、二〇〇、〇一八	一五三、二〇五、七二九	二三、一九四、三〇七
一八八六	七七、二〇六、五六八	八七、四七九、三二三	一六四、六八五　八九一	一〇、二七二、七五五
一八八七	八五、八六〇、二〇八	一〇二、二六三、六六九	一八八、一二三、八七七	一六、四〇三、四六一
一八八八	九二、四〇一、〇六七	一二四、七八二、八九三	二一七、一八三、九六〇	三二、三八一、八二六
一八八九	九六、九四七、八三二	一一〇、八八四、三五五	二〇七、八三二、一八七	一三、九三六、五二三
一八九〇	八七、一四四、四八〇	一二七、〇九三、四八一	二一四、二三七、九六一	三九、九四九、〇〇一
一八九一	一〇〇、九四七、八四九	一三四、〇〇三、八六三	二三四、九五一、七一二	三三、〇五六、〇一四
一八九二	一〇二、五八三、五二五	一三五、一〇一、一九八	二三七、六八四、七二三	三二、五一七、六七三
一八九三	一一六、六三二、三一一	一五一、三六二、八一九	二六七、九九五、一三〇	三四、七三〇、五〇八
一八九四	一二八、一〇四、五二二	一六二、一〇二、九一一	二九〇、二〇七、四三三	三三、九九八、三八九
一八九五	一四三、二九三、二一一	一七一、六九六、七一五	三一四、九八九、九二六	二八、四〇三、三〇四
一八九六	一三一、〇八一、四二一	二〇二、五八九、九九四	三三三、六七一、四一六	七一、五〇八、五七三
一八九七	一六三、五〇一、三五八	二〇二、八二八、六二五	三六六、三二九、九八三	三九、三二七、二六七
一八九八	一五九、〇三七、一四九	二〇九、五七九、三三四	三六八、六一六、四八三	五〇、五四二、一八五
一八九九	一九五、七八四、八三二	二六四、七四八、四五六	四六〇、五三三、二八九	六八、九六三、六二四

一九〇〇	一五八、九九六、七五三	二一一、〇七〇、四二二	三七〇、〇六七、一七四	五二、〇七三、六七〇
一九〇一	一六九、六五六、七五七	二六八、三〇二、九一八	四三七、九五九、六七五	九八、六四六、一六一
一九〇二	二一四、一八一、五八四	三一五、三六三、九〇五	五二九、五四五、四八九	一〇一、一八二、三二一
一九〇三	二一四、三五二、四六七	三二六、七三九、一三三	五四一、〇九一、六〇〇	一一二、三八六、六六六
一九〇四	二二九、四八六、六八三	三四四、〇六〇、六〇八	五八三、五四七、二九一	一一四、五七三、九二五
一九〇五	二二七、八八八、一九七	四四七、一〇〇、七九一	六七四、九八八、九八八	二一九、二一二、五九四
一九〇六	二三六、四五九、七三九	四一〇、二七〇、〇八二	六四六、七二六、八二一	一七三、八一五、三四五
一九〇七	二六四、三八〇、六九七	四一六、四〇一、三六九	六八〇、七八二、〇六六	一五二、〇二〇、六七二
一九〇八	二七九、六六〇、四〇三	三九四、五〇五、四七八	六七一、一六五、八八一	一一七、八四五、〇七五
一九〇九	三三八、九九二、八一四	四一八、一五八、〇六七	七五七、一五〇、八八一	七九、一六五、二五三
一九一〇	三八〇、八三三、三二八	四六二、九六四、八九四	八三四、七九八、二二二	八二、一三一、五六六
一九一一	三七七、三三八、一六六	四七一、五〇三、九四三	八四八、八四二、一〇九	九四、一六五、七七七
一九一二	三七〇、五二〇、四〇三	四七三、〇九七、〇三一	八四三、六一七、四三四	一〇二、五七六、六二八
一九一三	四〇三、三〇五、五四六	五七〇、一六二、五五七	九七三、四六八、一〇三	一六六、八五七、〇一一
一九一四	三五六、二二六、六二九	五六九、二四一、三八二	九二五、四六八、〇一一	二〇三、〇一四、七五三
一九一五	四一八、八六一、一六四	四五四、四七五、七一九	八七三、三三六、八八三	三五、六一四、五五五

一九一六	四八一、七九七、四六六	五一六、四〇六、九九五	九九八、二〇四、三六一	三四、六〇九、六二九
一九一七	四六二、九三一、六三〇	五四九、五一八、七七四	一、〇一二、四五〇、四〇四	八六、五八七、一四四
一九一八	四八五、八八三、〇四一	五五四、八九三、〇八二	一、〇四〇、七七六、一二三	六九、〇一〇、〇四一
一九一九	六三〇、八〇九、四一一	六四六、九九七、六八一	一、二七七、八〇七、〇九二	一六、一八八、二七〇
一九二〇	五四一、六三一、三〇〇	七六二、二五〇、二三〇	一、三〇三、八八一、五三〇	二二〇、六一八、九三〇
一九二一	六〇一、二二五、五三七	九〇六、一二二、四三九	一、五〇七、三四七、九七六	三〇四、八七六、九〇二
一九二二	六五四、八九一、九三三	九四五、〇三九、六八〇	一、五九九、九四一、五八三	二九〇、一五七、七一七
一九二三	七五二、九一七、四一六	九四八、六三三、九二〇	一、七〇一、五五一、三三六	一九五、七一六、五〇四
一九二四	七七一、七八四、四六八	九六五、〇九〇、五九三	一、八一〇、八八六、六二四	二六七、三一七、六八八
一九二五	七七六、三五二、九三七	九六五、〇九〇、五九三	一、七四一、四四三、五三〇	一八八、七三七、六五六
一九二六	八六四、二九四、七七一	一、三四四、六四六、九七一	二、〇〇八、九四一、七四二	三八〇、三五二、二〇〇
一九二七	九一八、六一九、六六二	一、〇三四、〇三〇、四九〇	一、九五二、六五〇、一五二	一一五、四一〇、八三四
一九二八	九九一、三五四、九八八	一、九一五、九六九、二七一	二、一八七、三二四、二五九	二〇四、六一四、二八三
一九二九	一、〇一五、六八七、三一八	一、二六五、七七八、八二一	二、二八一、四六六、一三九	二五〇、〇九一、五〇三
一九三〇	八九四、八四三、五九四	一、三〇九、七五五、七四二	二、二〇四、五九九、三三六	四一四、九一二、一四八
一九三一	九〇九、四七五、五二五	一、四三三、四八九、一九四	二、三四二、九六四、七一九	五二四、〇一三、六六九

一九三二	四九二、六四一、四二一	一、〇四九、二四六、六六一	一、五四一、八八八、〇八二	五五六、六〇五、三四〇
一九三三	二九六、四六六、五一九	七七一、一〇八、〇八五	一、〇六七、五七四、六〇四	四七四、六四一、五六六

（註）一九三三年之貿易表係一月至六月者

上表不包含再輸出。

這種貿易之發展，以曲線表示出來則如下：

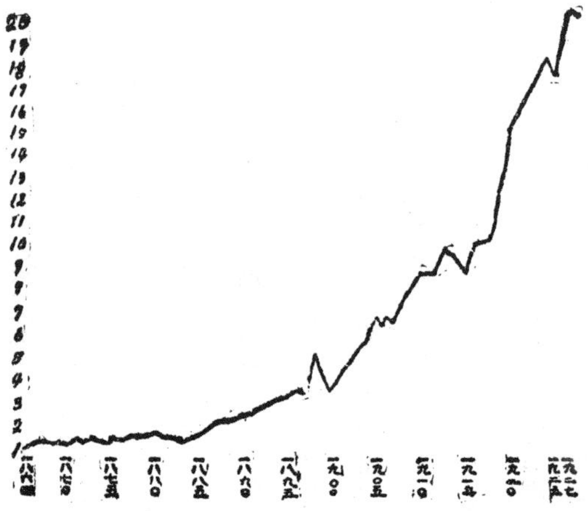

如上曲線所示，中國貿易隨通商口岸之增加與外人在華之進展而發達，在歐戰時一時雖逸出常軌，但戰後因各國捲土重來及物價騰貴的原故，貿易額又大爲增加，但最近數年則略見衰退，貿易之增加率不若從前之高。其原因爲交通機關之障礙，因內戰而起之生產的破壞及購買力之衰退等。在另一方面，因世界的生產過剩的結果，各國爭相在中國市場尋找出路，却也足以增進中國貿易之發展的。在這兩種相反的現象之間，中國的貿易將如何前進，這是須待將來才能明白的。

將現在中國之貿易發達的程度，與其國土及人口一加比較，則其狀況是如下表所示之低弱的：

中國每一人之貿易額與各國之比較

國名	作每一人計算之貿易額
英國	五五六・一〇元
法國	三七〇・一〇
美國	一九八・〇〇
丹麥	六一二・五〇
比利時	三九三・二〇
意大利	二七一・〇〇

日本	七六・三〇
印度	九・一三
中國	七・七六

中國每一人貿易額約占每一日人之十分之一。所以中國貿易將來是大有發達的可能的，各國之重視中國市場蓋亦不爲無理。

C　貿易形態之變化

中國貿易的發展，既如上述，這裏再略述貿易的形態上的變化，其一爲交易機關之變化。從來的對華貿易，輸出輸入均由洋行經理，中國的行莊向當地洋行或經理輸出入的商店定購貨物，但至近年中國商人則多在外國設立分店，直接購買貨物送回本國；這種情形就中日的貿易看來，則雜貨之類的東西，多由中國人直接買賣，棉布等物亦多半是直接購買的。這種現象在華北滿洲等處尤爲顯著。上海方面，則尚未至此，其主要原因約有下列兩點。

一、中國之不斷的戰亂與排日的結果，在華之日人公司商店，受着重大之打擊，所以平常雖可得到多少的利潤，但因時受打擊，通盤計算起來，不受損失的商店幾乎沒有，加之金銀匯兌市面之激變，常有危險發生，於是日人之商店或公司乃逐漸撤回，其數日見減少。

二、中國商人爲減省中間人的佣錢，並爲廉價購買貨物起見，便不經過日人之中間機關，徑向日本購貨，他們自己派往日本各地之辦貨員日見增多，這類辦貨員在各地之定價略低的商店購買貨物，他們所買的貨物不多，所以無須保險，結果較之託日本洋行代購要低廉得多了。

於是一方面日本洋行便撤回本國，而中國之商店便向日本擴展，交易逐漸移在日本進行了。這種傾向在北方頗爲顯著，尤以滿洲爲更甚。滿洲一切的雜貨，幾乎全部是在日本直接購買的，棉製品之大半也是直接由日本定購的。尤其是在北滿，日本之輸入商幾乎沒有，完全由中國商人直接向日本購買，南滿方面雖有若干之日本輸入商，但其數極少。特產品之輸出，起初也多半是由日人經理的，但自中國官商伸入其勢力以後，遂有爲其所獨佔之形勢。華北也是這種情形，棉絲布商在一九二〇年有二十餘家，但至一九二七年則減少爲六七家了。反乎此，中國商人的大部份都在日本設有店舖，而其輸入額之大半都是直接購買的。上海方面沒有華北那樣的情形，雜貨的大部份雖然是由駐日莊客直接購買，但棉絲布之類的貨品，則多由日本商人轉購的；經理此種商業的日本洋行，亦達四五十家，不過除十數家而外，都是小本經營，最近因排日與銀價暴跌的關係，受着嚴重的打擊，將來能否繼續發展，尙成問題。然而這種傾向是很自然的，其結果，由戰亂與匯兌市面所受的影響，便由華人負擔，在中日貿易額上，似乎是毫無影響的。從中國方面看來，這是中國商人勢力之擴大，是中國貿易上之一進步。

其次爲中國內地所起之交易上的變化。以前各國的計畫，是想逐漸向內地開闢通商口岸，延長航路，修築鐵路，外人親自到內地去從事貿易，但因中國發生戰亂，交通阻滯，土匪橫行，生命財產沒有保障，於是外人漸次由內地退出，集中於通商口岸，而中國人自己到各商港去從事貿易了。又因內地商埠發生危險，多集中於主要的商港。這樣的辦法，並不是根據中國方面的計畫，而是內地的不安所必然產生的結果。但從另一方面看來，在通商口岸與外人交易，却也是貿易發達之自然的傾向。貿易集中於主要通商口岸及安全的沿海的大商港的傾向漸次濃厚起來，終至有所謂上海中心主義的發生。

所以貿易的形態，只有中國呈着特殊的狀態。隨着國際形勢之變轉，金融機關與船舶也以本國之機關充任，又以中國銀行爲國際匯兌銀行，此外關於航業之發達，亦有計畫，但尙無顯著之成績。

第五節　中國財閥之發達

中國沒有別國那樣的資本家，但中國却有以中國之獨特的地方關係與同業公會爲基礎之財閥，他們各個的勢力雖很薄弱，但其集團的力量却是很大的。財閥這名詞之出現，是最近浙江財閥與國民政府發生關係以後的事。所以論到財閥之發生，就須以浙江財閥之發達爲中心，加上旁系之廣東財閥。關於中國財閥之特性，且留在以後再說，這裏我想就其發生與發達一加叙述。

浙江財閥之發生，雖有種種原因，但其第一原因則爲上海之發達。上海爲一通商口岸，漸次發展起來，及至全國工業大半集中於此的時候，便由上海經濟界產生出資本閥來，隨着上海之發達而發達，乃是自然的事。第二爲浙江隣近上海，活動於上海實業界的人多爲浙江人之故。第三是因爲浙江人握着上海金融界的中心的原故。浙江財閥發達之中心實在金融界，他們掌握着金融界，因此而爲上海財界之中心。要說明浙江財閥之發達，這裏有以金融機關爲中心加以敍述的必要。

在上海未設立租界以前，當時的金融機關，全國均爲山西的票號所佔，不久中外之銀行及錢莊發生起來，票號乃失去其勢力，至清朝覆亡之後，遂喪失其特權，幾乎全歸消滅。但在代此種票號而興之新金融機關之中，特別佔有勢力的，爲錢莊。光緒初年這種錢莊約有百餘家，其經營者及辦事人大抵均爲江蘇浙江兩省的人。光緒七年因中法戰爭而起之財界的變動，予錢業界以重大之打擊，多數之錢莊倒閉，戰後雖又復活，但江蘇浙江兩派對立起來，江蘇系卒歸沒落，而浙江派乃處於絕對的優位。其後上海的錢業界又遭多次之難關，尤其是在辛亥革命的時候，立得住的錢莊竟不到五十家。由這機運浙江派財閥却更爲得勢，現在已經是地位穩固無可動搖了。

其次，是與錢莊對立佔着新勢力的中國之新式銀行。就前清末年之新式銀行系統看來，與政府有關係之大清（中國銀行之前身）交通兩銀行，是江蘇人的勢力，浙江系則有上海之民間的銀行的四明，浙江興業，浙江實業等銀行，其勢力雖小，但至民國以後，其勢力突然增大起來，擁有上海新式銀行之大半數，而卒有今日之盛。這是因爲民國初年以來，上海財界的支配階級之中有了浙江人出現，而浙江系之金融業者常能團結一起以發揮其集團的力量，又與政府保持圓滿的關係之故。於是中國銀行與交通銀行的實權，也由江蘇人之手落於浙江人之手了。其後國民政府所設立之中央銀行也是以浙江人爲臺柱的。這樣與政府有關係之三銀行便與財政部相提攜而制霸於金融界了。在前淸時代不過只有上海的三家銀行，但至民國以後則又添設了中國通商，中華商業儲蓄，中華勸業，正大商業，道一，中央信託及通易信託等銀行。準浙江系之銀行則有中南，鹽業，金城，大陸等四行。上海之其他的二十餘家銀行也努力與浙江派金融業者相連絡以謀本身之利益。浙江系銀行勢力之所以大，是因其歷史久遠的原故，蓋社會習慣，對於經營年久的商店，其信用也較大，所以在這一點上浙江系銀行是站在有利的立場上的。其次是浙江系的銀行，其背後擁有屬於同一系統的有力的錢莊，而中國的銀行，如果沒有錢莊之提攜是不能存在的。又，除錢業界之外，浙江出身的人在實業界的也很多，他們在上海的財界有着牢固的勢力，浙江系的銀行便是擁有這類的顧客的。不但如此，且各省的要人也多爲浙江人，財閥與浙江系軍人政客聯絡而形成一種勢力。由這看來，浙江系銀行之強點，是因其在錢業界有鞏固的地盤，而錢莊在其發達之初期，其資本最多不過四萬兩，普通則爲二萬兩，最小者一二千兩，至其信用不待言是其背後之股東之雄厚的財力。因爲股東在萬一的時候，對於該錢莊的債務，是負有完全的責任的。但在最近錢莊資本大有增加，最小者也有四五萬，普通都是十萬以上，最大者則有三四十萬，其勢力是很大的。錢莊在起初的時候，受票號與外國銀行之壓迫，後來票號的勢力衰退。中國新式銀行續出，而崇拜外人之心理亦漸冷却，外國銀行之勢力遂減，在歐戰時這種傾向更爲顯然。中法實業，道勝，中華滙業等銀行之失敗，使中國人對於外國銀行的信用減少，而使錢莊的勢力增大起來。尤其是在歐戰的時候，獲得巨利的浙江人，將其財產投資於錢莊之經營，因而錢莊之勢力愈大，而且股東非浙江系的錢莊其經管的人也都聘用浙江人，以便與同業者連絡，而得經營之便，所以自然的加入浙江系的勢力圈內，而助長其勢力之增大。以這種金融界的勢力爲中心，集合一般實業界之浙江系的勢力，於是產生了浙江財閥，環繞着浙江財閥又產生一個上海財閥，這也卽是中國全國的財閥。環繞着這個浙江財閥的旁系財閥之中，其最大的爲廣東財閥及江蘇與上海系的財閥。這裏我想對於廣東財閥略加叙述。

廣東財閥是浙江財閥之前輩，從前曾與浙江財閥爭霸，但浙江財閥在金融機關方面，在總體的勢力上所處之地位勝於廣東系，而且在目前因爲政治勢力的特殊關係，使廣東財閥最多只是廣義上的浙江財閥之一主要分子，但今後是否仍繼續過去的關係則是一個疑問。

廣東財閥的特長在乎與歐美接觸最早而洞悉其情況之故，因此浙江財閥大抵是注力於金融界，而廣東財閥則與外人發生關係，從事於新奇的事業，而注力於商工業方面。在上海初闢的時候，各處的人都跑到上海來，因爲地理的關係，江蘇與浙江人最佔優勢，其次要算廣東人。廣東人多與外人發生關係，從事於重要輸出品的生絲與茶之貿易。其後生絲方面浙江人伸進其勢力來，但茶業方面則仍爲廣東人佔優勢。廣東人充當外人之買辦的也頗不少，此外經營與廣東有交易關係之絹織物，雜穀，皮革，鴉片，油脂，藥材，雜貨及酒樓的商店極多，與外人有關係者相結合，造成一大勢力，但在金融界方面却極不振，僅有一兩家錢莊。因而在這方面便爲浙江財閥所壓倒了。到民國以後，他們在新興商工業方面，打開一種新的局面，如煙草工業則有南洋兄弟烟草公司，中國與業煙草公司，及華商煙公司等，紡織業方面則有永安，鴻裕，緯通，鴻章等，其他如上海南京路之先施，永安，新新，麗華等公司也都是廣東人所經營的。在銀行業方面也有廣東，東亞，和豐，香港，國民，新華，工商，中華，同華等銀行有着相當的發展。廣東人開辦錢莊者雖亦不少，但這類錢莊的股東，多有一部分的浙江人加入，其經管者爲浙江人，所以結果必須處在浙江人的下風，不過正因如此，兩個財閥，銜接一起了。

要而言之，中國的財閥，是由與外國通商而產生的，其發展地爲通商口岸及生命財產有安全保障之租界，隨着開港場之發展，他們的勢力便愈擴大，所以中國財閥，在目前的狀況，與租界及開港場是有着重大的關係的。

第五章　中國資本主義之特殊性

第一節　中國資本主義之特殊形態

中國之資本主義，因其特殊之國情，具有一種特別的形態。其中雖也有一時的現象，但也不無根本的要素。因此想明白中國的資本主義將來怎樣發達，就須將這種特殊形態一一加以檢討。普通的資本主義在中國不易發達，中國有着特殊的資本主義在發達着。這大體可分爲兩個系統：一爲與軍閥官僚有關係的，屬于這一系統的，除原有的軍閥官僚資本主義外，又有與軍閥官僚有關係之資本閥。中國的情形，不像別國那樣資本家指揮政府，而是兩者互相媾合的。另一系統爲外國資本主義及與這連帶發生之資本家，如買辦及華僑便是屬於這一系統的。以下我想將其內容之一般加以說明。

A　軍閥官僚資本主義之發達

中國官僚階級之存在，妨害了一般資本主義之發達，這是如前所述的了。他們在新興商工業未發達以前，大抵都是擁有土地資本的地主階級、到了與外國開始通商而新商工業發達起來的時候，他們便伸其勢力到這方面來，成爲一個商工業資本家。這種可看作官僚資本主義之一變形的資本主義，是軍閥資本主義。它們兩者的關係是怎樣呢？在平靖的時候，中國的政權雖握於官僚之手，但一到戰亂時期，便是武力之全盛時代，官僚附從於軍閥——資本集中於軍閥之手，於是便出現了所謂軍閥資本主義。到了戰亂時期過去官僚資本主義便代替軍閥資本主義而起了。這裏先述目前最有勢力之軍閥資本主義，其次再略論官僚資本主義。

軍閥在中國的戰亂期間有着絕大的權力，他們兼有武力政權，及資本伸其榨取之手於各方面。第一是他們有着豐富的資本。從前曾有人對於二百餘官僚首領的財產，加以調查，計其總額竟達二十萬萬元。大軍閥的財產有時有七八千萬元，督軍之類的軍閥的財產也有二三千萬元，與這比較起來，官僚的財產不過數百萬元而已。師長級的軍人，也都擁有莫大的財產。他們的賺錢乃以軍隊為資本，所以沒有虧本之患。舊軍閥積聚金錢的方法雖有種種，但其主要者不外以下數種：

一、租稅之誅求，截留中央稅款，以充軍費，而中飽其一部分。此外苛捐雜稅，均由軍閥任意徵收。

二、電索軍餉，領得巨款時，半入私囊，他們常虛報兵額，以領巨額之軍餉。

三、濫發不兌現紙幣，用以購物，此為簡而易舉之賺錢法，又濫造輕量惡質之銅幣，以充軍費。

四、發行公債，向富豪敲詐。

五、私運鴉片，賺得大批的錢。

六、包攬管轄區內之一切有利事業：

軍閥每逢有戰事，就能賺錢。每逢有戰事發生的時候，現金便集中於軍閥之手，而一般商人受其剝削而愈趨貧困，所以戰亂如果繼續下去，則軍閥資本主義便會發達起來。

軍閥也伸其手於金融機關方面，這已如前所述的了。大軍閥各各有其自己之金融機關，如閻錫山之山西銀行，奉天之東三省官銀號等，即其主要者。其他小軍閥亦各有其省銀行，其勢力侵入於金融界。

軍閥資本主義遍及於各方面。茲略舉其主要者如下。第一是他們佔有交通機關。起初據有鐵道而將其當作私人的事業的是屬於官僚階級的交通系，後來軍閥得勢起來，因其軍事上之必要以及安插其私人的關係，便逐漸的侵入鐵道方面，而握得其實權。這是從直隸派握得霸權的時候開始的，後來日益加甚，到北伐開始以後，鐵路完全爲各地的軍閥所分割佔據了。不但是鐵路方面，即航業方面他們也伸進手來，如松花江的航行權便是握於軍閥之手的。

除交通之外便是鑛業與工業等。鑛山之開採須經官廳之允許，所以多數的鑛山均爲盤據各省之軍閥的一族所佔。試一考查中國之鑛山之主要的股東與從業員，這事實是很容易明白的罷。再就工場方面來看，如需要大資本之紡織業，是多半由軍閥出資經營的，天津的紡織工場，有的是直隸派的，有的是安徽派的。

軍閥在商業方面的投資也很多，軍閥有自己經營商店的，有圖專賣貨物的，有出資設立公司銀行或商店的，在一般實業方面也有他們的牢不可拔的勢力。如果是軍閥不拿出資本來的話，則中國之新與商工業將苦於資本之困難而不會有今日之發達罷。

其次為軍閥對於土地的投資。因為各地產業尚不發達，所以軍閥將其榨取所得之錢投資於土地而成為地主。武漢政府之所以驅逐共產黨，是因為共產黨在湖南所作之土地革命，威脅了湖南的軍閥地主，觸犯了湖南的軍閥的怒才將他們趕掉了的。軍閥不僅僅止於做一個地主，他們還佔有大部的未墾地，招募開墾人夫，使其開墾土地，而坐獲廣大之土地。

軍閥資本主義之發達，在上海附近那樣商工業發達資本家勢力很大的地方，是很困難的，華北方面之軍閥資本主義較華中為發達，而在新開發之東三省方面則是極為繁盛的。這裏且略述東三省的軍閥資本主義之發達狀況。

在東三省方面，軍閥掌握着金融機關，左右東三省之金融，但却沒有其他地方之華人銀行之發展。與這類軍閥銀行（奉天之東三省官銀號，吉林之永衡官銀號等）相對抗的只有日人之朝鮮銀行。所以他們對於日人銀行壓迫頗甚，因濫發奉天票之結果，奉天票之價格大跌的時候，中國方面發令禁止接受朝鮮銀行之銀票，與日本銀行作激烈之競爭。又中國官廳對於東三省之投資極力保護，採取對於朝鮮銀行之投資之不利的行動。

大規模之工廠，也多是軍閥經營的，奉天之紡織工廠即其顯著的一例。

又如松花江之航行權也握於東三省的軍閥之手。從前松花江方面有中國私設公司及中東鐵路之輪船航行運費極為低廉，但自一九二四年奉天軍閥收買戊通公司經營運輸業以後，對於黑龍江軍閥系之廣信公司以外之輪船，檢查極嚴，增加免票乘船者，暗中加以妨害，一般汽船業者不堪其壓迫，乃相聯合設立聯合航務局，十五年八月東北海軍將由中東鐵路沒收過來之輪船加入到這裏面來，該航務之首腦部為東北海軍所佔，使航務局執航業界之牛耳。

軍閥又伸其手於滿洲特產品之包辦，這是別的地方所看不到的情形。滿洲之特產品之主要產地為北滿，而北滿之主要的官商則為奉天軍閥系之東三省銀號及邊業銀行吉林之永衡官銀號黑龍江之廣信公司。這類銀行除一般銀行業之外，也都經營特產品之買賣，油房業倉庫業土地建築物之租借，製糖以及其他有利之事業。他們之開始購買北滿的特產品，是在一九二四年的時候，但在最近他們却已處於獨佔的地位。他們將買來之大豆，售賣於哈爾濱及大連等地，十五年度輸往大連的大豆的數量，達四十三萬噸，佔全輸入額的百分之四十六強。他們之所以能如此急速的壟斷市場，是因為市面上流通的是奉天票，而紙幣又易發行，且有官廳為其後盾的原故。軍閥也經營房產。普通經營房產的，須要繳納種種的租稅，而且房租也不易收到，但軍閥所經營的却沒有這類的事情。

東三省的情形，是如上所述的了，此外他省的軍閥亦有類似的舉動。這樣，軍閥資本家便成爲構成中國資本主義之重要的要素，他們的勢力，在中國的混亂局面未告終了的時候，是不會衰退的罷。

與軍閥資本家一併存在的是官僚資本家。他們從前也是地主，到了新興商工業發生起來以後，他們便又在這方面活動。他們如同軍閥一樣，是擁有大量的資本的，鑛山鐵路及其他主要產業方面，無不有他們的勢力存在。中國之大財閥與大實業家，大抵都是官僚，如浙江財閥之首腦陳其美，廣東財閥之中心人物唐紹儀，以及黎元洪張謇等便是其顯著的一例。

質言之，中國一切的產業，倘無軍閥官僚的關係，卽無從興起，因此軍閥官僚成爲構成中國資本主義之主要要素，而使中國資本主義具有一種特殊的形態。

B　外國資本主義之發達與變形

中國資本主義之一形態，爲外國資本主義之有力的存在與由此而生之買辦階級之存在。這裏我想略述外國資本主義之發達的經過。外國資本主義在中國之有現在這樣的發達，大抵是因爲下述的兩個原因。

一、外人來到中國的時候，正是淸末衰微不振的時候，自到民國以後又在長期的混亂之中，所以中國人無力從事於產業之開發。

二、外人在中國獲得種種的特權，例如租借地及租界之設置，內河航行權之獲得，鑛山採掘權及在商港設立工場權等之取得等。

外國資本主義在中國發達之經過，可分數期來講。在開始通商的時候，只有廣東一處允許貿易，自南京條約開闢上海等五港以後，中外間之接觸漸密，遂有外人在租借地設立工場與從事航業者。中日戰後由馬關條約公然承認外人有工場設置權，外人工廠，遂逐漸設立。外人又熱心於鐵路之投資，由外國借款修築了許多的鐵路。但在日俄戰後，中國受了極大的刺激，發生了收回權利運動，至是外人投資乃受一頓挫。但至民國革命前後，投資者又多起來，締結了很多的新鐵路契約，沿海及內河航路愈加延長，而工場之設立與鑛山之採掘也旺盛起來。不久歐戰發生，各國在華之一切活動，均暫時停止，只有日本尙從事於滿洲方面之鐵路投資及其他之小活動。但到歐戰以後，各國在華的活動又激烈起來，日美在大戰時所儲積之資本統統用到中國來，因而外人工場猛然的增加，英美之獲得中國鑛山權運動也趨猛烈，航業及其他也發達起來了。然而未久發生了反帝運動及恢復國權運動，對於各國資本主義在華之發展予以一大打擊，所以在目前似乎已漸見衰退，今後如何變化，一時是不能斷定的。

其次對於外國資本主義之現狀想略加敘述。各國起初爭相投資於鐵路，想在鐵路沿線劃一本國的經濟勢力圈，但中國之收回利權運動與戰亂之延長，使各國之鐵路投資中止，目前各國之對華鐵路投資，已陷於不可能之狀態，而從前所投資的鐵路也有逐漸荒廢的趨勢。航業投資與鐵路投資不同，所受戰亂之影響較少，內河沿岸及近海遠洋之航業均逐漸發達，乘着中國航業不振的機會外國航業大爲活動，這是已如前所述的了。在鑛山方面，主要的鑛山都與外國有關係，炭坑則有撫順開灤及中英合辦之門頭溝及河南之焦作等，中日合辦的有山東之魯大公司，河北之楊家坨煤鑛等。鐵鑛方面，大冶鐵鑛與日本有借款關係，安徽之桃冲山鐵鑛，山東之金嶺鎮鐵鑛均爲中日合辦。不過在歐戰時鑛山也受了頓挫，戰後英美雖頗活動，但不能得到實際的權利，最近則因收回權利運動之發生，與內地之戰亂之增進，反呈消沉之狀。不過這却不僅是外人鑛山如此，中國人之鑛山也不能開採，現有鑛山多爲與外人有關係者，中國單獨經營的是很少很少的。

工場方面，因爲外人之設立工場只限於開港地，所以內地很少外人工場。在中國有工塲的，主要的爲日本；英美及其他的國家是很少的。工業之主要者爲紡織，日本佔其大部，中國人之紡織工業大有爲其所壓倒之勢，英人之紗廠，只有上海的二十萬錘，最近似極不振。其他煙草工業方面則有英美煙草公司，在中國爲煙草工業之霸，華人工場完全爲其所壓倒。在英美煙草公司之外，尚有日本之東亞烟草公司等。此外有力的外人工場則有滿洲的日本製油製粉工場；至於火柴工業則日本工場反有爲華人所壓倒之勢。這樣，在中國工業界，外人工場是佔着有力的部份的，即電氣事業在各開港地也是外人最佔勢力的。

在金融界，外國銀行不但在外國匯兌上，即在一般銀行業上也有着不可動搖之勢力，但近年以來，華人的勢力則漸擡頭起來了。在貿易方面外人也握有輸出輸入之實權，這是前面已經說過的了。保險與匯兌也在外人掌握之中。

外國資本主義在中國現在所佔之地位是如上所述的，然而其將來怎樣呢？在現在這樣的狀態繼續着的期間，內地之鑛山投資極爲困難，各種投資均見減少而漸次集中於海岸之主要商港。這是自然的事。所以目前各國的投資大概集中於上海，日本的投資也集中於上海，青島，滿洲等地。各國之一般的趨向，是中止中國本部之投資而專從事貿易，這種傾向是很顯著的。

至于各國對于本部的投資要看看各國資本主義與軍閥之關係。各國向來是勾通軍閥使其本國之資本易於輸入，而軍閥亦欲由外國得到資本與武器以滿足其權慾。這從實例看來，則有如下之事實：袁世凱利用各國之權利慾，向各國借得數萬萬的巨款，進行其統一計畫，而各國則由袁世凱得到許多的鐵路利權及其他利益。後日的段派又與日本勾結，向日本借款，出兵南征，而日本也由段派得到許多的利權。西原借款便是這時成立的。再到歐戰以後，英美援助直隸軍閥，打倒親日的段派，使直隸派握得政權，煽動排日，予日本資本主義以一大打擊，藉以策動英美資本主義之前進，利用排斥日貨的機會，擴大英美之市場，並且由直隸派獲得了各種的利權。這卻是已往的例證。

必須與外國資本主義一起加以考慮的，爲買辦階級之存在。買辦階級是隨外國資本主義而產生的，它隨着外國在華資本主義之發達而發達。外人在中國從事企業與貿易的時候，必須借助於中國人，於是便產生了這種中間人的買辦。買辦不僅代表外國資本家活動於實業界，而他們自己也是一個資本家，佔着優越的地位。這就因爲中國的實業家在軍閥官僚的剝削之下不能成長，而買辦階級在外人庇護之下得以發展的原故。一九一九年乘抵制日貨之機會在天津所設立的紡織工場之中除直隸軍閥及安徽軍閥之工場而外，也有買辦階級出資經營的工場。買辦階級的此種勢力，使他們在各商港之商工團體中佔着有利的地位，而引起打倒買辦階級之運動。這種打倒買辦階級的運動，是含有消滅各國資本主義之手足及打倒中國有力之資產階級的買辦階級的兩重意義的。買辦階級之將來，與各國資本主義之消長是有着重大的關係的。

C　華僑

因爲戰亂的關係在本國無發展之餘地的中國人，在海外受外國政府之保護，也着着的成功，他們有着數千萬的資本的爲數頗多。中國之眞正的資本家不在本國而在海外。他們有時也將其資本投資於本國的產業，而國民政府也歡迎華僑的投資以開發本國的產業，然而華僑在本國政局不靖的時候，是不願回國或投資於本國的事業上的，在目前，對於中國資本主義之發達雖無大影響，然而他們在海外爲一資本家階級，在中國政局平靖的時候，他們不僅是一個有力的供給資本者而且他們因爲在外國學得外人之經營事業的方法，也能供給經營事業的人才。他們現在雖不回中國但將來中國的產業發達的時候，他們這居留海外的約一千萬多的人不僅是中國貨之有力的顧客，而且也是一個有力的中國貨之推銷者。

在海外的華人，卽華僑，其數目似乎是相當多的。中國政府對於華僑沒有統計，而中國人之分布地域極廣，各國很少關於中國人之統計，所以正確的數目是不得而知的，但六十年前中國之海外移民的總數據說有三百萬，其後經過了二十年，據威廉威爾士教授說約有四百萬人，二十世紀初之有名的史家莫爾斯氏則以爲中國南方及臺灣爪哇間之中國人約有七百萬人。又據說在一九〇六年的時候增加到八百萬人。據一九一九年之契安氏的計算則其數目如下：

美國及其屬領	一八〇、〇〇〇人
英國領	一、〇〇〇、〇〇〇
日本及其屬領	四、〇〇〇、〇〇〇
歐洲及歐大陸之屬領	七〇〇、〇〇〇
中南美	五〇〇、〇〇〇

共計	六、三八〇、〇〇〇

然而這個統計當比實數爲少，契安氏自己也說這個統計是只限于中國移民之易於調查的地方的。

據中國政府於一九二五年飭各駐外領事所調查之報告則有如下之狀況。

香港	四四四、六四四人
緬甸	一三〇、〇〇〇
加拿大	一三、〇〇〇
荷屬印度	一、八三五、〇〇〇
西伯利亞	一七、〇〇〇
澳門	七一、〇二一
澳洲	二五、七七二
美國	一五〇、〇〇〇
菲律賓	四一、〇〇〇
馬來半島	九三、〇〇〇
爪哇	二七、〇〇〇
法領印度	一、〇三〇、〇〇〇

柏爾	四五、〇〇〇
朝鮮	一〇、〇〇〇
暹羅	一、五〇〇、〇〇〇
其他	一四七、五〇〇
共計	七、六三四、〇〇〇

以上也不是包括全部人數的，如在日本之中國人數便沒有列入，其實數比這恐怕更多罷。中國之戰亂，使中國人多移居海外，北方人多遷往俄國，南方人則多往南洋，目前恐怕已達一千萬餘人了。

從上表也可看得出來，華僑的大部是在南洋，而其經濟的發展也以南洋爲最顯著。在其他的地方，因爲文化程度已經很高，而商工業也很發達，所以中國人在資本方面沒有發展的餘地。但在南洋一帶，居民的經濟生活還很低，所以能予中國人以充分之資本上的發展。以下我想略述南洋之華僑資本家的狀況。

南洋華僑在產業的各方面發展着。例如在橡皮的製造方面則與外人競爭，水泥工場之設立以及銀行業之發展，無不有顯著之成績，最近則更注意航業與輸出入業。這就地域的區分上看來，在法屬安南方面，則有廣東人在西貢一帶經營綢緞店，米店，製板店，材木店，及磚瓦之製造，石灰之製造，平底帆船之製造，毛皮，獸骨，雄黃，小豆蔻等之土地的特產品之輸出及舢板船修理用材之造製等之經營。福建人則以西貢爲中心從事活動，圖倫之許多的工場與米商，差不多都在他們的掌握之中。

中國人在暹羅的勢力很大，純中國人與混血兒合共起來約佔暹羅全人口之十分之四。暹羅的經濟上的全權，也可以說是操於中國人之手。在商業方面中國人不但經理輸出輸入的貨品，且設有保險公司十餘家，與歐美及日本人競爭，毫無遜色。銀行業雖然尚不發達，亦設有三家，此外也有以匯兌爲業的。在航業方面，從前曾設有輪船公司，後來失敗而收業了。在輸出入上，暹羅之輸出品的大部，均爲華人經手，輸出商多爲股份的組織，此外則有若干的個人企業。輸入商華人之有勢力者也很多，其所經理之貨物之大部份都是外國貨。農業方面，中國人也有相當的勢力，大抵是從事於園藝的。暹羅的工業尚未發達，其主要物產爲米，而米之貿易自熟米以至輸出米都由華人經理，一九一九年暹羅之大的軋米廠有六十六個，其中有五十六個是華人所有的。除米之外尚產木材的暹羅，製材業也很發達，製材業從前也是華人最佔勢力，最近英人與丹麥人也從事這種事業，但仍不及華人。從事製材業而同時兼事木器之製造者也很多。其他器具機器工場亦頗不少。因爲暹羅的工業還很幼稚，所以長於手工業之華人的小規模的工業，易於發展乃是當然的。

一九一八年英領馬來半島的華人總數，據說有一百萬人，新加坡之華人約二十萬，佔全市人口之三分之二。馬來半島華人的經濟地位極爲鞏固，橡皮製造業者，交易商，零賣商及勞動者佔多數，富豪也不少。

關於馬來半島之華人經濟地位，從前曾任海峽殖民地總督的瑞登漢有如次之敘述：

開採錫鑛爲馬來各州之主要收入，其收入者爲華人，他們至今還在開採。在白人未來半島以前，華人即已從事鑛業商業栽培及漁業等事業。在初期的時候，於道路及其他公共事業及統治上的設施方面奠定基礎的爲中國人。他們開闢荒地開拓森林，冒各種危險，有時獲得巨利。他們能耐酷烈的氣候。他們不但採掘鑛山，且亦從事鎔鑛，同時也從事炭燒業。他們又從事於伐木建築等事業，擔任政府建築之大部分及橋梁，鐵路，海港等之修築。他們在國內各方面投資，從事貿易與商業。在馬來各地開闢了各港間之定期航路的也是中國人。

就南洋羣島即荷屬東印度諸島及英領婆羅洲之華人的企業上的地位看來，製糖業多爲荷蘭人及馬來人佔優勢，煙草之栽種也多爲荷蘭及馬來人所經營，中國人所栽培的，不過是極小的一部份。咖啡之投資，荷蘭及馬來人佔其大部，英人及其他國人佔其一小部分。茶的投資最多爲荷蘭人，其次爲英國。椰子油棕樹油之投資則法比爲最多，其次爲荷蘭及馬來。橡皮投資以荷蘭與英國爲最多，其次爲法、比、德、美、中等國。華人的投資，在總額公稱資本五八九、〇〇〇、〇〇〇盾中不過只有二、六〇〇、〇〇〇盾，實收資本之一七三、一〇〇、〇〇〇盾中不過只有二、六〇〇、〇〇〇盾而已，但其貿易則大抵是由華人經營的。這樣在大企業的投資方面，中國人之地位雖很低，但在商業方面却有極大的勢力。中國人在歐美人與土人之間形成一種中間商人歐美人之購買土人的農產物，必須經華人之手由內地收買由外國輸入的貨品大部分也是經過中國的商店及小販售賣與土人或小商人的。

非律賓華僑的經濟地位也很高，島內之小商業十之八九在華人之手，躉賣也多是他們經營的。他們又握有島內主要產物之收買權。華人爲使其經濟發展起見，設立有資本一千萬元之中興銀行。

上面已大略的說明了南洋華僑之的經濟發展狀況。華人在南洋之經濟的勢力，因地方之不同而有差異，但華人之資本的勢力却是相當的大，在本國受着各國的資本主義之侵略的中國，在南洋卻也以自己的資本主義壓迫別人。華人在南洋能發展之最大原因，是因爲南洋住民的經濟狀態很低，而華人爲歐美人與土人之間的中間人的原故。因此南洋土人的經濟狀況如果提高起來的時候，則華人可以容身的中間空隙也就縮小起來，於是便發生了排華運動。現在南洋各地對於華人之經濟方面之獨佔設有種種限制的法令，所以南洋華僑的資本勢力，將來也會發生變化的。

第二節　中國資本閥之特殊性

在中國，普通的資本主義不發達，而特殊的資本主義在發達着，這已如前所述的了。最近漸漸萌生出來的財閥，亦是有着中國之特殊的性質的。玆述其主要諸點如次：

一、中國大資本家少，小資本家多。正如農村方面沒有大地主發生一樣，在都市上也少有大資本家而多小資本家。這原因，如前所述，是因爲中國的習慣財產不是長子獨得而是諸子均分，沒有大企業不能成大產，以及軍閥官僚之剝削使其不能成長的原故。

二、中國的資本家，不是像日本的三井三菱那樣在一個大資本家的經營之下統制種種的事業，而是由許多的中小資本家聯合起來經營的。即是，股份合資，個人經營的各種資本家，各各成爲一個細胞而成爲其總體的。

三、中國的資本閥，其鄉土色彩很重。例如浙江財閥，廣東財閥，便是其一例。這是因中國之社會組織而形成的。中國的社會組織，血族團體與地方團體極爲發達，遍及於政治經濟及其他各方面。在財閥之大組織方面，血族的團體不易形成，於是便有由地方團體擴大起來的帶有鄉土色彩的團體出現了。

爲明白中國財閥之特性起見，且略述浙江財閥之內容如下：

浙江財閥爲金融界的中心，這在前面已經說過的了。浙江財閥之所以能向上海財界的各種事業方面伸展其勢力，是因爲有着金融界之後盾的原故。這就錢莊業看來，則稱爲匯劃莊的大錢莊之數目，在一九二八年時南北市合共有七十餘家，而其中由純粹浙江系的資本經營的佔四十四家。其他的錢莊，雖然資本是由浙江系以外的資本家供給的，但其大部之管理人與重要職員全爲浙江人所佔。此外二三等的錢莊雖亦不少，但大抵都是在浙江財閥的統治之下的。如前所述，浙江財閥設有中國，交通，中央等三大銀行，他們以這類金融機關為中心，伸其勢力於各方面而控制着商工業界。茲略述其情形如次：

第一，紗廠業在與浙江財閥有關係的事業中雖為比較不振的事業，浙江財閥却也有六個紗廠。上海的煤炭商大小有二百餘戶，大半是浙江人經營的。錫銅業亦有百餘家，而其經營者大半也是浙江寧波人。中國航業界最大之輪船公司——招商局，現在雖然是在國民政府的管理之下，今後或將與浙江人有深密之關係。在華中華南佔有勢力的三北及寧紹等公司也都是屬於浙江系的。上海之綢緞店有二百餘家，其中除江蘇人所設者外，概為浙江人所經營。上海之絲廠有五十餘家，其中直接由工場的所有者經營的很多，但其大部則是製絲企業者租借工場從事經營的。這種的經營者，江蘇之無錫人居多數，浙江之湖州人次之，然其資本之供給者則多為浙江人。至於生絲業，則幾乎全是浙江人所經營的。銀樓及金銀之買賣者的大多數，也是浙江人。砂糖業與厦門帮相對抗而有大勢力的也是甯波人的一家。海味店五十餘家，其大部分是浙江人設立的。藥材店二百餘家，其大部分也是浙江人經營的。人參店大小四十餘家，也幾乎全部都是浙江甯波人開的。上海之棉紗商有一百餘家，江蘇與浙江系佔對立之優勢，廣東與四川次之。棉花業上海人佔多數，其次為漢口人，再其次為浙江人，但因需要大量的資本，所以也脫不出浙江金融業者之勢力圈。布業也是同樣的。棉布商上海有三百餘家，其中之主要者是浙江人所經營的。米店有數十家也都是浙江人經營的西式家具店，大部分是浙江人開的。醬油製造業也是浙江人處於優越的地位。顏料店八十餘家之中有一大半是浙江人所經營的。

如上所述，浙江財閥的內容是以金融機關爲中心而伸其勢力於各方面的，浙江人結成一團，占着上海財界的重要的地位，左右全財界，並不是有什麽浙江財閥之具體的組織，他們是以無形的組織，對外發揮其團體的力量的。

茲就上海主要各業方面之各財閥的勢力之分布狀況作表如次，以供參考。

	浙江系	江蘇系	廣東系	福建系	安徽	上海	山東
銀行	一六戶	五戶	七戶	四戶	一	—	二
錢莊	四四	九	九	二	—	—	—
航運	六	三	—	—	—	—	二
棉布業	二〇	六	—	—	—	—	—
百貨店	—	—	四	—	—	—	—
棉花業	二〇	一〇	—	—	—	二〇	—
製粉工場	一	二	一	—	二	—	—
鐵業	五	九	—	—	—	—	—

銅錫業	八	—	—	—	—	—	—
綢緞業	一二	一四	九	—	一	—	—
紡織工廠	六	七	四	—	—	—	—
綿絲業	四	四	一	—	—	—	—

以上僅舉出主要的商店。由這看來，也可知道雖稱爲財閥，其實是沒有什麼一定的統制而其內容是很龐雜的，不過這還是未發達的初期，今後將採取何種形式，則是未可預知的。